13 défis de la cybersécurité

Sous la direction de
Gildas Avoine et Marc-Olivier Killijian

13 défis de la cybersécurité

CNRS ÉDITIONS

15, rue Malebranche – 75005 Paris

ISBN : 978-2-271-13061-7

Sommaire

Avant-propos

La cybersécurité est une discipline scientifique récente, à la croisée des mathématiques, de l'informatique et de l'électronique. Bien qu'omniprésente dans notre société connectée, sa technicité la rend mystérieuse à qui n'a jamais tenté de pénétrer ses secrets. Si les enjeux relatifs à la cybersécurité étaient encore il y a une quinzaine d'années l'affaire de spécialistes, et n'étaient abordés que dans des colloques spécialisés, ces enjeux font aujourd'hui partie du quotidien et font même assez (trop) souvent la une des journaux. L'actualité place en effet la cybersécurité aux avant-postes des préoccupations tant du politique que des citoyens : fuite de données personnelles voire piratage massif de ces données, espionnage économique, infection de systèmes informatiques sensibles, propagation de « rançongiciels », usurpation d'identité et craintes vis-à-vis des paiements par carte bancaire ne sont que quelques exemples qui hantent les actualités. À travers ce flux d'information continu et massif, il est difficile d'appréhender sereinement la portée des problèmes et de leurs solutions.

L'omniprésence des outils informatiques dans la vie quotidienne, dans la vie professionnelle, tous secteurs d'activités confondus, fait ainsi aujourd'hui de la cybersécurité un enjeu majeur, et il est donc naturel que la recherche s'attaque à relever cet enjeu et à dégager des pistes pour des solutions les plus pérennes et complètes possibles. Il est tout aussi important d'expliquer en quoi consistent les principaux défis de la cybersécurité, quelles sont les menaces qui y sont associées, et comment tenter d'y remédier. Qui ne s'est en effet jamais interrogé sur la confidentialité des données à caractère personnel, sur la robustesse des mots de passe ou encore sur la possibilité de voter en confiance avec un téléphone portable ? Je ne doute pas que chacun d'entre vous trouvera la lecture de cet ouvrage passionnante à plus d'un titre, et qu'il en tirera le plus grand profit pour se sentir à la fois plus éclairé dans la compréhension de ce qui semble parfois s'apparenter à un « cybercauchemar » mais aussi, et surtout, mieux armé pour comprendre quelques enjeux du « monde numérique » dans lequel il est aujourd'hui amené à évoluer.

L'ouvrage *Treize défis de la cybersécurité*, coordonné par Gildas Avoine et Marc-Olivier Killijian, est le prolongement du colloque « Sécurité Informatique : mythes et réalité » organisé fin 2016 par l'Institut des sciences de l'information et de leurs interactions (INS2I) du CNRS, un des dix instituts qui pilotent la stratégie de recherche du CNRS. En effet, l'INS2I avait décidé en 2016 de structurer ses actions de politique scientifique autour du thème de la cybersécurité, et le point d'orgue de cette année thématique avait été ce colloque avec pour objectif de sensibiliser un large public à l'état de l'art de la recherche dans le domaine de la cybersécurité, de démonter les fantasmes et d'éclairer les participants sur les avancées et révolutions à venir dans ce domaine. Le très grand succès rencontré par cette initiative nous avait alors convaincus de l'intérêt qu'il y avait à la prolonger en réalisant un ouvrage le plus didactique possible éclairant un certain nombre de sujets clés relatifs à la cybersécurité, et le présent ouvrage est le fruit de cette ambition.

Pour conclure, je souhaite remercier Gildas Avoine et Marc-Olivier Killijian d'avoir accepté de coordonner cet ouvrage, et ainsi permis de diffuser auprès d'un public plus large cet éclairage essentiel sur les défis actuels de la cybersécurité. Je suis également très reconnaissant à chacun des auteurs des chapitres d'avoir accepté de se livrer à l'exercice difficile que constitue un exposé aussi didactique que scientifiquement rigoureux sur des sujets qui semblent ardus. Enfin, je remercie aussi chaleureusement Jean Mairesse et Laure Thiébault, et tous les membres de l'INS2I, pour avoir fait du colloque « Sécurité Informatique : mythes et réalité » de 2016 un grand succès, et ainsi grandement participé à la genèse de cet ouvrage.

Michel Bidoit
directeur de recherche au CNRS

Introduction

Gildas Avoine[1] *et Marc-Olivier Killijian*[2]

Cet ouvrage est inspiré du colloque intitulé « sécurité informatique : mythes et réalité » organisé en décembre 2016 au siège du CNRS à Paris Michel-Ange. La démarche suivie pour ce colloque peut se résumer en quelques mots : quelle que soit la question que vous vous posez à propos de la cybersécurité, nous trouverons un chercheur passionné et passionnant qui y apportera une réponse. Portés par le succès de ce colloque, nous poursuivons cette démarche, de manière plus posée, à travers cet ouvrage qui s'adresse aux amoureux des sciences et technologies, qui ne sont pas pour autant des experts de la cybersécurité.

Comme nous l'avions écrit dans un article [19] paru dans le bulletin 1024 de la Société informatique de France – et sur lequel repose cette introduction – l'actualité témoigne de l'importance toujours plus grande que l'on accorde à la sécurité informatique, en particulier aux cyber-attaques. Il ne s'agit malheureusement pas d'un biais journalistique, mais bien d'une réalité qui se traduit par un accroissement du nombre d'attaques et de leur impact.

Parmi ces attaques, il faut distinguer celles qui sont ciblées de celles qui ne le sont pas. Les premières visent des personnes ou des entités clairement identifiées et sont généralement conçues pour être efficaces sur la cible en question. Un exemple emblématique est le virus Stuxnet conçu pour s'attaquer aux centrifugeuses iraniennes d'enrichissement d'uranium. De manière générale, la victime peut être un individu, une entreprise, ou la société tout entière, comme l'ont laissé supposer les soupçons d'ingérence dans les élections présidentielles américaines et françaises. Les attaques non ciblées sont quant à elles des attaques de masse qui reposent sur le fait qu'une certaine proportion des cibles sera vulnérable. L'ampleur de l'attaque peut être considérable,

1. Gildas Avoine, Univ Rennes, INSA Rennes, CNRS, IRISA.
2. Marc-Olivier Killijian, CNRS, CMR.

comme ce fut le cas avec le réseau Mariposa qui a touché 13 millions d'ordinateurs. Plus récemment, c'est le rançongiciel WannaCry qui a défrayé la chronique : en touchant plus de 300 000 ordinateurs en seulement quelques heures, WannaCry a mis en lumière le risque bien réel lié aux rançongiciels.

Le temps des hackeurs isolés comme John Draper ou Kevin Mitnick n'est peut-être pas totalement révolu, mais c'est essentiellement le crime organisé, les activités cyberterroristes, et le cyberespionnage qui inquiètent aujourd'hui. En formant les étudiants à la sécurité informatique, nous formons ceux qui pourront lutter contre la cybercriminalité ou le cyberterrorisme, mais aussi les cybercriminels eux-mêmes. La cybercriminalité est en effet devenue une affaire d'experts très pointus, qu'ils soient des *black hats* ou des *white hats*[3]. Comme le soulignait le professeur David Naccache [230] lors du colloque de l'INS2I sur la sécurité informatique en décembre 2016 : « Les fraudeurs auxquels on fait face aujourd'hui utilisent des outils extrêmement avancés, ce sont des ingénieurs doués, ils connaissent très bien les normes et les publications académiques, ils utilisent des contre-mesures anti-expertales, et si jamais vous n'avez pas cela en tête lorsque vous mettez au point une application, elle finira par être cassée[4]. »

Paradoxalement, la sécurité informatique peut aussi parfois être perçue comme un obstacle à la sécurité nationale, car certaines de ses disciplines, comme la cryptographie, peuvent être utilisées par des personnes malveillantes pour communiquer de manière confidentielle. À l'inverse, on observe une évolution et une complexification des attaques qui montrent que la protection des données personnelles est souvent un enjeu crucial de sécurité, d'entreprise voire même nationale. Par exemple, la fameuse « fraude au président » est une attaque qui touche de nombreuses entreprises : grâce à une collecte préliminaire de données personnelles sur le serveur de courriel de l'entreprise et sur les réseaux sociaux, un attaquant se fait passer pour le dirigeant et demande

---

3. On surnomme *black hats* les hackeurs aux intentions malveillantes et inversement *white hats* ceux qui sont bien intentionnés.

4. La vidéo de cet exposé, de même que celles des autres exposés du colloque « Sécurité informatique : mythes et réalité » est accessible à partir du site Web du GDR Sécurité Informatique disponible à l'adresse : https://www.gdr-securite.fr.

au comptable d'effectuer un virement crucial vers un compte donné. Grâce aux éléments personnels glanés, la manipulation fonctionne souvent et les fonds sont perdus. L'affaire « Strava » constitue un autre exemple : l'entreprise, qui produit une application pour joggers, publiait des données agglomérées de ses utilisateurs sous forme de carte des lieux favoris des coureurs à travers le monde. Le problème est survenu lorsque des journalistes ont remarqué que les troupes françaises et américaines courraient autour des bases secrètes en Syrie et en Afghanistan, permettant ainsi de localiser ces dernières. Nous voyons donc que sécurité et protection des données personnelles sont intrinsèquement liées, et plusieurs chapitres de cet ouvrage s'intéressent à ces aspects.

Si la sécurité a connu un tel essor, en particulier durant les quinze dernières années, c'est parce que l'informatique est devenue omniprésente. Il est aujourd'hui difficile d'avoir des activités qui ne font pas appel à l'informatique. Le talon d'Achille est qu'il n'existe généralement pas de procédure pour poursuivre une activité en cas de panne majeure d'une infrastructure critique. C'est ainsi qu'une gare ou un aéroport peuvent rester immobilisés tant que les dégâts causés par une attaque n'ont pas été réparés. La résilience des systèmes aux incidents et malveillances est un sujet majeur sur lequel les attentions se concentrent et auquel les Opérateurs d'Importance Vitale (OIV) sont particulièrement sensibilisés.

L'omniprésence de l'informatique implique aussi la multiplication des produits, des services et des acteurs économiques du domaine. Développer une application informatique sécurisée est une tâche difficile qui requiert des compétences qu'une petite structure ne peut pas toujours s'offrir. La pression financière pour réduire le temps de mise sur le marché rend la tâche encore plus difficile pour les équipes de conception et de développement. C'est ainsi que de nombreuses solutions logicielles sont développées sans prendre en compte la problématique de la sécurité. La différence entre les connaissances académiques et ce qui est réalisé dans la pratique dépasse souvent l'imaginable. On peut ainsi trouver des produits vendus à plusieurs centaines de millions d'exemplaires, qui sont vulnérables à des attaques connues par la communauté scientifique depuis plus de quinze ans. La sécurité informatique est donc avant tout un problème d'ingénierie, c'est-à-dire qu'il faut pouvoir exploiter les connaissances actuelles en dépit des contraintes économiques et sociales auxquelles on peut être soumis. Il serait toutefois facile pour les chercheurs de lancer la pierre aux industriels et aux utilisateurs en se dédouanant de toute responsabilité. Force est de constater qu'il y a un combat qui doit être mené auprès des chercheurs pour rendre plus aisé le transfert de connaissances entre le monde académique et le monde industriel. Cet ouvrage contribue, aussi modestement soit-il, à cette mission.

À travers cet ouvrage, vous pourrez découvrir treize défis scientifiques de la sécurité informatique. Notre objectif n'était pas de produire un catalogue exhaustif des questions ouvertes du domaine. Au contraire, nous avons souhaité mettre l'accent sur quelques sujets majeurs qui préoccupent les chercheurs et la société tout entière. Ces treize sujets – présentés de manière indépendante – appartiennent au large spectre de la sécurité informatique, en couvrant la protection des données personnelles, la sécurité des données multimédias, la sécurité des systèmes, la cryptographie, mais aussi les méthodes formelles pour la sécurité.

Nous présentons ci-dessous un aperçu des treize chapitres de cet ouvrage.

La valeur des données personnelles

Les données personnelles sont souvent considérées comme le carburant de l'économie numérique. Elles constituent pourtant un vrai paradoxe. D'un côté, elles touchent à notre vie privée que l'on s'accorde à protéger. D'un autre, elles ne cessent d'être divulguées, de circuler entre des mains différentes et de faire l'objet d'une exploitation marchande. Dans ce contexte, comment les individus qui sont la source de ces données peuvent-ils intervenir dans le processus de leur marchandisation ? Sont-ils condamnés à n'être que les spectateurs de l'exploitation marchande de leurs données, avec le double risque que cette absence de maîtrise leur fait encourir : des préjudices d'un côté, de faibles bénéfices de l'autre ? Ou peuvent-ils avoir une quelconque prise et si oui, comment tenir les deux bouts du paradoxe : protéger sa vie privée et prendre part à leur exploitation ? C'est à ces questions que s'intéresse dans ce chapitre Alain Rallet, économiste et professeur émérite à l'université Paris-Sud.

Quelques défis techniques posés par le RGPD

L'Europe s'est dotée récemment d'une nouvelle législation qui doit permettre de protéger les individus tout en permettant aux acteurs économiques de prospérer. Le Règlement général sur la protection des données (RGPD) peut représenter un véritable progrès en matière de protection de la vie privée, mais son impact dépendra largement de son application par les autorités de protection des données et de la possibilité de le mettre en œuvre sur le plan technique. Daniel Le Métayer, directeur de recherche Inria, nous propose dans ce chapitre d'analyser quelques dispositions essentielles du RGPD à travers un prisme technique pour pointer les difficultés qu'elles peuvent poser et faire ressortir des défis en matière de recherche. Il présente notamment les questions liées aux études d'impact relatives à la protection des données personnelles, à l'obligation de protection de la vie privée dès la conception d'un système et aux conditions de mise en œuvre du consentement.

Les enjeux éthiques de l'apprentissage machine

L'apprentissage machine a connu ces dernières années un développement aussi soudain qu'inattendu, ce qui l'a amené à être utilisé dans des domaines particulièrement sensibles de notre société, comme le recrutement de nouveaux employés, l'octroi de crédits bancaires, l'évaluation des risques de récidives pour les prisonniers qui demandent une remise de peine, etc. Cependant, ce développement massif soulève d'évidents enjeux éthiques, en particulier lorsque les modèles prédictifs sont utilisés dans des processus de décision qui peuvent affecter significativement la vie des individus. Ulrich Aïvodji, postdoctorant, et Sébastien Gambs, professeur, tous deux à l'université du Québec à Montréal, nous proposent d'étudier les défis principaux relatifs au respect de la vie privée, à l'interprétabilité, et à l'équité liés à l'apprentissage machine ainsi que les solutions qui sont actuellement développées pour y répondre.

Les identités numériques et l'authentification

Nous évoluons désormais dans un monde numérique dans lequel de nombreux services nous sont proposés : par exemple suivre un cours universitaire à distance, télétravailler et interagir avec des collègues par visioconférence, jouer en ligne avec des personnes issues d'autres pays ou encore acheter des biens livrés chez soi en moins de 48 heures. Dans ce contexte, nous disposons généralement d'une multitude d'identités numériques, chacune dédiée à un pan particulier de ces activités (banque, jeux, travail...). L'identité numérique d'un individu est souvent définie comme un ensemble d'attributs le décrivant (adresse postale, courriel, mot de passe...). Dans ce chapitre, Christophe Rosenberger, professeur à l'ENSICAEN et directeur du laboratoire GREYC, explore la notion d'identité numérique d'un individu, les exigences sécuritaires, d'usage et protection de la vie privée qui y sont liées ainsi que les méthodes qui permettent de la mettre en œuvre, en allant du simple mot de passe à la biométrie.

La protection des données multimédias

La consommation de données multimédias est l'une des principales raisons des besoins croissants de connectivité à grands débits depuis nos domiciles ou nos téléphones portables : lecture de vidéos en flux, abonnements à des services de musique, partage de photographies, etc. Même si l'utilisateur n'en a pas forcément conscience, ou ne souhaite pas s'y soumettre, ces données sont associées à différents droits et permissions d'usage (lecture, copie, modification, etc.). Dans ce chapitre, Patrick Bas, directeur de recherche au CNRS et membre du laboratoire CRIStAL, souligne le rôle important de la sécurité lorsque l'on cherche à protéger des documents multimédias en utilisant des méthodes de tatouage. Le tatouage consiste en l'insertion d'une information imperceptible qu'il doit être impossible de falsifier ou retirer.

Les virus informatiques

Tout utilisateur d'un système informatique a déjà été victime d'un virus informatique, qu'il le sache ou l'ignore, qu'il l'admette ou s'en cache. Les virus, et plus largement les programmes malveillants, sont devenus une banalité. Une banalité ? Pas tant que ça. Si la majorité des virus sont stoppés par des logiciels antivirus, nombreux sont ceux qui arrivent à pénétrer un système informatique car ses protections n'ont pas été mises à jour, ou parce que celles-ci sont victimes d'un nouveau type de virus jusqu'ici encore inconnu. Le virus n'est autre qu'un programme informatique, généralement de petite taille, qui va tirer profit d'une faille – informatique ou humaine – pour pénétrer dans le système informatique. L'attaque peut être ciblée, mais elle est plus généralement non ciblée, de très grande ampleur, avec une propagation rapide à travers Internet. Jean-Yves Marion, professeur à l'université de Lorraine, directeur du laboratoire LORIA et membre de l'Institut universitaire de France, nous explique pourquoi nous ne pourrons jamais totalement éradiquer les virus informatiques. Il nous présente l'écosystème des programmes malveillants et nous propose avec des pistes de réflexion passionnantes.

L'analyse forensique

À une époque où la criminalité sur Internet ne cesse de se développer et où la criminalité traditionnelle utilise de plus en plus de moyens numériques, le principe avancé par Edmond Locard en 1920 reste toujours d'actualité : « La vérité est que nul ne peut agir avec l'intensité que suppose l'action criminelle sans laisser des marques multiples de son passage. [...] Les indices dont je veux montrer ici l'emploi sont de deux ordres : tantôt le malfaiteur a laissé sur les lieux les marques de son passage, tantôt, par une action inverse, il a emporté sur son corps ou sur ses vêtements les indices de son séjour ou de son geste » [204]. L'analyse forensique numérique étudie la trace numérique afin d'aider un enquêteur dans son processus décisionnel. Dans ce chapitre, Thomas Souvignet, professeur associé à l'université de Lausanne, pose d'abord un cadre juridique en se basant sur le modèle français, pour ensuite détailler le processus d'analyse et la rigueur nécessaire à la rédaction d'un rapport d'analyse. Enfin, il expose plusieurs cas concrets d'analyse forensique autour de la téléphonie mobile, de la fraude monétique et de l'électronique embarqué dans les véhicules automobiles.

La cryptanalyse de fonctions cryptographiques

La cryptologie, un art antique utilisé essentiellement par un chef militaire pour envoyer des messages secrets à ses troupes, a deux faces : celle de la cryptographie, qui étudie les codes qui permettent de chiffrer et déchiffrer des messages de façon sûre et confidentielle ; et celle de la cryptanalyse, qui cherche à casser ces codes, de façon à pouvoir lire ces messages même si on n'en est pas le destinataire. Dans ce chapitre, María Naya-Plasencia, directrice de recherche à Inria, nous présente les grandes familles de codes cryptographiques, les symétriques et les asymétriques, et leurs besoins en matière de sécurité. Elle introduit ensuite la cryptanalyse : elle présente les différents types de cryptanalyse et se concentre ensuite sur l'étude de la cryptanalyse publique et son illustration par des exemples concrets qui montrent que la cryptanalyse est nécessaire à l'obtention de la confiance dans les primitives cryptographiques que l'on souhaite utiliser.

La cryptographie post quantique

La cryptographie a connu plusieurs ères qui sont marquées par l'arrivée de nouvelles technologies ou connaissances. La période ancestrale du début de l'Antiquité et qui se termine à la fin du XIXe siècle, correspond à une cryptographie empirique, qui ne repose pas sur des principes clairement établis. La mécanisation caractérise la période suivante, qui court environ jusqu'à la Seconde Guerre mondiale, et dont l'emblème pourrait être la machine Enigma. Enfin, la période moderne est marquée par l'arrivée de l'ordinateur, la naissance de la cryptographie à clefs publiques, et l'appropriation de la cryptographie par le milieu académique, alors que son utilisation restait jusqu'à présent une prérogative des milieux militaire et diplomatique. La prochaine ère sera certainement la cryptographie post quantique. Pauline Bert, doctorante à l'université de Rennes 1, Pierre-Alain Fouque, professeur, également à l'université de Rennes 1 et membre de l'Institut universitaire de France, et Adeline Roux-Langlois, chargée de recherche au CNRS, tous trois au laboratoire IRISA, ont accepté le défi de nous expliquer quels seront les bouleversements auxquels nous devrons faire face avec l'arrivée de l'ordinateur quantique. La question aujourd'hui n'est plus de savoir si l'ordinateur quantique va arriver, mais *quand* il va arriver.

La sécurité des données dans le cloud

Avec le déploiement massif des stockages et des calculs externalisés sur des serveurs de *cloud*, les usagers se trouvent confrontés à des problèmes de sécurité. En effet, ils en attendent des fonctionnalités et une efficacité similaires à celles fournies par un disque dur local ou un serveur privé, sans avoir à gérer la disponibilité, les sauvegardes et la maintenance. Mais la sécurité, propriété moins visible, devrait également être du même ordre, à savoir qu'aucune information ne fuite. Les contraintes semblent très fortes, voire contradictoires. Cependant, la cryptographie propose des solutions concrètes pour concilier sécurité et fonctionnalité. En effet, ces dernières années, de nouveaux outils ont été imaginés par les cryptographes, avec des propriétés surprenantes. C'est ce que nous présente David Pointcheval, directeur de recherche au CNRS, professeur associé à l'École normale supérieure de Paris et directeur du DIENS.

La preuve de protocoles cryptographiques

La sécurité est une course infernale entre bons et méchants. Voilà une manière simpliste d'introduire le sujet, mais qui n'est pas très éloignée de la réalité. Les bons sont ceux qui construisent ou analysent des méthodes pour garantir la sécurité de l'information, et les méchants sont ceux qui cherchent des failles à des fins malveillantes. Cette approche témoigne de l'incapacité des chercheurs à trouver des solutions imparables, qui assureraient une sécurité parfaite. On peut toutefois s'interroger sur la possibilité d'atteindre une telle sécurité absolue. Sommes-nous en mesure de concevoir des systèmes qui sont prouvés sûrs ? Tel est le sujet sur lequel se sont penchés Hubert Comon-Lundh, professeur à l'École normale supérieure de Cachan, membre du laboratoire LSV et de l'Institut universitaire de France, et Stéphanie Delaune, directrice de recherche au CNRS dans le laboratoire IRISA.

Le vote électronique

Le vote électronique par Internet est de nos jours utilisé dans de nombreuses élections professionnelles, et parfois même politiques. Souvent considéré comme plus pratique que le vote papier, il est néanmoins essentiel de se poser la question de sa sécurité. Cette question est au cœur des travaux de Steve Kremer, directeur de recherche Inria au LORIA. Dans ce chapitre, Steve nous explique les bonnes propriétés d'un système de vote, nous montre comment de tels systèmes peuvent être réalisés à l'aide d'outils cryptographiques, argumente la nécessité d'accompagner la conception de ces systèmes de preuves formelles et discute enfin des limites des systèmes de vote électronique en matière de sécurité.

Les bitcoins et la blockchain

Voilà un sujet qui a fait couler beaucoup d'encre ces derniers temps, le bitcoin et la technologie sous-jacente, la *blockchain*. Le bitcoin est une unité de compte stockée sur support électronique qui permet de faire des transactions sans autorité centrale. Plus généralement, l'idée révolutionnaire qui a émergé est la notion de *blockchain*, tout simplement un registre distribué et maintenu sans tiers de confiance. Après une description du fonctionnement et des propriétés de bitcoin et des *blockchains* en général, Jean-Guillaume Dumas, professeur à l'université de Grenoble-Alpes et membre du LJK, et Pascal Lafourcade, maître de conférences à l'université Clermont Auvergne et membre du LIMOS, nous montrent dans ce chapitre comment cette technologie de rupture apporte de nouvelles perspectives à ce monde dématérialisé, dans lequel la sécurité et la confiance sont des éléments essentiels.

Nous espérons que la lecture de cet ouvrage permettra d'éveiller votre curiosité sur ces sujets passionnants, abordés par des chercheurs qui le sont tout autant. Nous souhaitons enfin les remercier chaleureusement d'avoir répondu positivement à notre invitation et fait preuve de beaucoup de pédagogie dans leur propos. Nous remercions également chaleureusement le CNRS, en particulier l'Institut des sciences de l'information et de leurs interactions (INS2I) qui a initié ce travail, ainsi que CNRS Éditions qui en a permis sa réalisation.

1 – La valeur des données personnelles

Alain Rallet[1]

1.1 Introduction

Les données personnelles sont un vivant paradoxe. D'un côté, elles touchent à notre vie privée que l'on s'accorde à protéger. De l'autre, elles ne cessent d'être divulguées, de circuler entre des mains différentes et de faire l'objet d'une exploitation marchande. Dans ce contexte, comment les individus qui sont la source de ces données peuvent-ils intervenir dans le processus de leur marchandisation ? Sont-ils condamnés à n'être que les spectateurs de l'exploitation marchande de leurs données, avec le double risque que cette absence de maîtrise leur fait encourir : des préjudices d'un côté, de faibles bénéfices de l'autre ? Ou peuvent-ils avoir une quelconque prise et si oui, comment tenir les deux bouts du paradoxe : protéger sa vie privée et prendre part à leur exploitation ? La question est à l'ordre du jour, et des initiatives portant l'idée d'une intervention plus active des individus comme le projet MesInfos[2] de la FING en France se sont développées.

Le paradoxe vient du fait que les données personnelles ont deux faces. Une face vie privée et une face vie marchande. La face vie privée est bien connue. C'est celle qui a historiquement prévalu, du moins en Europe. Elle a fait et fait l'objet d'une régulation constante, de la loi française Informatique et Libertés de 1978 au

---

1. Alain Rallet, université Paris-Saclay, RITM.

2. http://mesinfos.fing.org/.

nouveau règlement européen, le Règlement général sur la protection des données (RGPD) applicable depuis le 25 mai 2018 (voir le chapitre 2 de cet ouvrage). Cette régulation est l'expression de ce qu'en Europe, la protection de la vie privée est reconnue comme un droit fondamental. La face vie marchande est plus obscure bien que l'on ne cesse d'en parler (les données personnelles seraient le « pétrole du XXIe siècle »). La marchandisation des données personnelles est en effet un processus opaque et échappe largement aux individus. Dans ce contexte, la reconquête d'un pouvoir des individus (*empowerment*) en matière d'exploitation de leurs données s'expose à une double difficulté. Primo, la prévalence jusqu'ici de la problématique de protection de la vie privée a habitué les individus à se tenir dans une position individuelle et défensive. La seconde difficulté tient à l'opacité des marchés de données. C'est une économie quasi invisible : les individus en perçoivent les effets mais pas les mécanismes.

Ce chapitre explore trois scénarios possibles de cet *empowerment*. Le premier est dans la continuité de la situation actuelle, celle d'individus considérés avant tout comme des machines à consentir, tout en créant les prémisses d'une démarche proactive des individus à l'égard de l'exploitation de leurs données. Le second entend rompre avec la situation actuelle et la réduction de l'implication des individus au seul consentement en affirmant l'individu comme un manageur-vendeur de ses propres données. C'est la voie libérale de la patrimonialisation des données personnelles en vertu de laquelle les individus se voient conférer un droit de propriété sur leurs données, ce qui leur ouvre la possibilité de les négocier sur un marché. Le 3e scénario transforme également les individus en acteurs directs de la valorisation de leurs données, mais sans passer par la case patrimonialité et en abandonnant l'échelle individuelle de valorisation au travers de la négociation collective de données personnelles mutualisées traitées comme des biens communs.

Avant d'exposer ces trois scénarios, on rappellera ce que recouvre la marchandisation des données personnelles : y a-t-il des marchés de données personnelles ? Si oui, lesquels ? Comment se forme la valeur des données sur ces marchés ? Ces caractéristiques sont fondamentales pour évaluer la pertinence des scénarios.

1.2 Les trois marchés de données

On peut distinguer trois « marchés de données », mais qu'est-ce que cela signifie exactement ? D'un point de vue économique, il y a marché dès lors que des acheteurs et des vendeurs se rencontrent pour échanger un produit au moyen d'un prix. La notion de marché est en fait utilisée de manière extensive, car le premier marché que nous allons examiner et qui constitue la base de la pyramide marchande des données n'est pas un vrai marché.

Le marché primaire

Le premier « marché » est celui de la primo-collecte des données. Il recouvre « l'échange » entre les individus dont les données sont prélevées et les collecteurs/exploitants de ces données. Les collecteurs sont aussi bien des entreprises commerciales que des administrations ou des associations. Ce n'est pas un marché car les individus ne sont ni juridiquement ni subjectivement vendeurs de leurs données. Juridiquement car l'absence de droit de propriété sur les données ne permet pas à un vendeur de le transférer à un acheteur. Subjectivement car les individus ne sont pas vendeurs de leurs données mais consentent tout au plus à ce que certaines de leurs données soient collectées à certaines fins d'usage dans le cadre du contrat qui les lie au collecteur.

Sur ce « marché », il n'y a pas de « vendeurs » mais pas non plus de prix, c'est-à-dire d'échanges de données contre une valeur monétaire. En revanche, il y a une transaction avec contrepartie, fût-elle implicite, lorsque le collecteur est l'exploitant direct des données. La contrepartie est l'offre d'un service dit « gratuit » basé sur les données personnelles et qui répond à des besoins variés (personnalisation des services, publicités ciblées économisant l'attention des consommateurs, diminution du coût de recherche des informations pour un moteur de recherche, services d'appariement pour les réseaux sociaux, services de navigation, gestion optimisée d'un réseau...). L'échange s'apparente alors à un troc. Notons que les données échangées par les individus dans le cadre de ce troc sont des données dites « brutes » (âge, revenu, localisation..., préférences et goûts divers) tandis que les données incorporées dans le service en retour ont fait l'objet d'un traitement qui est la source de la valeur ajoutée du service. Ce ne sont donc pas les mêmes données. Les données subissent ainsi une première métamorphose.

Les marchés « secondaire » et « tertiaire » ou les métamorphoses successives des données

Introduisons maintenant les utilisations dites secondaires des données collectées, c'est-à-dire leur cession à des tierces parties qui les utilisent pour leur propre compte [260].

Le marché secondaire. Les collecteurs primaires, qu'ils soient exploitants ou non, peuvent céder leurs données à des agrégateurs. Les agrégateurs appelés aussi courtiers de données[3] ont pour fonction de collecter la plus grande variété de données relatives à un individu. Ils peuvent alors construire des profils adaptés à toute demande de valorisation d'un produit. Le marché entre collecteurs primaires et courtiers est un vrai marché. Il y a des acheteurs, des vendeurs, un objet échangé (des bases de données) et un prix. Le collecteur est en situation de vendre ces bases car il bénéficie d'un droit exclusif sur elles, du fait de son investissement dans la collecte et la mise en forme des données. Il le fait *via* un contrat commercial, en l'occurrence une licence. Les prix pratiqués varient selon les données [131]. Des historiques de crédit ont plus de valeur que des adresses électroniques. Leur valeur dépend de la destination ultime des données, c'est-à-dire de leur capacité à se valoriser sur un 3ᵉ marché.

Le marché tertiaire. Les courtiers agrègent les données pour constituer des profils d'individus qui sont vendus aux annonceurs publicitaires. Ceux-ci exploitent les profils pour les besoins de leur marketing (personnalisation de leur offre, campagnes publicitaires ciblées, suivi marketing, innovations de service...). La plupart du temps, la transaction s'opère sous la forme de la vente d'un service commercial (campagne de marketing) sans que les fichiers

3. *Data brokers.*

de profils ne soient cédés, car le vendeur perdrait alors un actif stratégique dans la chaîne de valeur des données. L'exploitation commerciale des profils est réalisée dans l'objectif d'accroître le chiffre d'affaires ou/et de diminuer les coûts de l'annonceur. La valeur créée par l'exploitation des profils sur le marché final des entreprises commerciales détermine ultimement et par rétroaction la valeur qui doit être accordée aux données aux étapes antérieures de leurs métamorphoses.

Les marchés secondaire et tertiaire ne forment qu'un seul marché lorsque l'exploitant est à la fois un collecteur primaire de données auprès des individus et un vendeur de profils auprès des annonceurs. C'est le cas des grandes plateformes (Apple, Google, Facebook...) qui, d'un côté, collectent de vastes étendues de données individuelles au travers de leurs activités et, de l'autre, ont leur propre régie publicitaire. Elles agrègent elles-mêmes leurs données et vendent des services publicitaires.

1.3 Les trois modèles de valorisation des données

Il existe aujourd'hui un consensus assez large pour qualifier d'inéquitable la marchandisation actuelle des données. L'économie des données repose en effet sur un déséquilibre structurel entre des individus fournisseurs de données brutes n'ayant pas de contrôle réel sur leurs usages et des exploitants (les grandes plateformes, les courtiers et les annonceurs) qui sont en mesure de capter l'essentiel de la valeur créée par l'usage publicitaire des données. Comment modifier cette situation ? C'est là où les scénarios se séparent.

Le scénario de la continuité : de l'abnégation du consentement à l'éclaircie de la portabilité

Le premier scénario ne fait que prolonger la situation existante fondée sur l'appel au consentement des individus à la collecte et l'exploitation de leurs données par d'autres acteurs tout en renforçant ses conditions d'exercice d'un côté et en esquissant d'éventuelles portes de sortie de l'autre.

Le nouveau règlement européen incarne ce scénario qui maintient les individus dans une attitude réactive de protection de leurs données et non proactive de leur valorisation. Dans ce dispositif, la notion de consentement, qui est une des bases juridiques de la licéité des traitements des données personnelles, est centrale. C'est pourquoi le RGPD en donne une définition précise détaillant les conditions strictes de son exercice (« toute manifestation de volonté, libre, spécifique, éclairée et univoque par laquelle la personne concernée accepte, par une déclaration ou par un acte positif clair, que des données à caractère personnel la concernant fassent l'objet d'un traitement », article 4).

Le mot est lâché : il s'agit d'accepter. Le RGPD obligeant les responsables de traitement à modifier ou préciser leur politique de confidentialité et à recueillir le consentement explicite et informé des individus à cette politique, les écrans ont depuis lors été envahis de bandeaux d'information et de boutons d'acceptation, transformant *de facto* les individus en machines à consentir, car bien peu s'attachent à prendre connaissance des politiques de confidentialité proposées en hyperliens et à suivre l'invitation à paramétrer ses préférences personnelles de *privacy*. Forts sans doute de la garantie offerte par le RGPD, les individus peuvent se laisser aller à cliquer compulsivement sur le bouton « j'accepte ». Le soin juridique mis à préciser ce qu'est un consentement effectif se renverse du point de vue du comportement en son contraire : une mécanique de l'acceptation.

On dira que le ver était dans le fruit : les individus étant placés dans une position réactive d'acceptation ou de refus, la promesse juridique d'un traitement respectueux des données personnelles par les collecteurs/exploitants ne peut qu'accentuer leur passivité en diminuant le risque de préjudices différés entraînés par la commodité immédiate de leur acceptation compulsive. Ce qui aboutit à ce paradoxe : plus le consentement se donne la garantie d'être éclairé, plus la réflexivité des individus baisse.

Le RGPD offre toutefois deux échappées possibles. Il introduit tout d'abord la possibilité d'une action de groupe (action en justice de plusieurs personnes subissant un dommage similaire résultant de la violation des dispositions relatives à la protection des données personnelles). En fait, ce principe avait déjà été introduit dans le droit français par une loi de 2016 mais celle-ci se limitait à exiger la cessation du manquement à l'origine du préjudice. L'article 80 du RGPD renforce considérablement cette disposition en prévoyant la possibilité d'une réparation financière pour le préjudice subi. Des associations (Quadrature du Net, *Internet Society France*...) ont déjà déclaré vouloir lancer des actions de groupe contre les GAFA, notamment Facebook, pour violation des droits de protection de la vie privée et des données personnelles. La réparation financière peut être un puissant levier susceptible d'infléchir le comportement des responsables de traitement en raison des sommes en jeu[4]. Internet Society France entend ainsi demander à Facebook une réparation de 100 millions d'euros (1 000 $ par personne pour une action qui rassemblerait 100 000 personnes). C'est un instrument potentiel de dissuasion mais ça ne sort pas les individus d'une stricte position réactive.

La seconde disposition est à cet égard plus intéressante. Il s'agit de la reconnaissance d'un droit à la portabilité des données personnelles. Ce droit ne concerne que les données fournies activement ou passivement par les personnes elles-mêmes (les données primaires) et non les données déjà transformées par un traitement comme les profils. Il permet de récupérer ces données auprès du collecteur et de les transférer auprès d'un autre organisme ou de les stocker en vue d'un usage personnel, actuel ou futur. Dans l'état actuel des choses, personne ne sait si et comment ce droit va être exercé, bien que certains GAFA se soient empressés de se présenter comme l'avant-garde de la portabilité des données[5]. C'est en fait un droit à l'expérimentation. Il offre des possibilités nouvelles aux individus de conquérir un certain pouvoir dans l'exploitation de leurs données, au-delà des droits de contrôle sur la collecte et l'usage de ces données.

4. À tel point que les sénateurs ont demandé un report de deux ans de cette disposition, de façon à ce que les responsables de traitement aient le temps de s'y adapter.

5. Voir le projet *Data Transfer Project* de Google, Facebook, Microsoft, Twitter (https://datatransferproject.dev/).

C'est un pas sur la voie de l'*empowerment* des individus mais il peut tout aussi bien s'exercer dans le cadre du *statu quo*, les individus se contentant de transférer les données d'un exploitant à d'autres en allant au plus offrant ou au mieux-disant en matière de sécurité. Mais il ouvre aux individus un autre horizon et crée une possibilité d'autres modes d'action, ce qui est très important pour que puisse s'opérer la difficile bascule subjective d'une problématique de protection à une position proactive d'intervention dans l'exploitation de leurs données.

Le scénario libéral de la monétisation : vendre ses données

Une réponse d'apparence simple à la question « que faire de ses données personnelles dans la perspective de les valoriser ? » consiste à transformer les individus en manageurs de leurs propres données en vue de les négocier sur un marché auprès d'acteurs souhaitant les exploiter. Ce scénario consiste au fond à transformer notre « marché primaire » en un vrai marché, et à remplacer l'actuel troc « données contre services » par un échange monétaire.

Le scénario de la monétisation a été développé dès le début des années 1990 aux États-Unis. Des start-ups visant à créer une plateforme entre vendeurs et acheteurs de données personnelles se sont lancées sur ce marché sans grand succès. Mais elles continuent de le faire (voir par exemple Embleema dans le domaine de la santé www.embleema.com). Le scénario a été récemment réactivé en France par un *think tank* libéral [199]. La monétisation des données est présentée comme une solution à la dissymétrie des relations entre individus et collecteurs/exploitants. Elle permettrait notamment aux consommateurs de responsabiliser leur comportement de divulgation et de lever le fameux « *privacy paradox* » (les individus affirment le souci de protéger leur vie privée mais ne le respecte pas dans leurs pratiques de divulgation). En effet, dans une société dominée par les valeurs de l'argent, la monétisation par les individus de leurs données révélerait leur valeur et les inciterait à réfléchir à leurs comportements de divulgation. La monétisation serait ainsi la première marche de l'*empowerment* des consommateurs face aux exploitants.

La réalisation de ce scénario rencontre de nombreux obstacles, comportementaux, juridiques et économiques qu'il serait trop long ici de détailler. Au plan comportemental, il faudrait convaincre les individus de se porter vendeurs de leurs données, alors que la protection de ces données est socialement considérée, en Europe du moins, comme un droit fondamental. Au plan juridique, l'obstacle tient à la nécessité de reconnaître aux individus un droit de propriété sur leurs données pour créer un marché de ces données [11, 266]. Cela soulève de nombreux problèmes et rencontre de vives résistances de la part de la très grande majorité des juristes comme des institutions (voir le rapport du CNNum [75], les positions de la CNIL). Au plan économique, l'obstacle essentiel tient à la nature des données personnelles. Elles sont attachées à des individus (c'est leur définition juridique), mais ne sont pas, du point de vue de leur valeur économique, des données individualisables. Les données personnelles n'ont en effet de valeur qu'en étant mutualisées, croisées, agrégées. C'est ce que font les *data brokers* pour donner une valeur aux données. De la même façon, du côté négatif cette fois, l'exploitation des données d'un individu peut créer des préjudices à d'autres individus directement (une photo d'un ami postée sur un réseau social) ou indirectement quand elles sont croisées avec d'autres données (une photo ou une adresse qui, rapprochée d'autres sources sur le Net, peut engendrer de la discrimination sur le marché du travail). Pour que la valeur des données personnelles soit monétisable individuellement[6], il faudrait supposer que toutes ces externalités positives et négatives, actuelles et à venir, puissent être comptabilisées dans le prix de marché de la donnée.

Au total, ce scénario apparaît peu vraisemblable, surtout en Europe.

6. La valeur que la mutualisation et le croisement des données personnelles d'un ensemble d'individus m'apporte moins les coûts des préjudices causés aux autres et à moi-même par l'exploitation de ces données.

Le scénario de la valorisation collective : les données personnelles comme biens communs

Comme le précédent, il relève d'une problématique d'intervention active des individus ; cependant l'échelle n'est plus individuelle mais collective. Seuls des collectifs d'individus ont en effet la capacité de reconquérir un pouvoir d'intervention effectif dans la valorisation de leurs données. Ces collectifs peuvent être de nature différente, d'une communauté de personnes à une délégation de pouvoir à un organisme intermédiaire agissant pour leur compte en passant par des acteurs publics. Le caractère collectif de leur intervention met les individus en position de modifier leur place dans le dispositif de valorisation. C'est impératif car tant qu'ils ne sont que les fournisseurs de données brutes, les individus sont séparés des lieux de valorisation de leurs données et incapables de capter la valeur qui s'y crée.

C'est un scénario très émergent, encore incertain car seulement esquissé et subordonné à des conditions d'application qui sont loin d'être réunies. Mais il fixe une orientation différente, cohérente avec l'empreinte collective des données personnelles et ouvrant à des expérimentations.

Que devient la valorisation des données personnelles dans un schéma reposant sur la constitution des individus en acteurs collectifs de cette valorisation ? Par quels mécanismes peut-elle s'effectuer ?

Une réponse structurante à ces questions consiste à considérer les données personnelles comme des biens communs [34]. La notion de bien communs ou de communs a été développée par une Nobel d'économie atypique, Elinor Ostrom [241]. Elle a montré qu'il existait des ressources[7] pouvant être gérées efficacement par des communautés d'individus sans que cette gestion ne prenne la forme d'un marché ou d'une régulation étatique. Un commun est à la fois un type de bien (des ressources mises en commun) et une façon de le gérer (une forme spécifique de gouvernance). C'est pourquoi l'appellation de commun est préfé-

7. Des ressources d'irrigation en Californie dans ses premiers travaux.

rable à celle de bien commun car se référant indissociablement à une double nature (bien et gestion collective). Les données personnelles entrent dans cette catégorie.

Les données personnelles peuvent d'abord être considérées comme des biens communs. À deux niveaux. Au niveau de leur existence même puisque la plupart des données personnelles d'un individu impliquent d'autres individus et leur co-appartiennent. Au niveau de leur exploitation puisque la valorisation des données d'un individu implique qu'elles soient comparées, croisées, mutualisées, retraitées avec celles d'autres individus. Du point de vue de leur valorisation, les données personnelles sont des ensembles intrinsèquement liés.

La deuxième dimension des communs (est commun ce qui est sous la gouvernance d'un acteur collectif) est tout aussi importante. Elle est même primordiale pour en faire une voie praticable de l'*empowerment* des individus. Si on suit la simple logique de « biens communs » des données personnelles, ces biens n'ont pas de frontières. Toutes les données personnelles étant en fin de compte interdépendantes du point de vue de leur valorisation (une innovation de service naît potentiellement du rapprochement de données personnelles relevant de masses d'individus hétérogènes et de domaines diversifiés d'observation), elles aboutissent à un vaste bien commun. Un acteur central comme l'État ou mieux encore les plateformes mondiales ont une capacité d'exploitation de ce bien commun qui crée beaucoup plus d'opportunités de valorisation à raison de la taille et de la diversité des bases de données que ces acteurs sont capables de mobiliser. Mais la concentration des données opère la valorisation à une échelle telle qu'elle dessaisit les individus de tout contrôle effectif des exploitations secondaires.

Le périmètre d'un commun est délimité *de facto* par un agir en commun, c'est-à-dire par la nature et le rayon d'action d'un collectif. C'est la démarche d'Ostrom : partir non d'une objectivité des biens communs pour les définir, mais des acteurs qui définissent les ressources dont ils assurent la gestion collective. Appliquons cette démarche aux données personnelles. Ce sont les acteurs collectifs et les actions de groupe qui délimitent le périmètre des données partagées ainsi que les règles de leur valorisation. Sans ces actions, la qualité objective des données personnelles comme biens communs ne suffit pas à définir un commun dont la valorisation soit sous le contrôle effectif des individus. Cela signifie que la reconnaissance et la mise en œuvre des données personnelles en tant que communs sont subordonnées à l'existence d'un acteur collectif se saisissant dans un domaine particulier de la valorisation proactive des données personnelles par ceux qui les produisent directement ou indirectement. La question est alors de savoir dans quels domaines ce type d'acteurs existe ou peut aujourd'hui exister.

Le domaine des données de santé est sans doute celui qui offre le plus d'applications à court et moyen terme. Elles réunissent les deux aspects des communs. Ce sont d'une part des données sensibles qu'il est avantageux de mutualiser et croiser pour améliorer les services rendus aux malades par les médecins, laboratoires pharmaceutiques, fabricants de dispositifs médicaux et même pour orienter la recherche. Il existe d'autre part des acteurs collectifs, notamment les associations de patients, qui commencent à s'emparer de ces questions (Renaloo pour le rein, Diabète Lab pour le diabète). Il faut en effet des acteurs capables d'une part de recueillir et mutualiser ces données, ce qui pose le problème de leur légitimité à le faire, et d'autre part d'être les porte-parole des patients pour négocier des modes d'exploitation plus équilibrés que les modes actuels. Les associations établies présentent néanmoins des rigidités, ce qui laisse la porte ouverte à des acteurs collectifs surgis du numérique et constitués pour l'occasion : des coopératives de données de santé, des plateformes spécialisées (Carenety, Midata)...

L'acteur collectif peut incorporer des acteurs privés ou publics dans la communauté d'intérêt qu'il forme parce qu'ils détiennent des données devant être croisées avec celles des individus membres (hôpitaux, cabinets médicaux...) ou/et parce qu'ils sont des parties prenantes de leur exploitation (fabricants d'équipements médicaux, laboratoires pharmaceutiques, chercheurs). Les acteurs représentant la volonté de mettre l'exploitation des données personnelles sous contrôle de leurs membres doivent monter des arrangements institutionnels spécifiques traitant avec les autres parties prenantes de l'exploitation (autres coopératives de données, acteurs privés, acteurs publics) et définir les règles de ces arrangements[8]. Ostrom insiste beaucoup sur la capacité des collectifs à définir eux-mêmes les règles d'une gestion efficace et contrôlée de leur commun [242]. Il n'y a pas de modèle général sinon à dire que cela passe par la définition de ce qu'Ostrom appelle un « régime de propriété commune » définissant les divers droits des parties (accès, retrait, gestion, exclusion, aliénation), c'est-à-dire d'un faisceau de droits applicable à la gestion des données comme communs [253], mais aussi d'un ensemble de règles de procédures de choix, de surveillance, de résolution de conflits, de sanctions... C'est au travers de ces droits et de ces règles que le collectif organise la coopération avec d'autres parties prenantes, garantit à ses membres un contrôle effectif de la chaîne de valeur de leurs données et s'assure d'une exploitation respectueuse de leur vie privée.

Mais quels autres domaines que la santé peuvent fournir un terrain d'expérimentation ? Et quels types de rétribution les individus ont-ils dans ce scénario ?

L'action collective suppose une base favorable au regroupement d'individus pour exercer un pouvoir d'intervention et de contrôle sur la valorisation de leurs données. Le plus facile sans doute est d'avoir une base territoriale. C'est du reste le cas de la plupart des communs étudiés par les équipes d'Ostrom. Celles-ci l'expliquent par le rôle fondamental de la communication directe dans l'action et la gestion collectives. Elle génère la confiance nécessaire à l'élaboration de règles en commun. Ainsi, dans le cadre d'une copropriété d'immeuble, ou à l'échelle d'un quartier ou d'une ville, les individus peuvent décider de mutualiser certaines de leurs données personnelles comme leurs consommations d'électricité ou de chauffage, leurs données de mobilité et environnementales, d'achats, de loisirs, etc. pour négocier des services utilisant ces données. À l'échelle d'une ville, les données pourraient être confiées à un acteur public, dépassant le cadre d'une communauté particulière, pour une finalité déterminée (mobilité, environnement, conception architecturale, aménage-

8. Même ainsi élargi, un tel acteur n'est pas un isolat dans la société. Il est amené aussi à traiter avec des institutions publiques ou de grandes plate-formes privées pour les besoins de la mutualisation des données. L'image développée par Ostrom est celle d'une gestion polycentrique complexe des ressources.

ment urbain...), remplissant une mission d'intérêt général, dès lors que le processus de valorisation reste sous le contrôle des citoyens. Voir le scénario « portabilité citoyenne » envisagé par le Laboratoire LINC de la CNIL [98].

Le scénario peut sans doute s'appliquer à d'autres domaines que les données de santé et les services à base territoriale. Tout dépend de l'existence d'acteurs collectifs qui s'emparent de cette question. C'est pourquoi, ce n'est pas aujourd'hui un modèle général, parce que soit ces acteurs n'existent pas encore, soit les organisations existantes (associations, syndicats...) ne se sont pas encore penchées sur cette question.

Enfin la question est de savoir comment qualifier le type de transaction que représente l'exploitation des données dans ce scénario. Ce n'est ni l'échange implicite « données contre services » du premier scénario, ni celui de la monétisation individuelle du second. Ce n'est pas d'ailleurs un « marché », mais le lieu d'une négociation collective entre un acteur collectif agissant pour le compte de ses membres et des exploitants (prestataires, industriels, acteurs publics, chercheurs...) dans le cadre d'une finalité précise en vue de l'obtention de services souhaités par les membres. La contrepartie à la participation des individus est d'assurer un service qui procure des avantages collectifs et individuels aux membres. Il n'y a pas de rétribution monétaire directe. Une telle contribution mettrait d'ailleurs en danger le cadre coopératif qui fonde l'engagement des participants, en minant leurs motivations sociales (effet dit de « *crowding out* » [134]). Naturellement l'acteur collectif doit avoir un modèle économique qui finance le fonctionnement du commun et l'investissement dans de nouvelles ressources (par exemple des études faites auprès des patients).

1.4 CONCLUSION

Que peut vouloir dire valoriser ses données personnelles, alors que de plus en plus de ces données sont collectées et qu'une économie pilotée par les grandes plateformes s'est construite sur leur valorisation ? Trois scénarios ont été esquissés.

Le premier est incarné par le RGPD. Il vise à donner davantage de droits de contrôle aux individus sur l'usage de leurs données rendu plus transparent et à encadrer les plateformes. Mais il reste inscrit dans la problématique passive du consentement. Il offre néanmoins deux leviers : l'action de groupe et le droit à la portabilité des données. Ces leviers vont peser sur le rapport de force avec les plateformes mais laissent en suspens le problème d'interventions proactives des individus pour valoriser leurs données.

Le second scénario est celui de la monétisation individuelle des données. Il implique la reconnaissance d'un droit de propriété sur les données personnelles. Ce scénario rencontre de nombreux obstacles éthiques, comportementaux, juridiques et économiques qui le rendent largement illusoire.

Le troisième scénario, celui de la valorisation collective des données, traite celles-ci comme des communs sous le double angle de leur qualité objective (les données personnelles sont des données sociales) et de leur gestion par des acteurs collectifs. Le scénario est suspendu à la formation de tels acteurs. Pas plus que les précédents, il ne constitue une solution globale, mais il trace une orientation davantage en rapport avec la possibilité d'une intervention proactive des individus dans la valorisation de leurs données.

2 – Quelques défis techniques posés par le RGPD

Daniel Le Métayer[1]

2.1 Introduction

Le Règlement général sur la Protection des Données (RGPD) entré en application en mai 2018 après de longues années de discussions[2] a été généralement salué comme un progrès en matière de protection de la vie privée [93]. De fait, le RGPD accorde de nouveaux droits aux personnes et impose de nouvelles obligations aux détenteurs de données personnelles (les « responsables de traitement » dans la terminologie du RGPD) assorties de sanctions importantes qui pourraient s'avérer dissuasives même pour de grosses entreprises[3]. Cependant, son impact dépendra largement de son interprétation, de son application et de son contrôle, notamment par les autorités de protection des données[4]. L'effectivité du RGPD sera aussi subordonnée à l'existence d'outils techniques permettant de mettre en œuvre un certain nombre de ses dispositions.

La philosophie générale du RGPD, qui constitue également la principale évolution par rapport à la directive qu'il a remplacée,

1. Daniel Le Métayer, Univ Lyon, Inria, INSA Lyon, CITI, F-69621 Villeurbanne, France.

2. La version initiale a été proposée par la Commission européenne en janvier 2012, et le texte final a été publié dans le Journal officiel de l'Union européenne en mai 2016 pour une entrée en application deux années après.

3. Jusqu'à 20 millions d'euros ou 4 % du chiffre d'affaires mondial d'une entreprise.

4. La Commission nationale de l'informatique et des libertés (CNIL) en France.

est le passage d'une logique administrative à une logique de responsabilisation des parties prenantes, notamment des responsables de traitement. Par exemple, la consultation préalable de l'autorité de protection n'est désormais nécessaire que dans l'hypothèse où l'analyse d'impact relative à la protection des données (AIPD) réalisée par le responsable de traitement (ou pour son compte) conduit à la conclusion que le risque d'atteinte à la vie privée est important. Dès lors, il va de soi que le sérieux avec lequel ces AIPD seront réalisées (et possiblement contrôlées) conditionnera pour une large part les garanties apportées en matière de protection des données personnelles.

La démarche de responsabilisation se traduit également par l'obligation de prendre en compte les exigences de protection de la vie privée dès la phase de conception d'un traitement (et tout au long de son cycle de vie). C'est ce que l'on appelle le « *privacy by design* » (PbD) ou « protection de la vie privée dès la conception ». Le PbD implique notamment la minimisation de la collecte des données personnelles, principe vertueux mais difficile à mettre en œuvre, et qui peut entrer en tension avec la philosophie de l'analyse de données massives[5]. D'autres notions comme l'anonymisation ou la pseudonymisation, distinguées dans le RGPD, demeurent également des sujets de recherche. Leur mise en œuvre dépendra des progrès en la matière et nécessitera une bonne interaction entre experts techniques et autorités de protection.

L'objectif de ce chapitre est d'analyser quelques dispositions essentielles du RGPD à travers le prisme technique, pour pointer de possibles difficultés de mise en œuvre et faire ressortir des défis en matière de recherche. Ce chapitre n'a donc pas la prétention de couvrir l'ensemble du domaine de la protection de la vie privée, pas plus que la totalité du RGPD qui comporte bien d'autres aspects tout aussi importants en pratique (comme le principe du « guichet unique » et les mécanismes de coordination des autorités de protection des pays membres). Par ailleurs, plusieurs chapitres du présent ouvrage présentent des techniques qui peuvent contribuer à la protection de la vie privée, comme les solutions d'authentification (chapitre 4), les techniques de chif-

---

5. *Big data.*

frement homomorphe (chapitre 10) ou encore la vérification de protocoles cryptographiques (chapitre 11). La dimension économique des données personnelles est également abordée dans le présent ouvrage (chapitre 1).

Nous commençons par une présentation des questions liées à la réalisation des études d'impact relatives à la protection des données qui constituent la clef de voûte du RGPD (section 2.2) avant de détailler les défis posés par l'obligation de protection de la vie privée dès la conception (section 2.3). Nous nous penchons ensuite sur les dispositions du RGPD qui ont pour but de renforcer le contrôle des sujets sur leurs données personnelles, notamment l'information et consentement (section 2.4). Nous abordons plus rapidement d'autres sujets comme le droit à la portabilité, à l'effacement, ou encore l'obligation d'explication des décisions prises sur le fondement de traitements automatisés dans la dernière section (section 2.5).

2.2 ANALYSES D'IMPACT RELATIVES À LA PROTECTION DES DONNÉES

La réalisation d'une AIPD peut être vue comme la première étape dans la démarche de responsabilisation qui sous-tend le RGPD. Pour être précis, le RGPD limite l'obligation de réaliser une AIPD aux cas de traitements « susceptibles d'engendrer un risque élevé pour les droits et libertés des personnes physiques ». La restriction pourrait paraître auto référentielle (l'analyse de risques est exigée seulement quand les risques sont importants), mais le RGPD inclut une liste non limitative de cas où une AIPD est requise (profilage, traitement à grande échelle de données sensibles, surveillance systématique à grande échelle[6]). Même si elles font leur entrée dans le champ réglementaire européen à l'occasion du RGPD, les AIPD ou PIA (*Privacy Impact Assessment*[7]) ne sont

6. Article 35 du RGPD.

7. D'un point de vue juridique, la protection de la vie privée et la protection des données personnelles sont des droits différents, mais nous assimilons les deux notions dans ce chapitre pour des raisons de simplicité.

pas des notions nouvelles [299, 301], et l'Union européenne elle-même y a eu recours dans des domaines spécifiques comme les RFID (*Radio Frequency Identification*) et les grilles intelligentes [299]. Les AIPD ont déjà donné lieu à un certain nombre de travaux, et David Wright a proposé en 2013 un processus en seize étapes inspiré d'une étude approfondie des pratiques et des méthodologies existantes [300]. Des autorités de protection des données comme la CNIL [95-97] et des organismes de normalisation comme le NIST (National Institute of Standards and Technology) [59] ont également publié des lignes directrices pour conduire une AIPD. La CNIL est allée plus loin en mettant en ligne un outil pour guider les responsables de traitement dans cette tâche[8]. Toutes ces contributions sont utiles pour définir un cadre général et baliser les principales étapes du processus. Elles fournissent également des « check-lists » qui peuvent limiter les risques d'oublis et des aides pour structurer les rapports d'analyse. Cependant, ces propositions se situent à un niveau très abstrait et portent essentiellement sur des principes généraux et des procédures. Elles restent très vagues sur la dimension technique des analyses d'impact. De ce fait, beaucoup de responsables de traitement se sentent démunis quand ils doivent évaluer concrètement les risques liés à leur système.

La sécurité étant un composant essentiel de la protection des données personnelles, il existe des similitudes importantes entre une analyse de risques en sécurité et une AIPD. Cependant, il est important de prendre en compte une différence essentielle en termes d'objectifs : une AIPD vise à évaluer les risques pour les personnes (ou groupes de personnes) concernées par les traitements, alors qu'une analyse de risques en sécurité a généralement pour but d'évaluer les risques pour une entreprise ou un organisme. Ce changement de perspective a deux conséquences importantes :

– L'organisation détentrice des données (le responsable de traitement) doit être considérée comme une source de risques (« attaquant » dans la terminologie habituelle de la sécurité) dans une AIPD, alors qu'elle est vue comme l'entité à protéger dans une analyse de risques en sécurité.

8. https://www.cnil.fr/sites/default/files/atoms/files/cnil-pia-1-fr-methode.pdf.

– Dans une AIPD, les impacts ne sont pas seulement des préjudices économiques ou d'image. Il est nécessaire de considérer toutes les conséquences potentielles pour une personne ou un groupe (y compris les conséquences psychologiques, les problèmes de santé, les impacts sociétaux, etc.).

De manière générale, on peut dire que les principaux défis en matière d'AIPD sont [91] :

1. La considération de tous les facteurs qui peuvent avoir une incidence sur les risques d'atteinte à la vie privée.

2. L'évaluation de la vraisemblance des risques en fonction de ces facteurs.

3. L'évaluation de la gravité des impacts sur les personnes.

L'appréciation de la gravité est d'ordre subjectif et devrait idéalement résulter de consultations des parties prenantes comme le prévoit le RGPD. À défaut de telle consultation, elle peut reposer sur des typologies des impacts et des échelles de gravité comme celles proposées par la CNIL[9] [97].

L'évaluation de la vraisemblance peut être abordée de manière plus technique. Par exemple, Nunez del Prado Cortez et Friginal [239] proposent une évaluation multidimensionnelle reposant sur quatre facteurs :

1. Les ressources requises pour perpétrer les exploitations illégitimes de données personnelles.

2. La complexité de ces exploitations.

3. Les contraintes spatiales, comme le fait qu'une exploitation puisse être perpétrée à distance ou nécessite une présence sur place.

4. La durée d'observation requise.

Les évaluations associées à ces dimensions sont combinées pour produire un score de vraisemblance. On peut ensuite construire des arbres d'attaques qui représentent les différentes manières de combiner ces exploitations illégitimes de données pour parvenir à un « évènement redouté[10] ».

L'outil LINDDUN [102] repose quant à lui sur une spécification du système à analyser sous forme de diagrammes de flots

9. L'échelle de gravité proposée par la CNIL tient compte de l'ampleur de l'impact et de la difficulté à les surmonter pour les personnes concernées.

10. Selon la terminologie de la CNIL.

de données. Ces diagrammes comprennent quatre types d'éléments : les processus, les flux, les espaces de stockage et les entités externes. Chaque élément est associé à des menaces spécifiques[11] qui sont représentées par des arbres de menaces (apparentés aux arbres d'attaques cités précédemment). Ces arbres comprennent des préconditions qui correspondent à des modes d'exploitation de données personnelles nécessaires pour que la menace puisse se matérialiser. LINDUNN inclut également un guide pour le choix des contre-mesures possibles.

Une question pratique importante est celle de la réalisation d'analyses de risques rigoureuses à un coût raisonnable. Une manière d'améliorer l'efficacité de cette tâche consiste à concevoir des analyses de risques « réutilisables ». La méthode PRIAM (*Privacy Risk Analysis Methodology*) permet de répondre à ce besoin [89, 90]. Elle est décomposée en trois phases :

1. La première phase prend en entrée la spécification du système et ses principaux composants. Elle a pour but de construire des arbres d'attaques génériques. Cette phase peut être effectuée sur une famille de systèmes, indépendamment de leur architecture et de leur contexte d'application.

2. La deuxième phase prend en entrée l'architecture du système et consiste à dériver des arbres d'attaques spécialisés pour cette architecture. Elle intègre en particulier les vulnérabilités du système et les droits d'accès des différents acteurs.

3. La troisième phase prend en entrée le contexte de déploiement (par exemple une école ou un casino) et produit des arbres d'attaques spécifiques. Sont notamment intégrées à ce stade les informations auxiliaires des sources de risques, leurs ressources et leurs degrés de motivation.

En conclusion, on peut constater que les travaux de recherche sur l'analyse de risques d'atteinte à la vie privée sont relativement peu nombreux en regard de l'importance des AIPD dans le RGPD. Des questions difficiles se posent aujourd'hui aux responsables de traitement aussi bien sur le plan organisationnel que sur le plan technique. Dans la première catégorie, on peut citer la définition du

---

11. LINDDUN utilise six catégories de menaces : chaînabilité (*unlinkability*), identifiabilité, non-répudiation, détectabilité, divulgation d'information, absence d'information (*unawareness*), non-conformité.

périmètre d'une AIPD et la manière de structurer des AIPD pour de gros systèmes traitant des données de natures variées pour différentes finalités. Dans la seconde catégorie, il reste notamment à établir un lien entre les métriques utilisées pour mesurer la qualité d'une anonymisation et la vraisemblance des risques de ré-identification ou d'inférence. Les informations auxiliaires accessibles aux agents et les possibilités de communication et de collusion entre eux sont aussi des facteurs compliqués à prendre en compte.

2.3 PROTECTION DE LA VIE PRIVÉE DÈS LA CONCEPTION

La réalisation d'une AIPD est généralement nécessaire pour des raisons de conformité au RGPD, mais son intérêt premier d'un point de vue technique est de fournir des informations utiles pour concevoir un système offrant des garanties suffisantes en matière de protection des données personnelles. En effet, une AIPD doit permettre de cartographier les risques en fonction de leur gravité et de leur vraisemblance. Sur cette base, il s'agit alors de faire la distinction entre les risques acceptables et les risques inacceptables, et de déterminer les actions à prendre pour contrer ou réduire ces derniers. Certaines de ces actions sont d'ordre technique et peuvent concerner des choix de conception ou de mise en œuvre dans une démarche de *privacy by design*.

Cependant, la mise en pratique de cette démarche de PbD n'est pas chose aisée. En effet, la palette des techniques de protection de la vie privée[12] (PET) disponibles est très large. Elle inclut par exemple des techniques aussi variées que le chiffrement homomorphe, le calcul multipartite sécurisé, les preuves à divulgation nulle de connaissance, ou encore l'anonymisation. Chacune de ces techniques apporte des garanties spécifiques et peut être indiquée dans certaines conditions. La première difficulté pour un concepteur est donc de déterminer une combinaison de techniques permettant de satisfaire le cahier des charges fonctionnel de son système tout en assurant la protection des données personnelles.

12. *Privacy Enhancing Technologies.*

Une autre difficulté est liée au fait que la protection de la vie privée entre parfois en tension avec d'autres exigences, comme celles d'intégrité, de performance ou de facilité d'utilisation. À titre d'exemple, une solution permettant de minimiser la collecte de données de consommation électrique à des fins de facturation consisterait à effectuer le calcul des montants à facturer localement, chez les consommateurs, sans jamais divulguer d'information de consommation au fournisseur. Cependant, sans dispositions complémentaires, celui-ci n'aurait alors aucune garantie sur l'exactitude de ces données de facturation. Différentes solutions ont été proposées pour concilier les exigences de protection des données personnelles et d'intégrité des calculs. Certaines reposent sur l'utilisation du chiffrement homomorphe ou de fonctions de hachage sécurisé, d'autres sur des preuves à divulgation nulle de connaissance ou encore sur des modules matériels de confiance[13] (TPM).

De manière générale, au-delà de la conception de nouvelles techniques de protection, qui suscitent toujours de nombreux travaux de recherche[14], la question majeure dans le contexte du RGPD est celle de l'aide qui peut être apportée aux concepteurs et développeurs dans la démarche de PbD [87]. Une proposition intéressante dans cette perspective est la constitution de modèles de conception[15] et de stratégies spécifiques pour la protection des données personnelles. Par exemple, Jaap-Henk Hoepman propose huit stratégies (Minimiser, Cacher, Séparer, Abstraire, Informer, Contrôler, Appliquer et Démontrer), des tactiques pour appliquer ces stratégies et des modèles de conception pour mettre en œuvre les tactiques [73, 164]. À titre d'illustration, les tactiques répertoriées pour la stratégie « Minimiser » sont les suivantes :

– Exclure : éviter de traiter des données personnelles, partiellement ou totalement, sur la base de l'*opt-out* (ou *blacklisting*[16]).

13. *Trusted Platform Module.*

14. Le lecteur intéressé pourra trouver un état de l'art des PET dans un ouvrage récent [190] ainsi que dans les actes de la conférence annuelle *Privacy Enhancing Technologies Symposium* (PETS).

15. *Design patterns.*

16. Cette tactique ne semble pas suffisante pour répondre aux exigences du RGPD. En effet, celui-ci reconnaît le consentement seulement s'il repose sur « une déclaration ou par un acte positif clair » de la part du sujet.

– Sélectionner : décider au cas par cas de l'utilisation des données sur la base de l'*opt-in* (ou *whitelisting*).

– Retirer : ôter les champs de données non nécessaires (par exemple, ne pas enregistrer les métadonnées).

– Détruire : effacer les données personnelles.

Toute classification de ce genre est cependant sujette à interprétation et à discussion, d'autant plus que les concepts en question sont définis de manière informelle. Par ailleurs, les distinctions et les frontières entre les stratégies comme Minimiser, Cacher et Abstraire par exemple, ne sont pas limpides (les deux dernières contribuant aussi à la minimisation des données). Une autre taxonomie est proposée par Seda Gürses et ses co-auteurs qui se focalisent sur la minimisation considérée comme la stratégie essentielle pour réduire les risques d'atteintes à la vie privée [159]. Six types de minimisation sont définis, qui portent respectivement sur la collecte, la divulgation, la réplication, la centralisation, la chaînabilité et la durée de rétention des données personnelles. Les lignes directrices proposées par les auteurs pour appliquer ces techniques de minimisation reposent sur une séparation entre le « domaine de l'utilisateur » et le « domaine du service ». Le premier domaine comprend les entités qui sont « sous le contrôle » de l'utilisateur et le second celles qui sont « sous le contrôle » du fournisseur de service. Il s'agit ensuite de déterminer les données nécessaires dans chacun de ces domaines. Cependant, la notion de « contrôle » peut être assez trompeuse et elle n'est pas simple à définir précisément. De plus, il est rare en pratique qu'un agent puisse exercer un contrôle total sur une entité ou sur des données, le contrôle étant généralement relatif dans le sens où un sujet dépend d'autres acteurs pour l'exercer [223].

Les propositions ci-dessus peuvent, dans une certaine mesure, servir à guider des concepteurs mais n'apportent aucune garantie sur le système obtenu. La solution naturelle pour réduire ces incertitudes est de fournir un modèle formel des architectures et des propriétés recherchées. C'est la démarche suivie pour élaborer le système CAPRIV [14, 15] qui repose sur :

– Un langage de définition des architectures sous forme de composants munis de capacités (par exemple de communication ou de calcul).

– Une logique épistémique pour exprimer les connaissances des agents.

– Une stratégie de conception permettant de concilier des objectifs de minimisation (au sens de la connaissance des agents) et d'intégrité (au sens de garantie sur les résultats). Cette stratégie dépend des hypothèses sur les relations de confiance entre agents.

L'intérêt de CAPRIV est que, les langages étant définis formellement, il est possible de prouver des propriétés sur les architectures obtenues. Cette démarche a été appliquée à des cas d'usage variés, notamment les compteurs intelligents, le paiement des routes à l'usage ou encore le contrôle d'accès biométrique [58] (voir le chapitre 4).

De nombreux défis restent cependant à relever pour permettre d'intégrer le PbD dans des processus de développement industriels. Les méthodes agiles en particulier, qui reposent sur des cycles de développement itératifs rapides, posent des difficultés particulières. De même, certaines exigences comme la facilité d'utilisation ou de déploiement sont difficiles à caractériser précisément et à intégrer systématiquement dans une démarche de PbD.

De manière plus fondamentale, l'exigence de minimisation semble en contradiction avec l'esprit du *big data* ou analyse de données à grande échelle. Une option pour concilier les deux démarches consiste à anonymiser les données. De fait, un jeu de données anonymisé de manière robuste sort du périmètre du RGPD[17]. Cependant, on sait que l'anonymisation est un défi en soi. Un certain nombre de métriques ont été proposées pour caractériser et évaluer la qualité d'une anonymisation et des techniques ont été élaborées pour atteindre ces buts, c'est-à-dire pour satisfaire ces métriques. On peut citer par exemple le k-anonymat, la l-diversité ou encore la t-proximité [234]. Ces métriques reposent sur une distinction entre des attributs, appelés quasi-identifiants, et les attributs sensibles, qui doivent être protégés. Par exemple, le k-anonymat assure que les quasi-

17. Considérant 26 : « Il n'y a dès lors pas lieu d'appliquer les principes relatifs à la protection des données aux informations anonymes, à savoir les informations ne concernant pas une personne physique identifiée ou identifiable, ni aux données à caractère personnel rendues anonymes de telle manière que la personne concernée ne soit pas ou plus identifiable. »

identifiants d'une personne dans la base de données sont identiques à ceux d'au moins k-1 autres personnes, ce qui signifie que chacun est dissimulé dans un groupe d'au moins k personnes. Ces techniques, qui sont parfois qualifiées de « syntaxiques », présentent de sérieuses limites. Tout d'abord, leur robustesse dépend fortement des connaissances des adversaires (l'acteur cherchant à dé-anonymiser la base de données). De plus, la distinction entre quasi-identifiants et attributs sensibles est souvent difficile à établir, voire sans grande signification. C'est notamment le cas pour les jeux de données de grande dimension, c'est-à-dire comportant un grand nombre d'attributs, comme les données de géolocalisation. Pour répondre aux limites des métriques syntaxiques, un critère plus « sémantique » a été proposé, appelé « confidentialité différentielle[18] » [234], qui fournit une garantie que les données d'un individu en particulier ont une influence très faible sur ce qui peut être observé par l'adversaire (par exemple le résultat d'une requête ou tout autre calcul). L'objectif est de faire en sorte que la participation d'une personne au jeu de données ne permette d'apprendre quasiment rien sur cette personne qui n'aurait pas pu être appris si elle avait été absente du jeu de données. Un algorithme satisfait ce critère s'il produit un jeu de données tel que ce ratio reste inférieur à un paramètre fixé (dépendant d'un paramètre noté ε). La plupart des techniques qui permettent d'atteindre ce but reposent sur des perturbations de données. La confidentialité différentielle présente le grand avantage de s'affranchir d'hypothèses sur les connaissances de l'attaquant et d'être compositionnelle[19]. Le principal défi en la matière est de trouver un mode d'application qui permette de préserver une utilité acceptable. Certaines caractéristiques de cette méthode, comme la nécessité de bruiter les données, peuvent aussi s'avérer inacceptables en pratique. Par ailleurs, il est difficile d'apprécier le niveau de garantie offert par le choix d'une valeur du paramètre ε. Pour conclure sur ce point, aucune métrique n'est intrinsèquement supérieure à toutes les autres, et le choix d'une technique adaptée à une situation parti-

18. *Differential privacy.*

19. Plus précisément, un jeu de données satisfaisant le critère de confidentialité différentielle pour $\varepsilon 1$ composé avec un jeu de données le satisfaisant pour $\varepsilon 2$ satisfait le critère pour $\varepsilon 1 + \varepsilon 2$.

culière dépend de beaucoup de facteurs, comme le mode d'accès, plus ou moins contrôlé, aux données et leur sensibilité. De manière plus générale, il serait intéressant d'établir un lien entre les métriques d'anonymisation et les niveaux de risques dans un contexte donné, dans le cadre d'une AIPD.

2.4 Information et consentement

« Les personnes physiques devraient avoir le contrôle des données à caractère personnel les concernant », affirme le Considérant 7 du RGPD. Ce principe de contrôle, qui forme un des piliers de la doctrine européenne en matière de données personnelles, ne constitue pas pour autant un droit autonome au sein du RGPD. Il se traduit par un ensemble de « micro-droits » [188] qui incluent, par exemple, le droit d'être informé, de pouvoir consentir sans ambiguïté à un traitement[20], d'accéder à ses données, de demander leur effacement ou leur fourniture « dans un format structuré, couramment utilisé et lisible par machine » (portabilité). La mise en œuvre de ces droits n'est pas simple cependant, notamment avec le développement croissant de l'Internet des objets[21] (IoT). Par exemple, selon le Considérant 39 du RGPD :

« Le principe de transparence exige que toute information et communication relatives au traitement de ces données à caractère personnel soient aisément accessibles, faciles à comprendre, et formulées en des termes clairs et simples. »

Ces exigences sont déjà peu respectées à l'heure actuelle[22] et l'Internet des objets introduit de nouvelles difficultés pour les mettre en œuvre :

– Les appareils collectant des données personnelles se multiplient dans notre environnement (points d'accès Wi-Fi, bornes

20. Quand le fondement juridique de ce traitement est le consentement.

21. *Internet of Things.*

22. La sanction de 50 millions d'euros prononcée par la CNIL à l'encontre de Google le 21 janvier 2019 en est une parfaite illustration : https://www.cnil.fr/fr/la-formation-restreinte-de-la-cnil-prononce-une-sanction-de-50-millions-deuros-lencontre-de-la.

de détection de présence, capteurs, caméras, etc.). Il n'est pas simple d'assurer que les personnes concernées par ces collectes puissent réellement être informées. Même quand elles sont théoriquement accessibles, par exemple quand elles prennent la forme d'affichettes sur des murs, la multiplication de ces informations les rend invisibles. On peut déjà constater ce phénomène de banalisation avec les caméras de vidéo-surveillance. Une option plus satisfaisante serait de communiquer ces informations aux sujets de manière électronique. Cette solution n'est pas toujours simple à mettre en œuvre cependant, en particulier en présence d'appareils disposant de peu de ressources ou même passifs (qui collectent des données sans avoir la capacité d'envoyer des informations aux sujets). Néanmoins, plusieurs initiatives récentes montrent qu'il s'agit d'une piste prometteuse [63, 88, 203].

– Même en supposant qu'une personne puisse accéder à toutes les informations qui la concernent, elle ne dispose généralement pas du temps et de l'expertise nécessaires pour les analyser et saisir les impacts potentiels sur sa vie privée. Certains travaux récents ont pour but d'améliorer la compréhension des sujets, soit *a priori* en analysant automatiquement les risques potentiels liés à une collecte de données [92], soit *a posteriori*, en attirant leur attention sur certains types de collectes, comme le nombre d'accès à des données de géolocalisation par des applications [10].

Les difficultés évoquées ici existent déjà dans l'Internet « classique », mais elles s'aggravent avec la multiplication des petits appareils de l'Internet des objets. Pour faciliter l'interprétation des textes en la matière, le Groupe 29[23] (WP29), désormais remplacé par l'European Data Protection Board (EDPB), a publié un certain nombre de guides, notamment sur le consentement [297], la transparence [298] et l'Internet des objets [296]. Dans ses lignes directrices sur le consentement [297], le Groupe 29 pointe le risque de lassitude de l'utilisateur et affirme que le RGPD « impose aux responsables du traitement de développer des solutions à ce problème ». Différentes solutions pour informer les sujets de manière plus effective ont été proposées au cours des dernières années. Le lecteur intéressé peut trouver un état de l'art

23. *Working Party 29.*

complet sur le sujet dans un article de synthèse récent [271] qui analyse les modalités d'information selon quatre critères :

– Le temps de la communication : à l'installation d'une application, juste avant la collecte de données, en fonction du contexte, de manière périodique, de manière persistante ou à la demande.

– Le canal de communication : primaire (sur l'appareil collectant les données), secondaire (sur un autre appareil) ou public (par exemple sur une affichette).

– Le type de communication : visuelle, sonore, haptique ou sous un format analysable par une machine.

– Le contrôle de la communication : notices bloquantes, non bloquantes ou découplées des interactions de l'utilisateur.

Au-delà des modalités de communication, une des pistes de recherche les plus prometteuses en matière d'information et de consentement concerne la définition de langages d'expression de politiques de vie privée. Ces langages peuvent servir à exprimer les politiques des responsables de traitement (pour l'information des sujets) aussi bien que celles des sujets (pour déterminer les conditions de leur consentement). Idéalement, toute donnée personnelle devrait être accompagnée de la politique qui doit lui être appliquée, ce que l'on appelle parfois des « politiques adhésives[24] ». On pourrait également rendre l'expression du consentement moins fastidieuse pour les sujets en munissant leurs appareils d'agents logiciels (ou « assistants de vie privée ») mettant en œuvre les politiques qu'ils ont décidées [185, 189]. Cette possibilité est préconisée par le Groupe 29 dans son avis sur l'Internet des objets[25]. Elle pose des questions intéressantes aussi bien sur le plan technique (par exemple, sur les garanties qui peuvent être apportées sur le comportement de l'agent logiciel gérant le consentement) que sur le plan juridique [222] (notamment sur les condi-

24. *Sticky policies.*

25. « Dans la pratique, il semble que les dispositifs des capteurs ne soient généralement conçus ni pour fournir des informations par eux-mêmes, ni pour offrir un mécanisme valide permettant d'obtenir le consentement de la personne. Or, de nouvelles façons d'obtenir le consentement valide de l'utilisateur doivent être envisagées par les parties prenantes de l'IdO, y compris en mettant en œuvre des mécanismes de consentement par l'intermédiaire des dispositifs eux-mêmes. Des exemples spécifiques, tels que l'anonymisation et l'intermédiation et les politiques adhésives, sont mentionnés ci-après dans le présent document. »

tions de validité d'un consentement par le truchement d'un tel agent). Si l'idée d'assister les utilisateurs dans leurs choix de politiques ou de paramètres de vie privée n'est pas nouvelle, elle donne lieu actuellement à une floraison de travaux, notamment selon le principe du *nudging*, issu des sciences comportementales. Ces techniques visent à inciter, sans les forcer, les utilisateurs à réaliser des choix protecteurs de leur vie privée. Le *nudging*, qui relève du « paternalisme libéral » donne lieu lui-même à des débats éthiques[26] qui dépassent le cadre purement technique [4, 10].

Le RGPD pose d'autres questions compliquées comme celle de la gestion des retraits de consentement ou encore de l'obtention du consentement parental pour les enfants. Ce consentement est exigé pour les enfants en dessous d'un certain âge (16 ans par défaut dans le RGPD[27]).

Cependant, comme l'indique le Groupe 29, « la vérification de l'âge de la personne concernée ne doit pas entraîner un traitement de données supplémentaire excessif». Par ailleurs, « le RGPD ne définit pas de méthode pratique d'obtention du consentement parental ou de vérification que la personne en question est habilitée à effectuer cette action». Le Groupe 29 précise que « le caractère raisonnable d'une mesure, à la fois pour ce qui est de vérifier qu'un utilisateur est suffisamment âgé pour donner son propre consentement et que la personne donnant son consentement au nom d'un enfant est titulaire de la responsabilité parentale, peut dépendre des risques liés au traitement ainsi que des technologies disponibles ». Les résultats de recherche en matière d'authentification et d'accréditation anonyme devraient être mobilisés pour limiter la divulgation d'information tout en sécurisant les procédures[28].

---

26. Mal utilisé, il peut confiner à de la manipulation.

27. Article 8 : « Lorsque l'enfant est âgé de moins de 16 ans, ce traitement n'est licite que si, et dans la mesure où, le consentement est donné ou autorisé par le titulaire de la responsabilité parentale à l'égard de l'enfant. » Il est à noter cependant que « les États membres peuvent prévoir par la loi un âge inférieur pour ces finalités pour autant que cet âge inférieur ne soit pas en-dessous de 13 ans », marge de manœuvre qui a été utilisée par la France pour fixer cet âge à 15 ans.

28. Au-delà de la question du consentement parental, des techniques d'authentification sécurisées devraient aussi être appliquées à la mise en œuvre des droits du sujet comme le droit d'accès, de rectification, d'effacement ou la portabilité des données.

Les enjeux en la matière sont d'autant plus importants que, selon les termes du RGPD, dans les cas où le traitement repose sur le consentement, le responsable du traitement doit être « en mesure de démontrer que la personne concernée a donné son consentement au traitement de données à caractère personnel la concernant ». Cette responsabilisation des acteurs, déjà évoquée en introduction, exige pour les responsables de traitement une adaptation de leurs procédures et de leurs systèmes d'information pour assurer qu'ils seront bien en mesure de « démontrer » l'obtention d'un consentement valide.

2.5 CONCLUSION

Pour des raisons de concision, nous avons choisi de développer quelques dispositions majeures du RGPD dont la mise en œuvre soulève des difficultés techniques et qui devraient susciter des travaux de recherche dans les années à venir. En réalité, le RGPD comporte bien d'autres droits et obligations qui ne peuvent pas être mis en œuvre par la simple utilisation de solutions ou de produits existants. Par exemple, le traitement des demandes d'accès, d'effacement ou de portabilité peut prendre un temps démesuré actuellement, car les systèmes d'information ne sont pas conçus pour permettre d'identifier rapidement les données concernant une personne. Certains droits, comme la portabilité des données, appellent aussi la définition de nouveaux standards, ou à tout le moins un accord entre les parties prenantes sur des formats de partage. De même, la certification prévue à l'article 42 du RGPD nécessite l'élaboration de référentiels et l'organisation de procédures sous l'égide d'organismes de certification [121]. Ces référentiels ne doivent pas être créés *ex nihilo* puisque certains schémas d'évaluation de la protection de la vie privée existent déjà au niveau national (comme les référentiels de labellisation de la CNIL) ou européen (comme EuroPrise). Par ailleurs, des schémas de certification sont déjà utilisés depuis des décennies dans le domaine de la sécurité informatique. Cependant, il faudra prendre garde à traiter de façon satisfaisante les spécificités de la protection de la vie privée déjà évoquées dans la deuxième section de ce chapitre.

Parmi les droits conférés par le RGPD qui n'ont pas été discutés dans ce chapitre, il convient de citer l'article 22 qui concerne les décisions fondées exclusivement sur un traitement automatisé « produisant des effets juridiques » sur une personne ou « l'affectant de manière significative ». Si tel est le cas, la personne concernée a le droit « d'exprimer son point de vue et de contester la décision ». Le Considérant 71 est un petit peu plus complet et dispose que la personne a le droit « d'exprimer son point de vue, d'obtenir une explication quant à la décision prise à l'issue de ce type d'évaluation et de contester la décision. » La différence entre les deux rédactions provoque des débats parmi les juristes pour déterminer si le RGPD comporte un véritable droit à l'explication ou pas [210, 289]. Même dans l'hypothèse d'une réponse positive, de multiples questions demeurent ouvertes sur la forme que peuvent prendre ces explications et la manière de les produire. Il s'agit d'un sujet de recherche extrêmement actif ces dernières années, notamment dans le domaine de l'intelligence artificielle. Les exigences de « transparence », de « loyauté », ou encore d'« explicabilité » des algorithmes sont également mises en avant dans de multiples rapports sur le sujet [288]. Cependant, ces notions sont généralement définies de manière très floue, et peu d'outils existent aujourd'hui pour traduire ces principes en réalités concrètes. Le lecteur intéressé pourra trouver dans un rapport de synthèse récent un état de l'art sur le sujet [64] et plus de détails dans le chapitre suivant du présent ouvrage.

Nous avons abordé dans ce chapitre les questions techniques soulevées par le nouveau règlement. Sur un autre plan, il convient de mentionner que le RGPD a aussi une incidence sur la recherche scientifique elle-même. De manière générale, le RGPD prévoit un régime dérogatoire pour les activités de recherche scientifique, certaines de ces dérogations pouvant être activées ou pas par chaque État membre.

Elles concernent notamment le principe de finalité, celle-ci ne pouvant pas toujours être complètement définie au moment de la collecte, le principe de limitation de la durée de conservation et l'interdiction du traitement des données sensibles (comme les données de santé). Il faut cependant rappeler que, bien que certaines dérogations soient prévues, le RGPD s'applique aux activités de recherche : par exemple, les données personnelles doivent être minimisées et les sujets ne sont pas privés de tout droit sur leurs données[29] [216].

Pour conclure, le RGPD représente une évolution majeure en matière de protection des données personnelles et de la vie privée. Il peut représenter un progrès significatif pour la défense des droits individuels des Européens[30] et au-delà des frontières de l'Union européenne. En effet, il est observé de près par de nombreux pays dans le monde, et certains s'en inspirent ouvertement pour faire évoluer leur propre législation. À titre d'exemple, la Commission européenne a déjà adopté des décisions d'adéquation concernant une douzaine de pays dont l'Argentine, le Canada, Israël, la Nouvelle Zélande et le Japon[31]. Cependant, si l'on veut éviter que le RGPD ne soit réduit à un « tigre de papier », son application devra être soutenue fortement :

– Sur le plan organisationnel, notamment par un renforcement des moyens des autorités de protection.

– Sur le plan technique, par le développement de nouvelles méthodes et outils permettant de répondre en particulier aux questions évoquées dans ce chapitre.

En effet, faute d'instruments techniques pour le mettre en œuvre ou de moyens effectifs de supervision de la part des autorités de contrôle, le risque serait que la philosophie de responsabilisation qui sous-tend le RGPD ne devienne contre-productive et ne conduise finalement, sous la pression des intérêts économiques, à un affaiblissement des droits individuels.

---

29. En France, ils gardent par exemple leurs droits d'accès ou de rectification, mais des dérogations sont prévues pour le droit d'effacement et d'opposition.

30. Plus précisément, le RGPD « s'applique au traitement des données à caractère personnel relatives à des personnes concernées qui se trouvent sur le territoire de l'Union » (Article 3).

31. La Californie a aussi adopté en 2018 une loi sur la protection des données personnelles, le *California Consumer Privacy Act* (CCPA) qui présente certains points communs avec le RGPD sans toutefois offrir un niveau de protection comparable. Par ailleurs, le CCPA se démarque nettement de la philosophie européenne en matière de monétisation des données puisqu'il autorise explicitement les entreprises à faire payer plus cher des services aux clients qui refusent de partager leurs données.

3 – Les enjeux éthiques de l'apprentissage machine

Ulrich Aïvodji[1] *et Sébastien Gambs*[2]

3.1 Introduction

Dans les dernières années, l'augmentation de la diversité et de la disponibilité des données[3], mais aussi les avancées algorithmiques en apprentissage machine (telles que l'avènement des réseaux profonds [191]) ou encore l'augmentation de la puissance de calcul – tout ceci couplé au développement de communautés[4] et la popularisation d'outils d'analyse de données tel que Tensorflow [1] – ont permis le développement de services personnalisés et de systèmes d'aide à la décision à tel point que leur utilisation est maintenant ubiquitaire dans la société. Pour donner quelques exemples, des systèmes basés sur l'apprentissage machine sont maintenant couramment utilisés dans le domaine bancaire pour évaluer le risque associé à une demande de prêt pour une personne [209], en recrutement pour évaluer automatiquement le profil d'un candidat [123], et plus récemment, en justice prédictive pour quantifier le risque de récidive d'un détenu [175].

Dans un grand nombre de situations telles que celles mentionnés précédemment, ces modèles prédictifs sont entraînés sur

---

1. Ulrich Aïvodji, Université du Québec à Montréal.

2. Sébastien Gambs, Université du Québec à Montréal.

3. Souvent appelées *données massives.*

4. Par exemple Kaggle (https://www.kaggle.com/) – une communauté de plus d'un million de membres formés à la science des données – propose de manière ouverte au public des défis à résoudre.

des données personnelles ce qui peut donc causer un bris de vie privée, notamment s'il est possible de reconstruire une partie des données d'entraînement (section 3.2). Aussi, il arrive souvent que le code source des classificateurs ne soit pas disponible ou que ceux-ci soient trop complexes pour être compréhensibles par un humain, ce qui soulève des questions d'interprétabilité et de transparence, et peut conduire à une perte de confiance des utilisateurs, en particulier si ces algorithmes sont utilisés pour prendre des décisions ayant un impact fort sur la vie d'individus (section 3.3). D'autre part, les données d'entraînement peuvent être biaisées et poser des problèmes en matière d'équité et de discrimination par rapport à des sous-groupes de la population (section 3.4). Après avoir discuté ces différents aspects, nous conclurons ce chapitre par une discussion ouvrant sur des problématiques éthiques connexes à l'apprentissage machine et aux données massives (section 3.5).

3.2 APPRENTISSAGE MACHINE ET VIE PRIVÉE

En quelques mots, l'apprentissage machine [44] peut se définir comme la branche de l'intelligence artificielle qui s'intéresse à donner à la machine la capacité d'apprendre. En général, on distingue principalement trois formes d'apprentissage à savoir : (1) *l'apprentissage supervisé* qui cherche à entraîner un modèle prédictif à partir d'exemples étiquetés (par exemple un profil et la décision prise sur ce profil), (2) *l'apprentissage non supervisé* qui s'intéresse à apprendre la structure cachée se trouvant à l'intérieur des données non étiquetées, souvent dans une optique d'analyse exploratoire ou encore de réduction de dimensionnalité, et (3) *l'apprentissage par renforcement* qui recherche à modéliser un agent motivé par un but qui cherche à apprendre les séquences d'actions à effectuer dans un environnement incertain avec lequel il interagit de manière à optimiser une fonction d'utilité/récompense. Dans le reste du chapitre, nous focaliserons la discussion sur l'apprentissage supervisé. Cependant le lecteur intéressé par les applications possibles de l'apprentissage non supervisé en sécurité est invité à consulter le chapitre 5 portant sur le tatouage numérique de documents multimédias.

Une des tâches classiques de l'apprentissage supervisé est la *classification* qui cherche à construire un modèle prédictif f, appelé *classificateur*, qui à partir d'un profil composé d'attributs (ex : âge, niveau de revenu, éducation, origine ethnique...) peut inférer la classe associée (par exemple acceptation ou refus par rapport à un emploi ou dans le cadre d'un prêt). Plus précisément, un algorithme d'apprentissage va prendre en entrée un ensemble de données d'entraînement $D_n = (X,Y)$ composé de n exemples de profils d'individus (x, y) où x est un vecteur d'attributs caractérisant l'individu (les attributs de x peuvent être catégoriques, discrets ou continus) et y est la classe associée à ce profil (aussi appelé *attribut de décision*). La sortie de l'algorithme d'apprentissage est précisément le classificateur f qui a été entraîné sur D_n dans le but de pouvoir ensuite généraliser sa capacité de prédiction à de nouveaux profils. Autrement dit, le but du classificateur n'est pas d'apprendre par cœur les données d'entraînement, mais plutôt de pouvoir généraliser ce qu'il a appris sur de nouveaux exemples. Typiquement, la capacité d'un classificateur à généraliser est estimée en calculant l'erreur qu'il réalise sur un ensemble de données disjoint de D_n appelé *ensemble de test*.

Attaques par inférence sur modèle d'apprentissage

Par la suite, on va qualifier d'*adversaire* toute entité qui cherche à retrouver des données personnelles sur un individu sans son consentement explicite, ce qui en pratique peut couvrir un ensemble large d'attaquants potentiels. De plus, l'ensemble des attaques mentionnées dans cette section se rapportent principalement à la classification. Dans le contexte de l'apprentissage machine, on distingue principalement quatre types d'attaques par inférence en rapport avec la protection de la vie privée à savoir l'inférence de propriété [18, 142], l'inférence d'appartenance [273], l'inversion de modèle [133] ainsi que l'extraction de modèle [227, 285, 290].

Inférence de propriété. Dans une attaque par inférence de propriété [18], on fait généralement l'hypothèse que l'adversaire dispose d'un accès en boîte blanche à un modèle cible $f_\theta (D_n)$ qui a été appris à partir d'un ensemble d'entraînement $D_n = (X,Y)$. L'objectif de l'adversaire est de tester si le modèle $f_\theta (D_n)$ possède une certaine propriété P. Par exemple dans l'attaque introduite dans l'article originel [18], les auteurs ont pu détecter que les personnes constituant le corpus d'entraînement d'un système de reconnaissance de la parole appartenaient à une certaine ethnie ou encore que les données d'entraînement d'un classificateur analysant le trafic réseau provenaient d'un type particulier de trafic. Dans un article plus récent [142], les auteurs ont pu démontrer qu'un classificateur servant à la détection de minage de bitcoins – entraîné grâce des journaux de performance collectés sur des ordinateurs – laissait transpirer de l'information sur la vulnérabilité de ces ordinateurs face aux attaques *Spectre* et *Meltdown* [179, 202]. Pour mener à bien une attaque d'inférence de propriété, l'adversaire entraîne un ensemble de modèles substituts à l'aide d'un ensemble de données publiquement disponible ainsi que d'une technique d'apprentissage automatique similaire à celle utilisée pour produire le modèle cible. Chacun de ses modèles substituts est ensuite explicitement étiqueté comme ayant la propriété P ou non. Enfin, un méta-classificateur est construit en combinant les modèles substituts dont le but est de détecter la présence de la propriété P.

Inférence d'appartenance. L'attaque d'inférence d'appartenance peut être vue comme un cas particulier de l'attaque d'inférence de propriété dans laquelle l'objectif de l'adversaire est de tester si un profil étiqueté (x, y) appartient ou non à D_n. Contrairement à l'inférence de propriété, cette attaque est réalisable en boîte noire.

En général, cette inférence est considérée problématique si révéler l'appartenance de ce profil à une base de données particulière permet à l'adversaire d'apprendre une information sensible. Par exemple, si l'ensemble d'entraînement D_n correspond aux individus ayant participé à une étude liée à une maladie telle que le cancer, la possibilité pour l'adversaire de pouvoir vérifier ou non l'appartenance à D_n d'un profil qu'il connaît va lui permettre d'augmenter sa connaissance sur ce profil grâce à l'attaque d'appartenance (par exemple ici en inférant la maladie associée à ce profil). Cette attaque, implémentée pour la première fois dans [273], exploite le fait que les modèles d'apprentissage peuvent être sujets au sur-apprentissage, c'est-à-dire que leurs prédictions peuvent être nettement plus précises sur les données d'entraînement que sur les données de test.

Inversion de modèle. Dans une attaque par inversion de modèle [133], étant donné un classificateur f_θ qui prédit une classe y à partir d'un profil d'entrée x, l'adversaire cherche à inférer certains attributs sensibles des entrées $x = (x_1, x_2, ..., x_d)$ ayant servi à entraîner le modèle. Par exemple pour inférer l'attribut x_1, pour toutes les valeurs possibles v de x_1, l'adversaire construit le vecteur $x' = (v, x_2, ..., x_d)$, calcule $z = f_\theta(x')$ et choisit la valeur de v qui minimise l'erreur entre z et la classe d'origine y. Ce type d'attaque a notamment été utilisé sur des arbres de décisions [132] pour déduire si les participants à une enquête reconnaissaient avoir trompé leur partenaire, et sur des modèles plus complexes comme les perceptrons et les auto-encodeurs débruitants pour reconstruire les visages des individus de l'ensemble d'entraînement d'un système de reconnaissance faciale.

Extraction de modèle. Les attaques par extraction de modèle visent à déduire, étant donné un modèle cible f et ses prédictions (ainsi que parfois les explications associées), pour un ensemble choisi d'entrées, les paramètres ou les hyperparamètres de f. Ainsi, l'étude effectuée dans [285] a démontré l'efficacité de telles attaques à reconstruire plusieurs modèles d'apprentissage commerciaux après avoir utilisé leur interface de prédiction. Plus récemment, il a été prouvé qu'il était possible de voler les hyperparamètres de modèles d'apprentissage commerciaux [290] ou encore d'extraire de manière plus rapide les paramètres d'un modèle cette fois en utilisant son interface d'explication [227]. Cette dernière attaque souligne que la recherche de l'interprétabilité, propriété dont nous discutons dans la section 3.3, peut parfois conduire à des bris de vie privée. De plus, même si les attaques d'extraction de modèle ne constituent pas directement des atteintes à la vie privée d'un individu particulier, elles peuvent être utilisées pour créer des substituts du modèle cible, ce qui peut être une première étape pour améliorer l'efficacité d'autres attaques par inférence.

Protections possibles pour résister aux attaques par inférence

La conception d'un bon mécanisme de défense passe par une bonne connaissance des facteurs influençant les attaques par inférences.

Dans le cas des inférences de propriété, l'étude réalisée dans [142] montre que le facteur favorisant la réussite de ce type d'attaques est la similarité entre les paramètres du modèle cible et ceux des modèles substituts. En se basant sur cette observation, les auteurs ont proposé quelques approches, telles que la mémorisation d'information arbitraire dans le modèle ou la perturbation des décisions pour un sous-ensemble de l'ensemble d'entraînement, pour modifier les paramètres du modèle cible sans dégrader sa qualité et sa capacité à généraliser.

Dans le cas de l'inférence d'appartenance, selon l'étude faite dans [273], le sur-apprentissage et le nombre de classes prédites peuvent accroître l'efficacité de ce type d'attaque. En effet, en cas de sur-apprentissage, on arrive à une situation où le modèle cible est très performant sur l'ensemble d'entraînement (avec une erreur de prédiction proche de zéro), mais a des performances médiocres sur les données de test, conduisant ainsi à un manque de généralisation. L'impact du nombre de classes prédites s'explique intuitivement par le fait que le modèle mémorise plus d'information lorsque le nombre de classes augmente. Pour empêcher cela, l'utilisation de la régularisation, qui est une technique standard en apprentissage machine pour améliorer la généralisation, apparaît *de facto* comme une contre-mesure appropriée [273] de même que de limiter le nombre de classes prédites au top *k*.

Dans le cas des attaques d'inversion de modèle, le facteur principal influençant la réussite des attaques semble être la confiance que le modèle cible a sur les prédictions qu'il renvoie à l'adversaire [132]. Une façon de résister contre ces attaques consiste donc à réduire la précision annoncée de la confiance du modèle cible. En particulier, dans [132] les auteurs ont montré que les attaques d'inversion échouent après un arrondissement à une décimale près de la confiance du modèle cible. De même, dans le cas des attaques d'extraction de modèle, la précision de la confiance du modèle cible est également un facteur déterminant pour la réussite des attaques. En effet, l'étude réalisée dans [285] démontre que la réduction de la précision de la confiance du modèle cible impacte négativement la réussite des attaques.

L'ensemble des techniques de défense mentionnées jusqu'ici consiste à fournir des heuristiques permettant de mitiger certaines des vulnérabilités identifiées, mais ils ne garantissent aucune notion de protection de la vie privée.

Néanmoins, dans le contexte des attaques d'inférence d'appartenance, les techniques garantissant la confidentialité différentielle [117] peuvent être utilisées pour empêcher la réidentification des individus appartenant à l'ensemble d'entraînement d'un modèle cible. En quelques mots, la confidentialité différentielle est un modèle de vie privée qui cherche à limiter la contribution qu'un profil x de l'ensemble de données va avoir sur le classificateur qui va être appris à partir de cet ensemble de données, et donc aussi les inférences qu'on peut faire sur ce profil. Plus précisément, un mécanisme $\mathcal{M}$ satisfait la confidentialité différentielle si pour toutes les paires possibles d'ensembles de données voisins D et D' (c'est-à-dire qui ne diffèrent que par l'ajout d'un enregistrement) les distributions des sorties possibles produites par $\mathcal{M}(D)$ et $\mathcal{M}(D')$ sont quasiment impossibles à distinguer. Autrement dit, la présence ou l'absence d'un enregistrement particulier dans l'ensemble de données D ne peut être inférée à partir du résultat $\mathcal{M}(D)$.

Une approche récente, PATE (*Private Aggregation of Teacher Ensembles*) [245, 247], offre une méthode générique pour garantir la confidentialité différentielle en apprentissage machine (voir la figure 3.1). Dans un premier temps, le jeu de données d'entraînement $D = (X,Y)$ est divisé en n sous-ensembles $D_i = (X_i, Y_i)$ disjoints, chacun servant à entraîner de façon indépendante un modèle prédictif classificateur f_θ^i appelé *modèle maître*. Ces modèles maîtres seront utilisés pour transférer de la connaissance à un classificateur f_θ^s appelé *modèle étudiant* qui utilise des données publiques non étiquetées $P \neq D$ comme ensemble d'entraînement.

Concrètement, une partie des enregistrements de P sera étiquetée par l'ensemble des modèles maîtres avec un mécanisme d'agrégation qui associe à un enregistrement $x \in P$ le label $\left(n_j(x) + Lap\left(\frac{2}{\varepsilon}\right)\right)$ où $n_j\ (x)$ est le nombre de maîtres ayant prédit le label $x \in Y$ pour l'enregistrement x et $Lap\ \left(\frac{2}{\varepsilon}\right)$ est un bruit suivant une distribution de Laplace contrôlé par le paramètre ε qui est ajouté pour assurer la confidentialité différentielle. Une fois ces données étiquetées, on entraîne le modèle étudiant f_θ^s qui pourra par la suite être rendu public. Toute attaque d'inférence d'appartenance sur f_θ^s résultera au pire cas à l'obtention d'information sur les enregistrements inclus dans l'ensemble de données P qui par définition est public. Par contre, l'ensemble de données d'entraînement D sera protégé contre toute tentative d'attaque par inférence. Cela est dû au fait que la confidentialité différentielle n'est pas affectée par le post-traitement [117, Chapitre 2 Proposition 2.1].

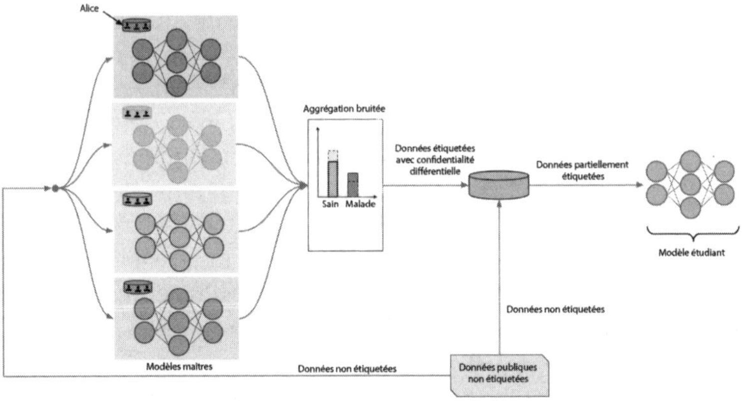

Fig. 3.1 : Apprentissage machine respectueux de la vie privée avec PATE (extrait de [246])

3.3 INTERPRÉTABILITÉ

L'omniprésence des modèles prédictifs dans les processus de décision critiques tels que le diagnostic médical [61] et le calcul de risque de récidive [175] a considérablement éveillé l'attention du public quant à la nécessité d'être capable d'expliquer les décisions algorithmiques. En particulier, sans explication il devient difficile de remettre en cause une décision basée sur la prédiction du modèle, ce qui peut conduire à des inégalités entre groupes dans les prises de décision telles que les refus de libération conditionnelle [293] (voir section 3.4). De plus, cette nécessité est renforcée par le « droit à l'explication » qui commence à apparaître dans des législations telles que le Règlement général sur la protection des données (voir le chapitre 1).

Dans cette section, nous allons discuter des différentes approches utilisées pour expliquer les décisions des modèles prédictifs en distinguant principalement deux contextes : (1) *l'interprétabilité par conception* dans lequel le propriétaire est coopératif et où l'objectif est surtout d'améliorer l'interprétabilité et (2) *l'explication de boîte noire* dans lequel le propriétaire du modèle d'apprentissage est non-coopératif et où l'on cherche donc à expliquer les décisions du modèle [158].

Interprétabilité par conception

Dans le contexte de l'interprétabilité par conception, on considère que le possesseur du modèle d'apprentissage est coopératif et que son objectif principal est de fournir une interprétation du processus de décision qui soit compréhensible à un humain. Le défi principal est que pour beaucoup de tâches d'apprentissage machine, on utilise souvent des classificateurs complexes tels que des réseaux de neurones profonds. La complexité de ces classificateurs rend difficile la démarche permettant d'expliquer les décisions prises par ces derniers. En apprentissage machine, l'interprétabilité peut être définie comme la capacité d'expliquer un modèle prédictif en des termes compréhensibles à un humain [109]. Ainsi, une explication est une interface entre un humain et un modèle prédictif qui est à la fois une approximation acceptable du modèle et compréhensible par l'humain [158].

Plus précisément, étant donné un ensemble de données $D_n = \{X, Y\}$, le problème d'interprétabilité par conception consiste à apprendre un modèle prédictif directement à partir de D_n. Les exemples d'interfaces acceptées dans la littérature en tant que modèles interprétables incluent les modèles linéaires [263], les arbres de décision [56], les listes de règles [12, 195, 264] et les ensembles de règles [197]. Par exemple dans [12] les auteurs ont utilisé des listes de règles afin de prédire le récidivisme et la détention d'armes, et ont obtenu des performances comparables aux performances des modèles prédictifs non interprétables.

Expliquer et ouvrir la boîte noire

Dans le contexte boîte noire, le possesseur du modèle d'apprentissage est souvent considéré comme étant non coopératif dans le sens où il refuse de rendre publique la structure de son classificateur. Les raisons de cette non-divulgation peuvent être nombreuses et peuvent aller de la protection du secret professionnel (le classificateur pourrait avoir coûté très cher à l'entreprise en termes de ressources investies) en passant par la protection de la vie privée (pour éviter par exemple les attaques par inférence sur modèles d'apprentissage décrites dans la section précédente) ou encore par peur des biais pouvant être identifiés dans le classificateur, ce qui pourrait l'amener à être accusé de discrimination et donc nuire à sa réputation. Un exemple réaliste de scénario boîte noire serait celui où le possesseur du modèle propose un service du type MLaaS (*Machine-learning as a Service*) où chaque usage du classificateur est facturé au client. Dans ce cas-là, une divulgation publique de la structure du classificateur remettrait en cause le modèle d'affaires de ce service.

Explication de la boîte noire. Comme mentionné ci-dessus dans le contexte de l'explication de boîte noire, on fait souvent l'hypothèse que les données d'entraînement ainsi que la description du modèle sont inconnues. Il convient cependant de préciser que les mêmes approches pourraient être utilisées dans un contexte où le possesseur du modèle d'apprentissage souhaiterait rendre celui-ci interprétable *a posteriori*. Selon que l'on veuille pouvoir expliquer toutes les décisions d'un modèle ou seulement une décision particulière, on fait la distinction entre *l'explication de modèle* et *l'explication de décision*. On peut aussi considérer une troisième forme d'explication de boîte noire, appelée *l'inspection de modèle*, qui consiste en l'ensemble des techniques (par exemple à travers la visualisation ou une analyse quantitative de sensibilité) qui permettent d'améliorer la compréhension de l'influence des attributs d'entrée sur la décision prise par la boîte noire.

Plus précisément, étant donné un modèle prédictif b accessible en boîte noire et un ensemble d'exemples X, le problème de l'explication de modèle consiste à trouver une explication $E \in \mathcal{E}$ appartenant à un domaine $\mathcal{E}$ interprétable par un humain, à travers un modèle global interprétable $c_g = f(b, X)$ qui est dérivé de la boîte noire b et des exemples X en utilisant un processus d'explication $f(\cdot,\cdot)$. Pour donner un exemple concret, cette approche est par exemple utilisée dans [84] pour expliquer un réseau de neurones accessible en boîte noire pour dériver un arbre de décision approximant les concepts appris par cette dernière. Le problème de l'explication de décision peut être défini de la même manière sauf que l'on cherchait plutôt à fournir une explication sous la forme d'un modèle local interprétable $c_l = f(b, x)$ dont le but est d'expliquer la décision obtenue pour un exemple spécifique x. Cette approche est mise en avant dans des outils tels que LIME [263] and SHAP [206] pour expliquer les décisions sur des instances particulières *via* l'utilisation de modèles linéaires. Finalement, étant donné un modèle prédictif b accessible en boîte noire et un ensemble d'exemples X, le problème de l'inspection de modèle consiste à trouver une représentation textuelle ou visuelle $r = f(b, X)$ d'une certaine propriété de b en utilisant un processus d'explication $f(\cdot,\cdot)$. Par exemple, cette technique est utilisée dans [182] pour évaluer l'importance des attributs dans les décisions.

Ouverture de la boîte noire. Dans ce chapitre, nous nous focalisons principalement sur l'interprétabilité, mais il est important de mentionner qu'il existe un lien très fort entre l'interprétabilité et le concept de transparence. En particulier, parmi les premiers outils développés pour l'amélioration de la transparence dans un contexte « ouverture de la boîte noire », on peut citer en particulier XRay [192] et Sunlight [193]. Étant donné un utilisateur et son profil x, XRay permet de prédire quels attributs de x ont contribué à une décision donnée. Plus précisément, XRay cherche à identifier la combinaison d'attributs (exprimée sous forme de conjonction et disjonction) responsables de la décision. Pour réaliser un audit d'un modèle boîte noire d'apprentissage machine, XRay génère des utilisateurs fictifs dont les profils sont constitués d'une fraction des attributs de x. Pour l'ensemble des profils ainsi créés, XRay interroge le modèle boîte noire et utilise une inférence bayésienne pour déterminer la combinaison des attributs qui permettent d'obtenir la même décision que celle obtenue avec x. Sunlight est une amélioration de XRay qui permet en plus de quantifier la certitude de l'inférence effectuée.

3.4 ÉQUITÉ ET DISCRIMINATION

Les discriminations possibles dues à des algorithmes d'apprentissage peuvent résulter de plusieurs causes telles qu'une erreur dans le processus de mesure durant la collecte des données qui ont été utilisées pour entraîner le classificateur ou encore une erreur faite par le classificateur sur des sous-groupes particuliers de la population. Souvent, la discrimination découle du fait que l'ensemble d'entraînement est déjà intrinsèquement biaisé, et le classificateur apprend simplement à reproduire cette distribution biaisée. Si un ensemble de données possède un fort biais envers un groupe sensible de la population (par exemple un groupe ethnique ou une minorité à risque) qui peut être facilement détecté, une solution naïve pourrait consister à simplement enlever l'attribut sensible des données d'entraînement, évitant ainsi la discrimination directe. Cependant, une discrimination indirecte est toujours possible à cause des corrélations existantes entre l'attribut sensible et les autres attributs. Plutôt que de garder la tête dans le sable, il est important d'attaquer le problème de front en cherchant à tout d'abord (1) quantifier les biais présents dans les données et les risques de discrimination et (2) concevoir une approche qui assure l'équité par conception (dans le même esprit que l'approche de protection de la vie privée par conception évoquée dans le chapitre précédent).

Définir et quantifier l'équité

Intuitivement, la notion d'équité renvoie aux concepts éthiques d'impartialité et de justice. Cependant dans ce chapitre, nous verrons principalement l'équité comme un objectif vers lequel il faut tendre pour répondre aux risques de discrimination soulevés par l'apprentissage machine. Pour reprendre la notation utilisée précédemment, nous considérons un ensemble de données D_n qui est composé des profils de n individus. Le profil de chaque individu peut être représenté comme un tuple (x, y) où x est un vecteur d'attributs caractérisant l'individu (les attributs de x peuvent être catégoriques, discrets ou continus), y est l'attribut de décision utilisé pour entraîner le classificateur et s est l'attribut considéré sensible, car susceptible de conduire à une discrimination. Pour des raisons de simplicité, nous considérerons par la suite que l'attribut sensible et l'attribut de décision sont des attributs binaires. Si jamais un attribut sensible possède un nombre important de valeurs possibles, il est toujours possible de le convertir en un attribut binaire en regroupant ces valeurs en deux sous-ensembles disjoints. Il faut cependant être conscient que la manière dont ce regroupement est effectué peut amener à observer ou non de la discrimination à cause d'un phénomène statistique appelé *le paradoxe de Simpson* [211]. La valeur binaire que peut prendre l'attribut sensible sépare la population en deux sous-groupes, le *groupe minoritaire* (parfois appelé *groupe protégé*) S_0 pour lequel l'attribut sensible $s = 0$ et le *groupe majoritaire* (ou groupe par défaut) S_1 pour lequel $s = 1$. Dans la littérature, il existe de nombreuses définitions possibles pour l'équité [286], mais il a été prouvé que certaines sont incompatibles entre elles, c'est-à-dire qu'il est possible d'imaginer des scénarios dans lesquels ces définitions ne peuvent pas être satisfaites en même temps[5].

Par exemple, une définition naturelle est celle de *l'équité individuelle* [116] qui spécifie que des individus avec des profils similaires sauf au niveau de l'attribut sensible devraient être traités de manière similaire et donc recevoir les mêmes décisions.

5. Voir par exemple le tutoriel d'Arvind Narayanan sur le sujet à la conférence FAT* 2018 (*Fairness, Accountability and Transparency*) : https://fairmlbook.org/tutorial2.html.

Cette notion est reliée au concept légal de *traitement disparate* [23], qui survient lorsque le processus de décision prend en compte un attribut sensible. Une approche possible pour quantifier l'équité individuelle repose sur le concept de *cohérence des décisions* [303] qui cherche à capturer à quel point des individus similaires reçoivent des décisions différences par rapport à une métrique de distance ou une similarité spécifique. Ainsi, une valeur haute pour la cohérence signifie que les individus similaires ont une forte probabilité de recevoir la même décision, alors qu'une cohérence basse indique clairement que même des individus proches en matière de similarité sont susceptibles de recevoir des décisions différentes.

Une autre définition naturelle d'équité, la notion *d'équité de groupe* [126] (aussi appelée *parité statistique* ou *impact disparate*) considère que les statistiques des décisions (comme le taux d'acceptation ou de refus pour un prêt) devraient être approximativement les mêmes entre le groupe minoritaire et le groupe majoritaire. Par exemple, d'après [126] un impact disparate se produit si le ratio du taux d'acceptation entre les deux groupes est sous un certain seuil. L'impact disparate peut aussi être quantifié en faisant la différence en valeur absolue entre les taux d'acceptation des deux groupes : DistImpact = $| \Pr(y = accept | S_0) - Pr(y = accept | S_1) |$. Par contraste avec l'équité individuelle, qui considère chaque individu de manière séparée, l'équité de groupe est définie et mesurée par rapport à des sous-groupes de la population. De plus, on peut facilement concevoir des scénarios où respecter l'équité de groupe se fera au détriment de l'équité individuelle. Par exemple, imposer les mêmes statistiques d'acceptation au niveau des sous-groupes de la population a de bonnes chances de conduire à une situation où certains candidats possédant des capacités équivalentes ne recevront pas la même décision. Plus précisément, assurer l'équité de groupe a tendance à introduire de la discrimination positive, ce qui conduira certains candidats du groupe protégé à recevoir un meilleur traitement comparé aux candidats similaires du groupe par défaut.

Enfin, une autre manière de définir l'équité, qui est directement reliée à la possibilité de limiter la discrimination, est par rapport à la possibilité de prévenir l'inférence de l'attribut sensible (et donc aussi son utilisation). Le fait de cacher l'attribut sensible permet d'atteindre l'équité en empêchant d'utiliser l'attribut sensible durant le processus de décision [286]. Pour rejoindre les risques concernant le respect de la vie privée discutés précédemment, le but de cette approche est précisément d'éviter une *attaque par inférence*, dans lequel l'objectif de l'adversaire serait d'inférer dans quel groupe (minoritaire ou majoritaire) un individu appartient. La facilité avec laquelle il est possible d'inférer l'attribut sensible à partir du reste des attributs (x,y) pour un individu peut se quantifier en cherchant à construire un classificateur f_{sens} qui cherche à prédire s à partir des attributs (x,y). La précision de ce classificateur, aussi appelée la *précision sensible*, est une métrique standard qui peut se définir de la manière suivante $\text{SensAcc} = \Pr(f_{sens}(x,y) = s)$. La précision sensible prend sa valeur entre 0 et 1 où la valeur optimale est 0.5 quand l'attribut sensible est binaire et que l'ensemble de données est équilibré entre le groupe minoritaire et le groupe par défaut. Dans cette situation, avoir une précision de 50 % implique que le classificateur n'est pas meilleur qu'un choix aléatoire pour deviner le groupe. Quand il y a un écart important en matière de proportion entre les deux groupes, un classificateur naïf qui prédirait toujours le groupe par défaut (sans même regarder les données) aurait une précision proche de la proportion du groupe par défaut.

Améliorer l'équité par conception

De nombreuses approches ont été développées récemment pour améliorer l'équité des algorithmes d'apprentissage. La plupart de ces techniques peuvent être classifiées en trois familles d'approche : (1) l'approche de prétraitement dans laquelle l'équité est atteinte en changeant les caractéristiques des données d'entrée (par exemple en supprimant les corrélations existantes entre l'attribut sensible et les autres attributs) [118, 126, 269, 303], (2) l'approche de modification algorithmique dans laquelle l'algorithme d'apprentissage est adapté afin de s'assurer que le classificateur appris est équitable par conception [177, 302], et (3) l'approche par post-traitement qui modifie la sortie de l'algorithme d'apprentissage (ex : la structure du classificateur) pour améliorer le niveau d'équité [160, 176]. Ci-après, nous

nous focaliserons sur la description de quelques travaux permettant d'améliorer l'équité appartenant à l'approche de prétraitement car, contrairement aux deux autres approches qui se focalisent sur l'amélioration de l'équité des processus de décision, l'approche de prétraitement permet de dé-biaiser les données pour limiter le risque de discrimination lié à l'attribut sensible, peu importe l'usage qui sera fait par la suite des données dé-biaisées. Pour un état de l'art plus global sur les différentes approches possibles pour améliorer l'équité, nous renvoyons le lecteur intéressé à l'article récent suivant [135].

Une des méthodes de prétraitement pour améliorer l'équité [303] consiste à apprendre une nouvelle représentation permettant de prévenir l'inférence de groupe se basant sur le concept de prototypes, qui peuvent être vus comme étant des profils représentatifs et divers de la population. La première étape consiste à définir un ensemble de prototypes avant d'apprendre un *mapping* probabiliste qui permet d'associer à chaque profil une distribution de probabilités sur les prototypes de telle manière qu'il est possible en combinant les prototypes avec leurs probabilités associées de reconstruire le profil original. L'appartenance à un groupe est cachée en s'assurant que la probabilité moyenne d'être « mappé » vers un prototype particulier est la même pour le groupe protégé et le groupe par défaut. De plus, afin de préserver l'information à propos de l'attribut de décision y, une contrainte est ajoutée afin de s'assurer que la transformation apprise minimise aussi la perte de précision par rapport à la prédiction de la décision. Pour réaliser cela, un classificateur est introduit dans le processus dont l'objectif est d'inférer de manière précise l'attribut de décision à partir de la nouvelle représentation. La limite principale de cette approche est qu'elle requiert d'élaborer l'espace des prototypes de manière appropriée et de les choisir méticuleusement. Dans la même ligne de recherche, une autre approche introduite dans [118] a pour objectif d'apprendre une nouvelle représentation des données dans laquelle l'appartenance au groupe est cachée. La propriété d'équité est atteinte en entraînant un adversaire, qui est fondamentalement un réseau de neurones qui a pour tâche de reconstruire l'attribut sensible à partir de l'aspect latent de la représentation. La cadre de cette approche implique plusieurs acteurs, mais l'incapacité de l'adversaire à inférer de manière précise l'attribut sensible s à partir de l'espace latent constitue la protection principale.

Dans une approche développée pour réduire l'impact disparate, les auteurs de [126] ont conçu une méthode pour cacher les disparités de groupe en faisant une translation des distributions des attributs pour le groupe protégé et le groupe par défaut vers une distribution médiane. Plus précisément, étant donné un ensemble d'attributs X, la distribution médiane peut être construite en calculant tout d'abord les probabilités de leurs valeurs conditionnées à l'appartenance de groupe $Pr\,(X|S_0)$ et $Pr\,(X|S_1)$, et leurs fonctions de répartition $F\,(X|S_0)$ et $F\,(X|S_1)$ indépendamment pour chaque attribut. Ensuite, la distribution médiane est construite en prenant $F_{median}\,(F(X|S_0),\,F\,(X|S_1))$ et en transformant chacune des valeurs originales vers la valeur médiane. Un hyperparamètre permet de contrôler le niveau de perturbation introduit et donc l'impact sur l'utilité. Le rationnel derrière l'utilisation de la distribution médiane est qu'il s'agit de celle qui introduit la quantité minimale de perturbation tout en fournissant un bon niveau de protection pour cacher l'attribut sensible. Une limite importante de cette approche est que la distribution médiane étant calculée indépendamment pour chaque attribut, elle ne permet pas de prendre en compte des corrélations complexes entre l'attribut sensible et les autres attributs.

Adoptant une approche originellement proposée pour l'anonymisation de données, Salvatore Ruggieri [269] a proposé l'utilisation de la *t*-proximité pour contrôler la discrimination. Dans la *t*-proximité, tout comme dans ses ancêtres la *k*-anonymité [283] et la *l*-diversité [208], une base de données est assainie à travers la généralisation et suppression d'attributs. Plus précisément, la *t*-proximité [198] est un modèle de respect de la vie privée qui vise à s'assurer que la distribution de l'attribut sensible dans n'importe quelle classe d'équivalence est proche de la distribution globale de l'attribut dans l'ensemble de données. Salvatore Ruggieri a prouvé que la *t*-proximité implique une borne supérieure sur des métriques servant à quantifier l'équité de groupe. Ainsi en généralisant certains attributs de l'ensemble de données, les attributs ne sont pas perturbés, mais à la place combinés dans un ensemble de plus grande taille vérifiant les propriétés de *t*-proximité/équité de groupe attendues. Ainsi, cette méthode conduit à une perte d'information, mais ne crée pas des valeurs improbables comme il n'y a pas eu d'introduction de bruit. Cependant, en fonction de la valeur choisie pour le paramètre t et l'ensemble de données considéré, cette technique peut conduire à une importante perte d'utilité.

3.5 Conclusion

Au-delà de la définition technique des 5 « V » (Volume, Variété, Vélocité, Variabilité et Véracité), la promesse principale des données massives couplées à l'apprentissage machine porte sur la possibilité de réaliser des inférences avec un niveau de précision sans précédent qui bénéficieront aux individus, à travers le développement de nouveaux services personnalisés, et à la société de manière générale, grâce aux analyses réalisées (ex : dans le domaine médical ou de la planification urbaine). Cependant comme nous l'avons vu dans ce chapitre, afin de bénéficier pleinement des retombées induites en matière de connaissance, innovation et avancées sociétales, il est important d'adresser aussi les problématiques éthiques associées.

D'une part, les modèles d'apprentissage machine étant souvent entraînés sur des données personnelles, la protection de la vie privée reste un enjeu central, et cela même si c'est seulement le modèle (c'est-à-dire la sortie de l'algorithme d'apprentissage) qui est publié et non les données passées en entrée pour l'entraînement. En particulier, nous avons étudié l'inférence de propriété, l'inférence d'appartenance, l'inversion de modèle et l'extraction de modèle, avant de passer en revue les solutions actuellement étudiées pour éviter ces types d'attaques.

D'autre part, nous avons vu que la non-disponibilité de la structure ainsi que la complexité des modèles d'apprentissage posent des questions importantes sur la confiance qu'un individu peut avoir dans les prédictions faites par ces derniers, en particulier quand la prédiction faite a un impact tangible sur des individus. Nous avons passé en revue les approches permettant de rendre interprétable le processus de décision.

Enfin, nous avons vu que les données d'entraînement peuvent contenir des biais indésirables, car pouvant conduire à des risques de discrimination, qui peuvent être capturés par les modèles d'apprentissage machine. Parmi les défis dans ce contexte se pose en particulier la question de savoir comment définir et quantifier le niveau d'équité atteint par un modèle d'apprentissage, mais aussi surtout comment s'assurer que ce modèle est équitable par construction.

Dans ce chapitre, nous avons étudié séparément les différentes solutions pouvant permettre de relever les défis relatifs à la protection de la vie privée, l'interprétabilité et l'équité dans l'apprentissage machine. Néanmoins afin d'assurer un développement responsable et socialement acceptable de l'apprentissage machine, nous pensons qu'il est important d'adresser conjointement ces trois problématiques éthiques. En particulier, nous avons vu qu'il existe déjà une interconnexion forte entre certaines de ces problématiques. Par exemple, avant de pouvoir auditer un classificateur pour ces biais éventuels, il est souvent plus facile (mais pas forcément nécessaire) d'avoir accès à sa structure ou en tout cas à une approximation du classificateur d'où un lien fort entre l'interprétabilité et l'équité. Aussi, nous avons vu dans la section précédente qu'une des approches proposées pour améliorer l'équité repose sur l'utilisation de méthodes d'anonymisation de données faisant ainsi le lien entre la protection de la vie privée et l'équité.

Cependant, une question encore ouverte est de savoir si la réalisation de ces trois objectifs est toujours un jeu à somme positive. Ainsi, comme le montrent des travaux récents [227], il arrive qu'en voulant garantir l'interprétabilité, on ouvre la porte à des attaques contre le respect de la vie privée. De plus, il est possible que sous couvert de vouloir rendre interprétables et plus transparents ses modèles d'apprentissage, une compagnie puisse être tentée de faire du blanchiment éthique[6] : il s'agirait pour elle de promouvoir la fausse impression que ses modèles d'apprentissage respectent certaines valeurs éthiques alors que ce n'est pas forcément le cas. Un exemple d'un tel risque est étudié dans [7] où les auteurs montrent qu'il est possible d'utiliser l'explication de boîte noire pour rationaliser les décisions d'un modèle prédictif qui est fortement discriminant par rapport à une population donnée.

6. *Fairwashing.*

4 – Les identités numériques et l'authentification

Christophe Rosenberger[1]

4.1 Introduction

Nous évoluons désormais dans un monde numérique dans lequel de nombreux services nous sont proposés : par exemple suivre un cours universitaire à distance, télétravailler et interagir avec des collègues par visioconférence, jouer en ligne avec des personnes issues d'autres pays ou encore acheter des biens livrés chez soi en moins de 48 heures. Pour ce faire, nous disposons tous d'une multitude d'identités numériques sur Internet, chacune dédiée à un pan particulier de ces activités (banque, jeux, travail, etc.). L'identité numérique d'un individu est souvent définie comme un ensemble d'attributs le décrivant (adresse postale, courriel, mot de passe...). Pour la plupart des services numériques avec lesquels nous interagissons, nous avons maintenant l'habitude de nous authentifier, de nous identifier, en remplissant des formulaires nous demandant nos noms, courriels...

Nous discutons dans ce chapitre du concept d'identité numérique et nous présentons les grandes familles de mécanismes d'authentification. Nous regardons en particulier le cas de la biométrie. Nous traçons enfin les grandes lignes des défis scientifiques à surmonter dans ce domaine.

---

1. Christophe Rosenberger, Normandie Univ, UNICAEN, ENSICAEN, CNRS, GREYC, 14000 Caen, France.

4.2 Identité numérique

Internet s'est construit grâce au développement dans les années 1960 des réseaux de télécommunication. ARPANET (*Advanced Research Projects Agency Network*), créé en 1969, est souvent considéré comme l'ancêtre d'Internet. Il a permis d'interconnecter plusieurs universités américaines avec un objectif de partage de connaissances à des fins éducatives et de recherche et comme outil de communication. L'usage commercial était alors prohibé. À la fin des années 1980, les fournisseurs d'accès voient le jour afin de démocratiser l'accès à Internet. Les services commerciaux sont largement déployés à la fin des années 1990. Ils concernent la publicité, la relation client et surtout le commerce électronique.

Ce bref historique permet de comprendre pourquoi Internet n'a pas été conçu avec la nécessité d'identifier un individu sur de multiples services. Dans un premier temps, chaque service numérique a dû gérer l'identité numérique de chacun de ses clients.

Définition

Kim Cameron, dans ses « lois de l'identité », étend la notion d'attributs en introduisant celle de *revendications*, à l'intérieur desquelles sont inclus les attributs[2]. Être majeur est une revendication que peut faire un individu, consulter son attribut « date de naissance » permettra de la vérifier. Une identité numérique peut donc se définir comme « un ensemble de revendications faites par un sujet numérique à propos de lui-même ou à propos d'un autre sujet numérique ». Ainsi, un individu (avec une unique identité réelle) peut posséder de multiples identités numériques en fonction des services ou groupes de services auxquels il accède. Nous nous focalisons dans la suite de ce chapitre sur les exigences associées à une identité numérique.

---

2. Kim Cameron, *The laws of identity* : http://www.identityblog.com/stories/2005/05/13/TheLawsOfIdentity.pdf.

Exigences

L'utilisation de plusieurs identités numériques ne devrait être possible que si plusieurs exigences sont respectées. Outre la facilité d'usage d'une identité numérique pour un service et un individu, la sécurité est un enjeu important notamment vis-à-vis de plusieurs menaces :

– Usurpation d'identité : elle consiste pour un attaquant à fournir les revendications d'un individu légitime à un observateur afin de se faire passer pour lui.

– Modification d'identité : les revendications d'un individu sont modifiées volontairement (mentir sur son âge par exemple) ou de façon involontaire (erreur liée à la transmission par exemple).

– Vol d'information : un attaquant obtient une revendication d'un utilisateur légitime (comme un mot de passe par exemple).

– Élévation de privilèges : un attaquant va chercher à fournir des revendications pour obtenir un droit qu'il ne possède pas (avoir les droits d'administration d'un système par exemple).

– Usage d'une identité incorrecte : un individu peut bénéficier à tort de droits auprès d'un observateur (comme bénéficier de l'accès au système d'information d'un ancien employeur).

L'identité d'un individu est par essence même liée à la notion de données personnelles. Lorsque l'on traite d'identité numérique, il est donc essentiel de porter une attention particulière à la protection des données personnelles. Cette notion est associée à plusieurs propriétés dans le contexte de la gestion d'identités :

– Non-traçabilité : il devrait en principe être impossible de relier les actions effectuées sous différentes identités numériques associées à une identité réelle.

– Non-identification : le lien entre une identité numérique et l'identité réelle d'un individu ne doit, en général, pas être possible. Dans certains cas, par contre, la possibilité d'établir ce lien peut être légitime, *a priori* ou *a posteriori*, directement ou à travers un tiers de confiance.

– Non-répudiation : propriété qui spécifie qu'un individu ne peut nier avoir réalisé certaines actions. Il est intéressant de souligner que cette propriété peut être une exigence de sécurité et une menace en matière de vie privée.

– Non-observabilité : on ne doit pas être en mesure de détecter ou d'observer l'usage d'une identité numérique particulière.
– Confidentialité des identités et des données : un attaquant ne doit pas pouvoir obtenir frauduleusement les revendications d'un individu.
– Menaces liées à la conscience du contenu : un individu ne doit pas divulguer volontairement des revendications le concernant dont il ne perçoit pas le risque (comme un séquençage ADN ou autoriser l'accès à la webcam d'un smartphone pour une application lampe torche par exemple).

Systèmes de gestion d'identité

Afin de répondre aux besoins des utilisateurs et des services numériques, et pour simplifier la gestion de la confiance et des propriétés de sécurité et de protection des données personnelles, on place en général un autre acteur entre ces parties : le fournisseur d'identité. Ce service a trois fonctions principales : 1) l'enregistrement des utilisateurs, 2) le stockage de leurs revendications et 3) la prestation de service pour l'authentification des individus auprès des services. Il s'agit donc d'un tiers de confiance qui garantit la confidentialité des données personnelles en étant prestataire pour un service numérique.

On peut considérer quatre approches pour la gestion d'identité impliquant un fournisseur d'identité.

Gestion isolée. Un fournisseur de service numérique choisit de gérer lui-même l'authentification de ses utilisateurs. Cette approche correspond à une majorité des services numériques présents de nos jours sur Internet, qui jouent également le rôle de fournisseur d'identité pour leur propre, et unique, compte. Pour l'utilisateur, ce type de système a pour conséquence la duplication des solutions d'authentification et peut malheureusement l'inciter à de mauvaises pratiques, telle que la réutilisation du même couple nom d'utilisateur/mot de passe pour de multiples services.

Gestion centralisée. Un fournisseur d'identité est associé à un domaine de confiance et réalise l'authentification de l'utilisateur pour tous les services numériques au sein de ce domaine de confiance. Cette approche est souvent utilisée au sein d'entreprises ou d'organisations. On peut par exemple se référer à la solution Shibboleth [233] qui est largement utilisée dans ce cadre.

Gestion fédérée. Différents domaines de confiance collaborent entre eux afin de permettre aux utilisateurs de ne s'authentifier qu'une seule fois, chez l'un d'entre eux, mais de bénéficier des services de chacun d'entre eux [40]. Un utilisateur peut ainsi choisir son fournisseur d'identité pour s'authentifier ou pour récupérer des informations présentes chez un autre fournisseur. Liberty Alliance 2[3] ou OpenId[4] sont des exemples de ce type d'approche.

Gestion décentralisée. L'identité de l'utilisateur est gérée localement, dans le système de l'utilisateur, comme dans son téléphone portable ou un autre objet dédié [173]. Un gestionnaire local de mots de passe, comme on en trouve dans les systèmes d'exploitation modernes ou *via* certaines applications, peut être vu comme un système de gestion d'identité décentralisé.

L'État français a lancé en 2016 FranceConnect[5], un système de gestion d'identité fédéré ayant vocation à être le fournisseur d'identité pour les actes régaliens dématérialisés.

4.3 Authentification

L'authentification est une procédure qui consiste à vérifier ou à valider l'identité d'une personne ou d'une autre entité (comme un service, un logiciel, une machine,...), lors d'un échange électronique. Cette procédure est typiquement pratique pour effectuer ce que l'on nomme du contrôle d'accès, lors par exemple de la connexion à un réseau, à un système informatique ou encore à une application.

3. Liberty Alliance project : http://www.projectliberty.org.
4. OpenID : https://openid.net/developers/specs/.
5. FranceConnect, https://franceconnect.gouv.fr.

Les facteurs d'authentification

L'authentification, qui cherche à établir la preuve d'identité, peut en pratique reposer sur différents facteurs d'authentification :
– facteur mémoriel : on prouve son identité par la connaissance d'un secret, par exemple un code PIN (*Personal Identification Number*), un mot de passe… ;
– facteur matériel : la possession d'un objet, supposé non duplicable et infalsifiable, est utilisée comme preuve, cela peut être une carte à puce, un téléphone portable, une clef USB… ;
– facteur morphologique : la preuve est établie à partir des spécificités d'une partie du corps, visible ou interne, c'est le cas des empreintes digitales, ou d'un scan de l'iris par exemple ;
– facteur comportemental : l'analyse du comportement d'un individu peut également permettre de vérifier son identité. Il est en effet courant dans la vie quotidienne de se surprendre à reconnaître un individu à partir de son rire ou encore de sa démarche. Ici, dans le cadre d'un système informatique, il peut s'agir par exemple de la façon de taper au clavier ou de déplacer sa souris.

L'authentification d'un individu est souvent réalisée de façon ponctuelle au moment où l'utilisateur souhaite accéder au service, on parle d'authentification *statique*. L'authentification *continue* permet d'exploiter un facteur comportemental pour mesurer la confiance dans la preuve d'identité d'un individu, et ce au cours du temps, tout au long de la connexion de l'utilisateur. Ce type d'approche possède en outre l'avantage de permettre une authentification transparente de l'individu lorsqu'il souhaite accéder à un service sans acte supplémentaire. L'authentification *forte* d'un individu consiste à combiner plusieurs facteurs d'authentification pour rendre plus difficile l'usurpation d'identité. Un paiement par carte, dans un restaurant par exemple, implique la possession d'une carte bancaire et du code PIN associé, il s'agit donc une solution à deux facteurs. Il n'est pas rare que les solutions bancaires en ligne demandent une authentification à deux, voire parfois trois, facteurs en demandant un mot de passe et la possession d'un dispositif sécurisé spécifique ou d'un téléphone portable préenregistré.

Solutions concrètes d'authentification

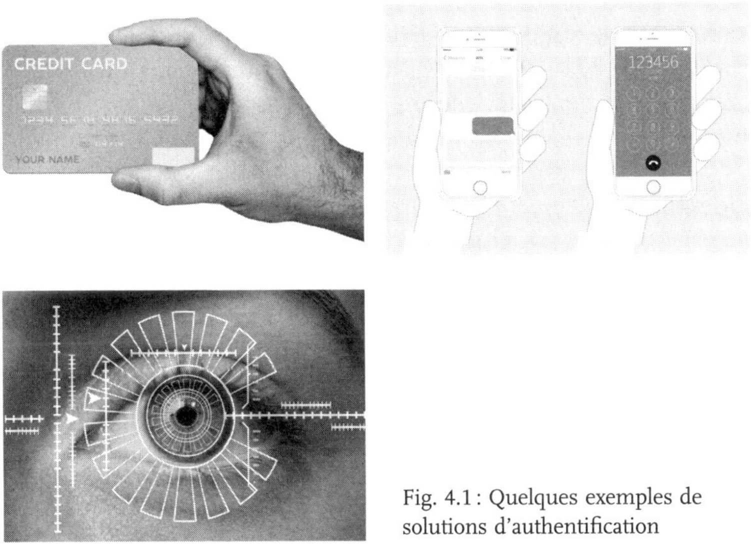

Fig. 4.1 : Quelques exemples de solutions d'authentification

On distingue différentes solutions pour l'authentification des individus reposant sur un ou plusieurs facteurs d'authentification (voir la figure 4.1).

Mot de passe (mémoriel). L'usage de mots de passe est très répandu et repose sur la fourniture d'un secret statique, connu normalement d'un seul individu et idéalement utilisé pour s'identifier auprès d'un seul service. En effet, la réutilisation d'un même mot de passe pour se connecter à différents services est une pratique répandue, pour des raisons de facilité de mémorisation essentiellement. Cette pratique pose pourtant de sérieux problèmes de sécurité car, si le mot de passe est capturé par un attaquant, il pourra usurper l'identité de l'utilisateur sur tous ces services, et de vie privée puisque l'utilisateur devient traçable sur tous ces services. L'utilisation d'un gestionnaire de mots de passe, comme le logiciel *open source* Keepass[6] par exemple, peut permettre de faciliter la gestion de multiples mots de passes et ainsi de mitiger ces problèmes.

6. Keepass : http://keepass.info/.

Certificat (mémoriel). Un certificat cryptographique établit le lien entre une entité et une ou des clefs cryptographiques, il est signé par une autorité de certification. La vérification de la signature du certificat, si elle est issue d'une autorité en laquelle on a confiance et pour laquelle on possède une clef de vérification, permet de s'assurer de l'authenticité de ce lien. Cette solution est, dans la pratique, majoritairement utilisée pour garantir l'identité d'un serveur sur Internet, mais reste peu utilisée pour l'authentification des individus.

Table de codage (matériel). Elle se présente sous la forme d'une matrice contenant dans chaque cellule un texte court. Le service d'authentification demande à l'utilisateur de prouver la possession de la table en lui fournissant le contenu d'une cellule particulière. Cette méthode repose sur ce que l'on appelle un challenge réponse : l'utilisateur doit répondre à une énigme posée par le serveur.

Mot de passe à usage unique (matériel). L'idée est de fournir un secret différent à chaque authentification au service numérique. Concrètement, la solution repose sur une calculette ou sur une application sur téléphone portable permettant d'afficher un secret différent en fonction d'une action de l'utilisateur comme un appui sur un bouton (solution asynchrone) ou automatiquement après un intervalle de temps (solution synchrone). D'un point de vue technique, le calcul de ces mots de passe à usage unique repose sur la non-invertibilité de fonctions de hachage.

Double canal (matériel). L'authentification par double canal consiste à envoyer un challenge à l'individu par un autre canal de communication que celui utilisé pour la transaction. Cela peut, par exemple, passer par l'envoi d'un SMS contenant un mot de passe à usage unique sur le téléphone portable de l'utilisateur.

Carte à puce microcircuit (matériel). La possession d'une puce à microcircuit, ou d'un autre matériel sécurisé comme un *dongle* cryptographique, peut permettre de « prouver » l'identité d'un individu. Il est évident que ces matériels ne doivent pas pouvoir être dupliqués ou simulés. Il est également nécessaire qu'il soit possible de révoquer un matériel particulier, en cas de perte ou de vol par exemple.

Biométrie (morphologique). De nombreuses modalités biométriques, détaillées dans la section suivante, permettent de vérifier l'identité d'un individu. Il peut s'agir des empreintes digitales, de la voix, de la forme du visage, etc.

Exemples d'applications

Prenons l'exemple concret du paiement par carte bancaire dans le contexte du commerce électronique. En général, la banque du porteur de la carte est en charge de l'authentifier. De nombreuses banques françaises utilisent la même procédure consistant à 1) demander des informations sur la carte bancaire (numéro, date de validité, cryptogramme visuel au dos de la carte), 2) envoi d'un challenge par SMS sur le téléphone du porteur, 3) saisie par le porteur du challenge envoyé par la banque dans le navigateur. Cette authentification statique utilise deux facteurs (possession de la carte et du téléphone portable). La connaissance des informations de la carte bancaire n'est pas considérée comme un troisième facteur, car facilement accessibles en cas de possession temporaire de la carte, un commerçant malveillant pourrait par exemple récupérer ces informations lors d'un paiement par carte en magasin.

Le contrôle automatisé aux frontières est également une application sécuritaire importante. L'État français a mis en place le système PARAFE (Passage automatisé rapide aux frontières extérieures) où l'individu doit présenter son passeport à un terminal qui permet 1) de vérifier la conformité des informations issues du scan de l'individu par le terminal avec celles stockées dans une puce sans contact située dans la couverture cartonnée du passeport et 2) de comparer l'empreinte digitale stockée dans le passeport avec une nouvelle acquisition (voir la figure 4.2). Cette solution d'authentification biométrique forte à deux facteurs est nécessaire compte tenu de la criticité de la vérification.

Fig. 4.2 : Illustration du système PARAFE

4.4 La biométrie

La biométrie consiste à identifier un individu ou à vérifier son identité à partir de caractéristiques biologiques, morphologiques ou comportementales. Le lien entre l'utilisateur et une donnée biométrique est plus fort que les autres facteurs d'authentification. En effet, il est possible de divulguer un mot de passe, ou de prêter un *dongle* sécurisé à une tierce partie, c'est sensiblement plus difficile en ce qui concerne les facteurs d'authentification biométrique. Cela constitue à la fois une bonne propriété en termes de sécurité, mais peut également poser des problèmes vis-à-vis de la vie privée, notamment concernant les propriétés de non-traçabilité et de non-révocabilité.

Principes de fonctionnement d'un système biométrique

Pour pouvoir utiliser un système biométrique, il est nécessaire de s'enrôler au préalable. Cette étape consiste à 1) collecter des données biométriques sur l'individu, par exemple *via* l'acquisition d'empreintes digitales, 2) calculer le *template* de référence de l'individu, en choisissant la donnée biométrique de meilleure qualité ou en créant un modèle mathématique à partir des échantillons et 3) de stocker de façon sécurisée ce *template* de référence, par chiffrement ou sur un élément sécurisé comme une carte à puce. Depuis juin 2009, les passeports français sont biométriques, l'enrôlement est réalisé en préfecture ou en mairie avec une vérification administrative de l'identité du citoyen et reprend ces trois étapes.

La vérification biométrique d'un individu consiste à comparer son *template* de référence présumé avec une nouvelle capture. Si cette comparaison met en évidence une forte similarité au sens d'un certain seuil, alors la preuve d'identité est acceptée. Ce seuil définit en quelque sorte le niveau de sécurité à atteindre par le système, il est donc à définir en fonction du comportement système souhaité en ayant en tête le compromis entre le niveau de sécurité et d'acceptabilité. En effet, un seuil trop bas impliquera d'accepter à tort certaines preuves (faux positifs) et un seuil trop haut tendra à générer à tort des refus d'authentification (faux négatifs).

La protection des données biométriques

Une donnée biométrique est une donnée personnelle particulièrement sensible car elle est en général non révocable : une empreinte digitale ne peut pas être changée comme peut l'être un mot de passe. L'utilisation d'un chiffrement cryptographique est nécessaire pour assurer la confidentialité de la donnée mais n'est pas suffisante. En effet, la durée de vie d'une donnée biométrique est longue et fonction de l'espérance de vie d'un individu, il est difficile de garantir que l'algorithme cryptographique utilisé ne puisse pas être cassé durant cette longue période. Une approche complémentaire consiste donc à stocker la donnée biométrique dans un élément sécurisé (puce à microcircuit par exemple).

Une troisième approche est possible pour protéger des données biométriques et consiste à ne manipuler que des données protégées, c'est-à-dire à ne pas manipuler les données en clair. On distingue trois techniques principales. La première consiste à utiliser la théorie des codes pour masquer la donnée biométrique originale et corriger les variations intrinsèques d'échantillons biométriques, par exemple par l'algorithme de *fuzzy commitment* [174]. La seconde approche a pour objectif de proposer des schémas de comparaison de données biométriques protégées ou chiffrées, comme dans [57] par exemple. La dernière approche consiste à appliquer une transformation des données biométriques paramétrée par un secret de telle manière à rendre le procédé non inversible, même en connaissant le secret, et de permettre la comparaison de données biométriques transformées. Le *BioHashing* [171] est une méthode pionnière permettant de générer un *BioCode* quelle que soit la donnée biométrique (voir la figure 4.3).

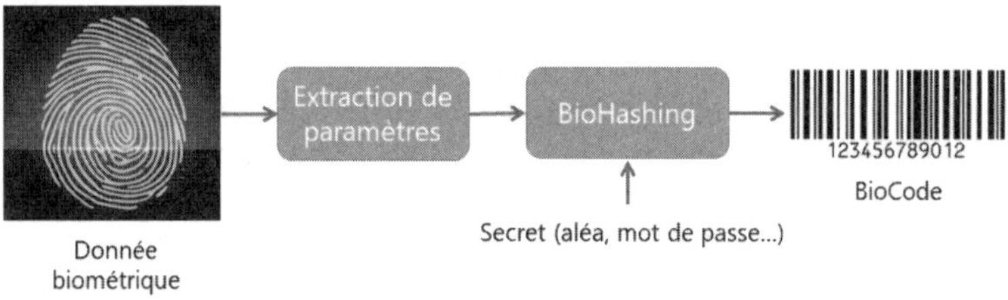

Fig. 4.3 : Illustration de l'usage du *BioHashing*

Exemple d'application

Nous détaillons ici un exemple d'application de l'usage de données biométriques protégées soit par stockage dans un élément sécurisé, soit par un schéma de protection algorithmique. La figure 4.4 illustre une solution d'authentification multibiométrique – combinant deux informations biométriques – sur téléphone portable pouvant être utilisée pour une application de paiement [238]. Ce type de solution peut permettre à un tiers, ici la banque pour une application de paiement, de réaliser la comparaison des données biométriques comportementales sans atteinte à la vie privée de l'utilisateur.

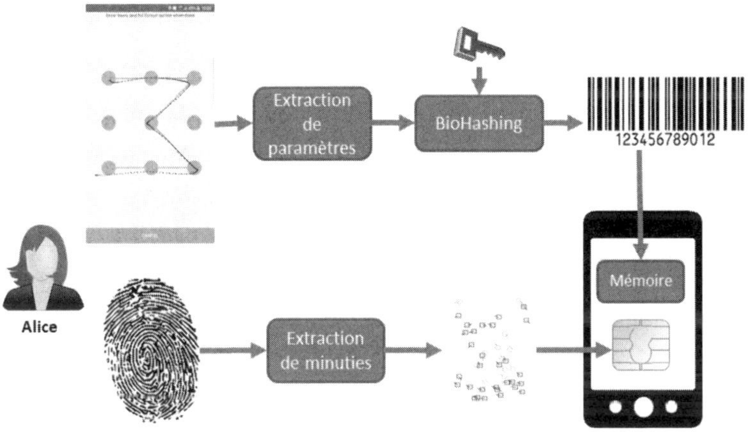

Fig. 4.4 : Enrôlement pour le paiement sur téléphone portable utilisant l'empreinte digitale et le comportement de saisie un chemin

4.5 CONCLUSION

L'identité numérique est une notion fondamentale pour la sécurité des services numériques en général, et pour le contrôle de leur accès en particulier. L'authentification en est un maillon essentiel et doit répondre à des enjeux sécuritaires et de protection de la vie privée ainsi qu'à une certaine facilité d'usage.

La vérification de l'identité passe souvent par un tiers de confiance, le fournisseur d'identité. Dans un objectif de faciliter l'utilisation de leur service, plusieurs fournisseurs d'identité peuvent s'associer et collaborer, dans le cadre d'une fédération d'identité. Par contre, s'il permet d'augmenter la facilité d'usage, ce type de mécanisme nécessite une attention particulière concernant la protection de la vie privée des utilisateurs, car la fédération soulève d'importantes questions et difficultés au regard de la traçabilité, par exemple. Des solutions alternatives permettent d'éviter l'usage d'un tiers de confiance en se basant sur une architecture distribuée et exploitant les propriétés d'une *blockchain* [250, 282]. Le chapitre 13 présente la technologie de la *blockchain*. L'utilisation de données biométriques dans ce type de système impose une protection préalable de ces données avec des schémas généralisant le concept de signature cryptographique.

L'utilisation de données comportementales est une voie alternative intéressante à condition 1) de gérer la variabilité de ce type de données au cours du temps et 2) de veiller à la protection de la vie privée. Ce type d'information peut être mesuré tout au long de l'usage d'un service numérique. De ce fait, les solutions d'authentification peuvent être transparentes à l'utilisateur. Cela peut être positif, car peu intrusif; mais cela peut également être un inconvénient car effectué à l'insu des utilisateurs.

Nous avons vu que chaque type d'authentification possède ses avantages et ses inconvénients. Aussi, il est fort probable qu'à l'avenir, plusieurs solutions d'authentification cohabitent pour couvrir les besoins de tous les types services numériques. Il existe d'ailleurs des solutions qui permettent d'agréger plusieurs solutions, comme FIDO [200] ou FranceConnect par exemple. Ces propositions sont toutefois encore limitées. Une solution ouverte et libre serait un pas en avant important pour faciliter la gestion de l'identité numérique sur Internet.

Du point de vue de la recherche, un enjeu majeur concernant l'identité numérique est de proposer une solution permettant à l'utilisateur de gérer lui-même ses données personnelles, *via* un objet en sa possession ou sur un serveur de « confiance », et de pouvoir fournir de façon pratique une preuve forte de son identité à n'importe quel service, et ce sans révéler d'information à caractère personnel. La biométrie est l'une des technologies candidates pour garantir l'identité de l'individu et pourra bénéficier de l'apport de la cryptographie pour protéger la vie privée et les données personnelles.

5 – Le tatouage des données multimédias

Patrick Bas[1]

5.1 Introduction

Nous pouvons définir le tatouage comme l'insertion d'une information qui soit robuste, imperceptible et sûre dans des médias anodins tels que le son, les images ou encore les vidéos. Cette information sert généralement à protéger le média, comme nous le verrons plus loin. La robustesse du système permettra de décoder ou de détecter le tatouage lorsque le contenu subit des transformations usuelles (par exemple la compression d'une image d'un format brut en JPEG). Son imperceptibilité assurera que sa valeur artistique ou monétaire ne soit pas diminuée par l'ajout du tatouage, et sa sécurité garantira la protection des données insérées si le système doit faire face à un adversaire. Ces trois propriétés que sont la robustesse, l'imperceptibilité et la sécurité représentent les trois contraintes fondamentales du tatouage de données.

Dans ce contexte, les règles du jeu ne sont donc pas simples : contrairement par exemple au codage d'images, nous ne cherchons pas à optimiser un seul critère, comme le rapport signal à bruit, mais nous voulons optimiser l'une des contraintes tout en figeant les autres, si c'est possible. De plus, chacune de ces trois contraintes se nuance en fonction de l'application souhaitée. En outre, le tatouage fait appel à des domaines de recherches variés. La liste de ces disciplines n'est pas exhaustive car chaque année de

1. Patrick Bas, CNRS, École Centrale de Lille, université de Lille, CRIStAL.

nouvelles jonctions apparaissent au gré des publications, mais nous pouvons citer : les communications numériques dont le codage source et le codage canal, la théorie de l'information, la théorie de la détection, la théorie de l'optimisation, la reconnaissance de formes, les modèles psychovisuels, la cryptographie, les méthodes de séparation de sources ou les méthodes d'apprentissage. Comme l'illustre la figure 5.1, ces disciplines gravitent autour du triangle des contraintes du tatouage et peuvent adresser spécifiquement une seule contrainte, ou être à l'interface entre plusieurs d'entre elles. N'oublions pas que dans le cadre d'une application précise, il faut également rajouter à ces trois contraintes celle de l'implémentation, qui dans certains cas doit permettre l'insertion ou la détection du tatouage en temps réel sur différents supports tels que les images, l'audio ou la vidéo.

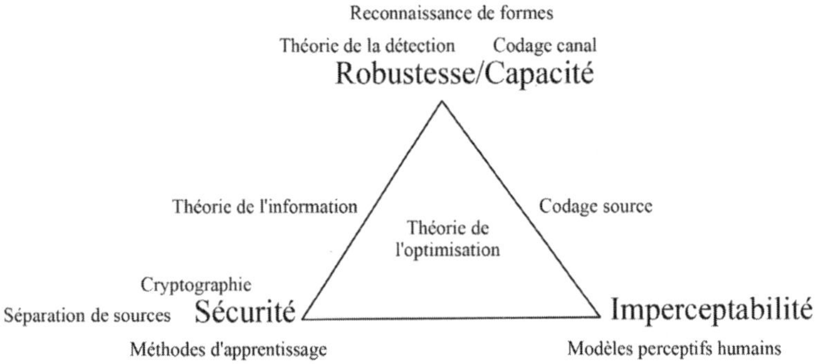

Fig. 5.1 : Contraintes fondamentales du tatouage et disciplines scientifiques associées

Dans ce chapitre, nous aborderons la problématique du tatouage en nous focalisant sur la contrainte de la sécurité pour proposer un cadre rationnel et théorique de la sécurité en tatouage. Nous exposons les moyens à notre disposition pour renforcer la sécurité d'une méthode de tatouage, ou au contraire nous mettre dans la peau de l'adversaire et essayer d'éprouver celle-ci en proposant des attaques capables d'effacer, de modifier ou de dupliquer un message inséré. Nous étudions également l'impact de la contrainte de la sécurité sur les deux autres. Sont-elles compatibles ou antagonistes ?

5.2 SÉCURITÉ ET TATOUAGE

Chaque technologie a pour objectif de remplir un ensemble de fonctionnalités précises et il est souvent compliqué d'intégrer la sécurité de la technologie dans son cahier des charges. En effet, la sécurité peut difficilement être définie comme un ensemble de contraintes puisqu'elle consiste en l'ajout d'un acteur qui aura pour but de détourner la technologie de son fonctionnement initial. La prise en compte de la sécurité dans le processus de conception est ardue puisqu'elle dépend de la puissance de l'adversaire mais aussi de ses objectifs. À titre d'exemple, on peut dimensionner un pont pour soutenir différents types de transports ou résister à différents types de séismes, mais comment faire en sorte qu'il puisse faire face à une attaque inconnue ? La prise en compte de la sécurité implique donc l'intervention d'un adversaire dans le schéma de développement, mais également la définition d'un cahier des charges à géométrie variable qui dépend à la fois des objectifs et de la puissance de l'adversaire.

Les besoins en protection par tatouage

Notre société s'est organisée dans le monde numérique pour échanger des idées, des informations ou des données d'une manière totalement conviviale et naturelle. Les outils permettant cette connectivité sont par exemple les blogs, les flux RSS, les forums, ou encore les serveurs d'échanges dédiés. Dans ce nouveau monde, le moindre problème technique ou personnel peut être partagé, commenté voire résolu dans l'espace de quelques secondes en faisant appel à l'information existante ou en demandant de l'aide aux internautes. Dans cet espace virtuel, le citoyen a accès à une quantité d'information quasi infinie et le plus souvent gratuite qu'il peut partager sur différents médias.

En contrepartie et pour beaucoup de personnes, la notion même de droits d'auteur liés aux contenus numériques est devenue de plus en plus intangible : alors que l'acte de voler une cassette en 1990 à la Fnac demandait une certaine « énergie », il suffit maintenant d'une clef USB ou d'une connexion Internet pour effectuer la même opération en quelques secondes. Fort de ce constat, l'industrie des contenus numériques (les créateurs, fournisseurs et diffuseurs de films, musiques, livres et programmes) s'est efforcée depuis la fin du siècle précédent de lutter contre la diffusion sur Internet de contenus sans accord ou rétribution monétaire. Le tatouage de contenus numériques est apparu à cette période-là pour répondre à la protection des producteurs de contenus numériques.

À titre illustratif, voici deux exemples d'utilisation de méthodes de tatouage dans le but de défendre les droits d'auteur ou pour augmenter la fonctionnalité d'un média :

1. Après l'échec de la protection des disques DVD, la création du format de vidéo haute résolution Blu-ray se devait d'utiliser des mesures de protections plus importantes. Le standard Blu-ray, appelé BD+, propose aux éditeurs d'utiliser deux mesures de protections faisant appel au tatouage. La première, basée sur la technologie de tatouage audio Cinavia[2], vise à se prémunir des attaques permettant de déchiffrer (*ripper*) le contenu du disque : si le lecteur cherche à afficher un contenu déchiffré mais tatoué, celui-ci empêche la lecture puisqu'il ne peut s'agir que d'un contenu copié (un contenu acquis de façon légale étant à la fois chiffré et tatoué). Nous reviendrons sur les possibles contournements de cette mesure dans la section suivante.

La deuxième mesure de protection par tatouage s'effectue lors de la lecture du disque et insère un tatouage permettant d'identifier le lecteur utilisé lors de celle-ci [172,257]. Le tatouage est inséré à la volée par un procédé astucieux : une portion de la vidéo est présente 2 fois sur le disque mais possède un signal de tatouage différent afin de coder un 0 ou un 1. Le lecteur passe d'une version à l'autre en fonction de son code d'identification, appelé « *sequence key* ». Si la vidéo se retrouve sur un réseau d'échange illégal, le lecteur Bluray peut ensuite être identifié et le lecteur révoqué : il fera partie d'une liste noire et ne pourra plus lire les futurs disques produits.

2. L'une des utilisations les plus médiatisées du tatouage pour l'identification des fuites[3] est l'interpellation d'un des

2. Verance Corporation, Cinavia Technologie : http://www.cinavia.com.

3. *Traitor tracing.*

membres du jury des Oscar en 2004[4]. Cette personne a déposé sa copie personnelle sur un réseau d'échange de fichiers pair-à-pair, et a pu être identifiée et inculpée grâce au numéro d'identification tatoué sur sa copie privée.

5.3 FORMALISATION THÉORIQUE DE LA SÉCURITÉ EN TATOUAGE

Des comités de normalisation se sont récemment penchés sur la gestion des risques de la sécurité des systèmes d'information au travers de la norme ISO-27005 [169]. Cette norme décrit un processus de gestion de risques qui passe par (1) l'appréciation des risques, (2) la définition de mesures de protections puis (3) l'évaluation de ces mesures.

Dans le contexte du tatouage, une démarche similaire a été adoptée de manière indépendante [66]. Le premier postulat à faire pour analyser la sécurité d'un schéma de tatouage est la prise en compte du principe de Kerckhoffs[5]. Ce principe stipule que la sécurité du schéma réside uniquement dans l'utilisation d'une clef secrète, il suppose donc que l'adversaire est capable, souvent *via* des techniques de rétro-ingénierie, de connaître le fonctionnement de l'algorithme de tatouage. Sous l'hypothèse du principe de Kerckhoffs, l'objectif de l'adversaire en tatouage sera donc d'estimer la clef secrète.

Pour continuer notre explication, nous devons définir précisément ce que nous entendons par « clef de tatouage ». D'un point de vue mathématique, la clef secrète peut être représentée par un ensemble de paramètres qui définissent un ensemble de régions de détection ou de décodage $\mathcal{D} = \{\mathcal{D}_1, ..., \mathcal{D}_{N_r}\}$ dans un espace $\mathcal{X}$ de dimension N_v. Notons ici que l'espace $\mathcal{X}$ est un sous-espace de l'espace de définition du contenu hôte **c**. Lorsque **c** est une image numérique, **x** peut représenter un vecteur contenant un ensemble de pixels de l'image, ou un vecteur de coefficients produits par une

4. http://en.wikipedia.org/wiki/Carmine Caridi.
5. http://en.wikipedia.org/wiki/Kerckhoffs's Principle.

transformée connue – telle que la transformée par ondelettes – ou inconnue. Dans le cas d'une insertion multi-bits, la définition de la clef secrète peut être étendue à une fonction bijective liant chaque région $\mathcal{D}_i$ à un message $\mathbf{b}_i$.

L'insertion d'un tatouage consiste en le déplacement du vecteur hôte $\mathbf{x} \in \mathcal{X}$ vers l'une des régions $\mathcal{D}_i$ de l'ensemble $\mathcal{D}$ pour obtenir un vecteur $\mathbf{y}$. L'objectif de l'adversaire est donc d'estimer au mieux la topologie de l'espace $\mathcal{D}$. S'il y parvient, l'adversaire sera alors capable dans le cas d'un schéma multi-bits (où chaque région de $\mathcal{D}$ permet de coder un message donné) de lire le message inséré, de modifier le message, ou encore de le copier sur un autre contenu. Dans le cas d'un schéma zéro-bit (où chaque région de $\mathcal{D}$ permet de détecter le tatouage), l'adversaire pourra détecter le tatouage, modifier le contenu de manière à empêcher la détection tout en minimisant la distorsion d'attaque, ou encore copier le tatouage (voir figure 5.2).

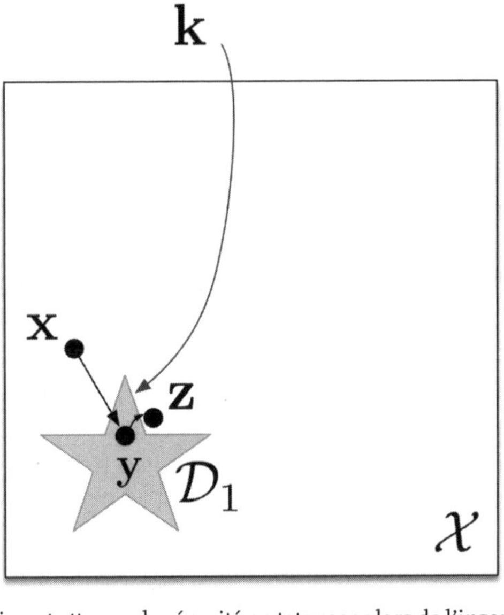

Fig. 5.2 : Insertion et attaque de sécurité en tatouage : lors de l'insertion, le vecteur hôte $\mathbf{x}$ est déplacé dans une région secrète $\mathcal{D}_1$, générée à partir de la clef secrète $\mathbf{k}$, pour former le contenu tatoué $\mathbf{y}$. Si l'adversaire est capable d'estimer $\mathcal{D}_1$ ou la clef secrète $\mathbf{k}$, il peut alors effectuer une attaque au « pire des cas », c'est-à-dire créer un contenu attaqué $\mathbf{z}$ qui ne contient plus de tatouage et qui minimise la distorsion entre $\mathbf{y}$ et $\mathbf{z}$.

Scénarios de sécurité

Le matériel mis à disposition de l'adversaire est également un moyen de préciser dans quel scénario de sécurité nous allons étudier un schéma de tatouage. Dans [66, 201, 252], les auteurs proposent différents scénarios de sécurité, chacun étant associé à un type d'attaque spécifique :

– Tout d'abord, **l'attaque par Oracle**, encore appelée attaque par sensibilité, prend en compte un scénario où l'adversaire a accès au détecteur du tatouage. Pratiquement, cela peut correspondre à un scénario où le rendu du contenu en utilisant un lecteur matériel ou logiciel est conditionné à la détection du tatouage dans celui-ci. Dans ce scénario, l'attaquant est capable de modifier le contenu et de soumettre ces modifications au détecteur à volonté. Par ces appels multiples, l'adversaire sera capable d'estimer la région de détection du tatouage, et d'en empêcher sa détection tout en minimisant la distorsion due à l'attaque.

Les attaques suivantes partent du principe que l'adversaire possède au minimum un ensemble de contenus marqués avec la même clef secrète.

– **L'attaque à message connu**[6] (KMA) considère que l'adversaire possède un ensemble de paires associant des contenus tatoués aux messages insérés. Comme dans les scénarios suivants, le nombre d'observations de ces couples conditionnera la précision d'estimation de la clef secrète. Ce scénario prend tout son sens lorsqu'un adversaire connaît l'information insérée dans chaque contenu, un numéro d'identification par exemple.

– **L'attaque à original connu**[7] (KOA) pour laquelle l'adversaire a en sa possession des paires contenus originaux/contenus tatoués. Ce type d'attaque peut être utilisé par exemple lorsque la version originale d'un film est mise à disposition avant sa version tatouée.

– **L'attaque à message constant**[8] (CMA) où les contenus sont tous tatoués avec le même message. Ce type d'attaque peut avoir lieu

6. *Known Message Attack.*
7. *Known Original Attack.*
8. *Constant Message Attack.*

lorsqu'une base de contenus marqués avec le même message est à disposition de l'adversaire.

– **L'attaque à contenus tatoués seuls**[9] (WOA) où l'adversaire dispose uniquement d'une collection de contenus tatoués. Parmi tous ces scénarios, c'est celui où l'adversaire possède le moins d'information.

Ces différents scénarios permettent donc de préciser le matériel mis à la disposition de l'adversaire pour effectuer son attaque. En fonction de ces matériels, l'adversaire cherchera alors à effectuer une « attaque au pire des cas[10] », c'est-à-dire une attaque qui permettra d'empêcher la détection ou le décodage du tatouage tout en minimisant la distorsion due à l'attaque. Cette attaque pourra être déterministe si l'adversaire est capable d'estimer correctement tous les paramètres de la clef secrète, ou comporter un caractère aléatoire si seulement une partie des paramètres sont estimés.

À titre d'illustration, nous citerons le challenge international BOWS-2[11] qui a, entre autres, proposé d'évaluer une méthode de tatouage vis-à-vis de deux scénarios de sécurité. L'objectif était d'empêcher la détection d'un tatouage sur trois images tout en minimisant la distorsion après attaque. Dans le premier cas, les participants pouvaient utiliser une attaque par Oracle car l'accès au détecteur sur le serveur était illimité (le vainqueur a effectué plusieurs millions de soumissions pour atteindre une distorsion imperceptible). Dans le deuxième cas, le nombre d'accès au détecteur était limité à 3 par jour mais les participants avaient à leur disposition 10 000 images tatouées avec la même clef et le même message que les images à attaquer. Ces participants étaient donc capables de faire une attaque à message constant et le vainqueur a également réussi à effacer le tatouage de manière imperceptible.

---

9. *Watermarked contents Only Attack.*

10. *Worst Case Attack.*

11. http://bows2.ec-lille.fr/.

Robustesse ou sécurité ?

La définition de la sécurité proposée dans ce document est simple : nous parlerons de sécurité en tatouage lorsque nous envisagerons la présence d'un adversaire. Ainsi l'action consistant à nuire à la fonctionnalité primaire du système sera logiquement appelée *attaque*. *A contrario* la notion de robustesse concernera des traitements rencontrés par le contenu dans sa vie numérique (transmission, compression, édition). Ainsi l'ajout d'un bruit additif, la convolution par un filtre, ou encore la translation du signal tatoué sont autant de procédés qui permettent d'évaluer la robustesse du système et seront dénommés *traitements usuels*.

Le problème de la sécurité en tatouage peut donc être défini comme l'intervention d'un adversaire cherchant à mettre à mal le système. Contrairement à d'autres définitions de la sécurité en tatouage [66, 251] qui relient directement la problématique de la sécurité à l'estimation du secret, cette définition se veut plus générale. Ainsi, l'estimation du secret est une conséquence de la présence de l'adversaire, celui-ci devant généralement passer par cette étape afin de pouvoir mettre à mal le système de tatouage, mais la présence de l'adversaire n'implique pas directement l'estimation du secret. À titre d'exemple, les attaques au « pire des cas » dans les schémas par quantification QIM [287] ou les attaques par Oracle [74, 201] sont des attaques de sécurité puisqu'elles sont dédiées à dégrader les performances de systèmes de tatouage et non à simuler un processus usuel de traitement des contenus, mais ne font pas intervenir l'estimation d'un secret.

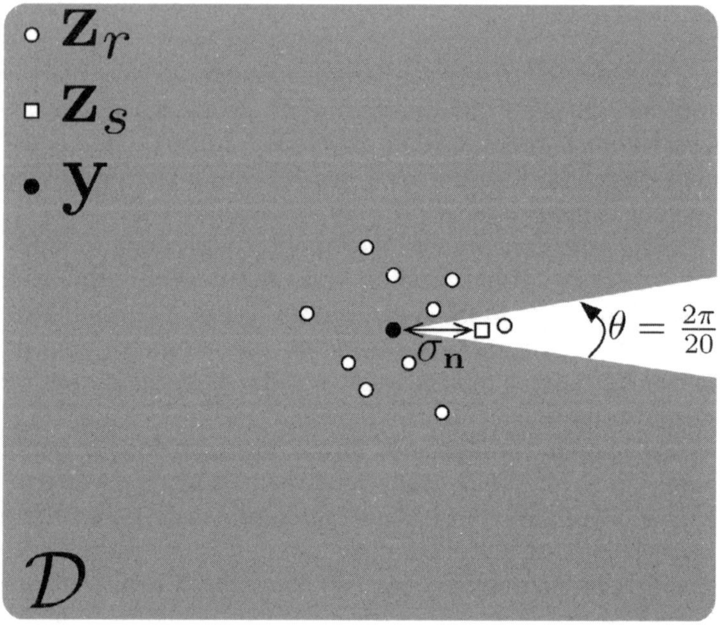

Fig. 5.3 : Différences entre une attaque (évaluant la sécurité) et un traitement usuel (évaluant la robustesse). Le contenu est détecté comme tatoué s'il appartient à la région grisée $\mathcal{D}$. Lorsque le traitement usuel est un bruit additif $\mathbf{n}$ de loi $\mathcal{N}(0, \sigma_{\mathbf{n}}^2 I)$ de telle sorte que $\mathbf{z}_r = \mathbf{y} + \mathbf{n}$ (canal AWGN), la probabilité de détection manquée devient $p_{\mathrm{md}} = \theta/2\pi = 5.10^{-2}$. Au contraire, si l'adversaire connaît $\mathcal{D}$, son attaque entraînera $p_{\mathrm{md}} = 1$ pour une distorsion $//\mathbf{n}//$ équivalente au traitement usuel. Après attaque, le contenu $\mathbf{z}_s$ sera forcément en dehors de $\mathcal{D}$.

5.4 Sécurité en tatouage : enjeux et solutions

Dans un tel contexte, nous sommes maintenant en mesure de définir quelles sont les différentes problématiques qui se posent lorsque l'on associe à la fois sécurité et tatouage. Nous en retenons trois :

1. Comment définir la sécurité d'un algorithme de tatouage ? Nous avons vu dans le paragraphe précédent qu'il y avait plusieurs scénarios de sécurité, mais y a-t-il également plusieurs possibilités d'attaques ? Existe-t-il un moyen de définir mathématiquement la sécurité d'un algorithme de tatouage ?

2. Existe-t-il des algorithmes de tatouages sûrs ? Si oui, quelle est leur robustesse ? Il convient ici de définir des algorithmes appartenant à une classe de sécurité donnée et de voir comment la contrainte de sécurité s'articule par rapport aux deux autres contraintes du tatouage : la robustesse et l'imperceptibilité.
3. Quels sont les algorithmes qui ne sont pas sûrs ? Quel est leur niveau de sécurité ? Quelles attaques sont à mettre en œuvre ? Nous chercherons ici à étudier la sécurité d'algorithmes de tatouage connus dans la littérature pour offrir une robustesse importante. Nous voyons également les outils utilisés pour mettre à mal la sécurité d'un algorithme de tatouage.

Nous présentons maintenant un panorama rapide de travaux qui permettent de répondre à ses différentes questions, le lecteur qui souhaite approfondir ces différents points peut se référer à l'ouvrage [32].

Définition et mesure de la sécurité d'un schéma de tatouage

Puisque l'utilisation d'une clef secrète est un prérequis à la conception d'un schéma de tatouage sûr, nous avons cherché à caractériser cette clef secrète de la même manière qu'en cryptographie, c'est-à-dire estimant la taille de cette clef. Contrairement à la cryptographie, l'hypothèse d'unicité de la clef permettant d'avoir accès au canal de tatouage n'est plus valable. Nous avons donc cherché à définir pour chaque clef d'insertion, un ensemble de clefs « équivalentes » qui permettent de décoder le message inséré. La taille ℓ de la clef du système de tatouage est ensuite définie à partir de la probabilité de tirer une clef appartenant à cet ensemble de clefs équivalentes P par la formule $\ell = -\log_2 P$. Nous avons proposé également des outils permettant de calculer P de façon théorique lorsque cela est possible, ou de façon pratique dans le cas contraire [28-30, 137].

Lorsque l'adversaire n'a en sa possession que des contenus marqués (hypothèse WOA), il est possible de définir des schémas d'insertion liés à une classe de sécurité. Nous définissons 4 classes de sécurité [25, 65] :
1. La stégo-sécurité, qui est équivalente au secret parfait défini par Christian Cachin en stéganographie [60]. Ici l'adversaire est

incapable de distinguer statistiquement un contenu original, d'un contenu tatoué.

2. La sécurité dans un sous-espace. Ici l'adversaire est incapable d'inférer un ensemble $S_{\mathbf{K}}$ contenant la clef secrète autre que $\mathcal{K}$. La sécurité de cette classe est également très forte, comme dans le cas précédent, l'attaque au « pire des cas » se résume en l'ajout d'un vecteur de dimension égale à celle de l'espace d'insertion.

3. La sécurité sur la clef où l'adversaire est capable d'inférer un ensemble $S_{\mathbf{k}}$ qui contient la clef secrète, mais n'est pas capable d'inférer exactement la clef secrète donnant accès au canal de tatouage.

4. Enfin la non-sécurité où l'adversaire est capable d'inférer la clef secrète en comparant la distribution observée et une distribution de contenus tatoués pour une clef donnée.

Développements de schémas sûrs

Nous avons vu dans la section précédente que pour garantir la stégo-sécurité dans le cadre WOA, il convient de s'assurer que la distribution des contenus tatoués soit identique à la distribution des contenus originaux. Une fois la distribution hôte fixée, et afin d'insérer un symbole $m \in \{0, ..., M-1\}$ nous devons décomposer $p(\mathbf{x})$ à partir de M distributions $p(\mathbf{y}|m)$ telles que

$$p(x) = p(\mathbf{y}) = \frac{1}{M}\sum_{0}^{M-1} p(\mathbf{y}|m)$$

Notre démarche va donc consister d'une part à sélectionner les distributions $p(\mathbf{y}|m)$ maximisant la robustesse, c'est-à-dire minimisant le taux d'erreur pour un canal donné, et d'autre part à trouver une fonction d'insertion pour chaque message m telle que la distribution des contenus tatoués corresponde à $p(\mathbf{y}|m)$. Cette deuxième contrainte est équivalente à celle de l'appariement des distributions : après insertion du symbole m sur un vecteur hôte de distribution $p(\mathbf{x})$, la distribution des contenus tatoués doit correspondre à $p(\mathbf{y}|m)$ [65].

D'autres travaux proposent à la fois d'assurer l'appariement des distributions et la minimisation de la distorsion en utilisant la théorie du transport optimal [24, 215].

D'un point de vue plus pratique maintenant, lors de l'organisation du concours international BOWS-2, nous avons cherché à réaliser un algorithme de tatouage qui soit à la fois extrêmement robuste, imperceptible et résistant dans une certaine mesure aux attaques par Oracle ainsi qu'aux attaques CMA. Le schéma de tatouage développé, appelé *Broken Arrows*, utilise trois mesures de sécurité indépendantes [136] :

1. Afin de rendre la tâche d'estimation des paramètres de cette zone de détection plus ardue pour l'adversaire, la frontière présente d'une part des trous pour attirer l'adversaire dans des minima locaux et d'autre part une surface chaotique (l'angle de l'hyper-cône varie légèrement en fonction d'un aléa lors de l'appel du détecteur).
2. L'insertion permet de maximiser la distorsion dans le cadre d'une attaque « au pire des cas », ainsi le vecteur tatoué se trouve le plus éloigné possible de la frontière de la zone de détection.
3. L'insertion utilise un ensemble de $N_c = 30$ hyper-cônes comme zones d'insertion et de détections potentielles. Cette variété permet, comme la notion de clef-sécurité, de rendre la tâche d'estimation de la clef secrète plus difficile pour l'adversaire, celui-ci devant estimer un espace de dimension N_c dans un espace de très grande dimension.

Analyses de sécurité en tatouage – estimation de clefs secrètes

Cette section présente différentes solutions qui permettent d'estimer le paramètre secret d'un schéma de tatouage ou alors de mesurer si ce schéma est sûr ou non. Si les techniques utilisées diffèrent, la méthodologie est la même : les schémas d'insertion non sûrs modifient les statistiques des images tatouées et une information sur la clef secrète fuit de l'observation des contenus tatoués. Ainsi, la covariance des contenus peut être modifiée, l'indépendance du message inséré vis-à-vis du contenu original peut également être exploitée, ou encore le fait que les méthodes utilisant l'information adjacente rapprochent les contenus vers des mots de codes et génèrent ainsi des regroupements.

Les méthodes d'estimation de clefs secrètes utilisent donc logiquement des techniques d'apprentissage non supervisées (le message n'est pas connu dans le contexte WOA et ne peut donc pas servir à superviser l'apprentissage) telles que l'analyse en composantes principales, l'analyse en composantes indépendantes et les méthodes de *clustering*. La collection de papiers proposée dans [26, 27, 31, 33, 65, 214] permet d'illustrer la grande diversité des attaques pratiques qu'il est possible de mettre en œuvre, qui font le plus souvent appel à des méthodes d'apprentissage automatique.

5.5 Conclusion

Pour conclure, il est capital de souligner que s'il est possible de répondre à la question formelle « qu'est-ce que la sécurité en tatouage ? » en une phrase, cette réponse n'apporte aucune solution pratique. La réponse à la question plus pragmatique « le système de tatouage X est-il sûr ? » est, elle, bien plus complexe. Comme le lecteur a pu le noter depuis le début de ce chapitre, l'analyse pratique de la sécurité d'une méthode de tatouage doit absolument prendre en compte différentes contraintes indépendantes telles que la nature du contenu à tatouer, le schéma de tatouage lui-même, les matériels de l'adversaire, ou encore la puissance ou les objectifs de celui-ci. La figure-bilan 5.4 résume les différentes questions que doit se poser le concepteur d'un algorithme de tatouage afin de pouvoir dans un second temps effectuer une analyse rationnelle de la sécurité du système.

Enfin, dans un tel contexte, certaines questions sont bien évidemment ouvertes, nous en retiendrons deux qui sont à la fois d'envergure et connectées à d'autres champs théoriques :

1. L'optimisation conjointe de la sécurité et de la robustesse : comment maximiser la robustesse d'un schéma de tatouage tout en garantissant sa sécurité ? Nous cherchons ici l'équivalent du codage canal de Shannon mais dans le cadre du tatouage sûr. Cette question est à la frontière entre le tatouage et la théorie de l'information.
2. La mesure de la sécurité lorsque les modèles probabilistes sous-jacents ne sont pas mathématiquement connus : comment étendre les mesures théoriques à des attaques pratiques souvent

liées à l'inférence statistique ? Cette question est à la frontière entre le tatouage et l'apprentissage statistique.

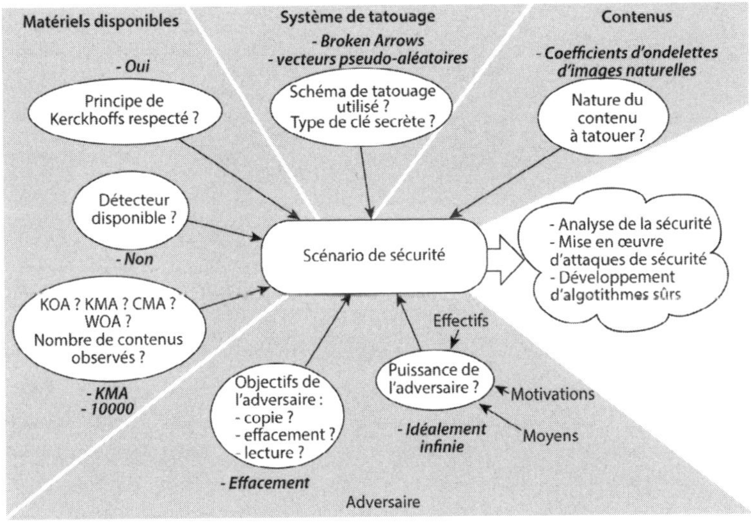

Fig. 5.4 : L'analyse précise d'un système de tatouage nécessite de définir chacun des ingrédients constituant le scénario de sécurité. Les informations en italique illustrent les exemples choisis lors du concours BOWS-2.

6 – Les virus informatiques

Jean-Yves Marion[1]

6.1 Introduction

Les premiers virus datent des années 1970 et nos systèmes informatiques y sont toujours vulnérables. *Wannacry*, *NoPetya*, ou encore les attaques du groupe nommé *APT28*, ont fait les grands titres de nos quotidiens. Demain, d'autres logiciels malveillants prendront leur place mettant en péril notre monde numérique. Une cinquantaine d'années après, comment est-ce encore possible ? Comment fonctionne une cyberattaque ? Pourquoi n'arrivons-nous pas à les arrêter ?

Avant de tenter de répondre à ces questions, reprenons les trois exemples cités pour se forger une bonne intuition de ce qui se passe et comprendre les motivations derrière ces cyberattaques. *Wannacry* est un rançongiciel[2], un logiciel malveillant qui chiffre les données contenues dans un ordinateur et exige une rançon pour déchiffrer les données prises en otage. La rançon contre la promesse de l'envoi d'une clef de déchiffrement est payable dans une cryptomonnaie comme le bitcoin. Les cryptomonnaies servent ainsi au blanchiment d'argent. Quant à *NoPetya*, il ressemble à un rançongiciel mais son action est en réalité d'effacer les données accessibles à partir de l'ordinateur infecté [155]. Le groupe *APT28*, d'origine russe, développe des logiciels malveillants dont un des buts est d'espionner notamment des organisations gouvernementales et de transmettre les

1. Jean-Yves Marion, Univ Lorraine, CNRS, LORIA.

2. *Ransomware*.

informations recueillies. L'un des exploits les plus médiatisés est celui contre le Comité national démocrate lors des élections présidentielles aux États-Unis [129]. Le même groupe *APT28* est également soupçonné d'être à l'origine de l'attaque contre la chaîne de télévision TV5 Monde. Le système informatique de la chaîne a été infiltré par un logiciel malveillant qui a détruit et altéré des informations[3].

À ce stade, il est nécessaire de faire quelques remarques sur le vocabulaire. Le terme logiciel malveillant (ou de façon équivalente programme malveillant) regroupe une variété de termes, pas toujours bien définis, comme virus, ver, *rootkit*, cheval de Troie, *spyware*, que nous ne chercherons pas à distinguer. Ceci dit, il est important de maîtriser quelques termes et d'avoir une intuition de l'architecture logicielle qui est déployée pour monter une attaque. Un logiciel malveillant est donc un programme informatique qui s'infiltre dans un système numérique à l'insu de son utilisateur. Il est le plus souvent en communication avec un système de Commande et de Contrôle[4] (C&C ou C2), ce qui permet d'exfiltrer des informations, de donner des ordres au logiciel malveillant ou encore de faire des mises à jour de ce dernier. Le système numérique compromis par le programme malveillant fait alors souvent partie d'un *botnet*. Un *botnet* est un ensemble d'ordinateurs ou d'objets intelligents infectés qui sont interconnectés. La figure 6.1[5] montre le déploiement d'une campagne typique de cyber-attaque.

3. La présentation de l'ANSSI à SSTIC 2017 est disponible ici : https://www.sstic.org/2017/presentation/2017_cloture.

4. *Command & Control.*

5. Les figures des chapitres 6, 11 et 13 utilisent des pictogrammes gratuits de freepik, smashicons et vectors market de flaticon.com.

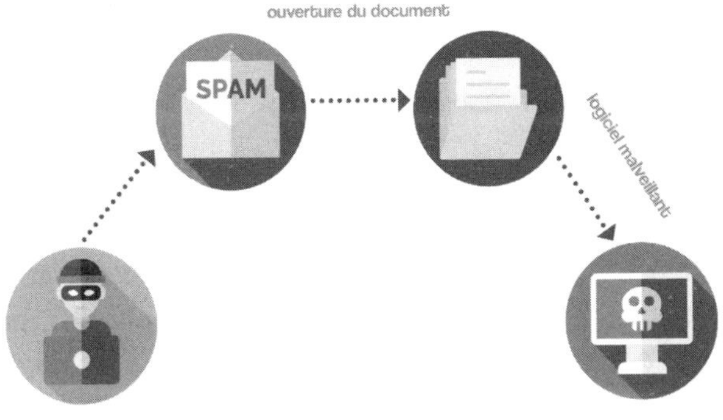

Fig. 6.1 : Un envoi de spam avec une pièce jointe qui déclenche une attaque

Un *botnet* est typiquement utilisé lors d'une campagne de spam, ou encore d'une attaque par déni de service distribué[6] (DDoS), qui consiste à bloquer l'accès à des sites et des services sur Internet en les inondant d'un grand nombre de requêtes. Les motivations sont tantôt idéologiques tantôt criminelles voire immédiatement malveillantes. La fréquence des attaques par DDoS vient immédiatement après le nombre d'attaques par rançongiciel d'après le rapport IOCTA d'Europol [122], ce qui peut s'expliquer par la relative facilité de monter une telle attaque par des services accessibles sur Internet. Avec une estimation de 150 000 objets connectés, l'attaque DDoS du *botnet Mirai* a bloqué des fournisseurs de services sur Internet comme OVH ou DYN en Amérique du Nord, empêchant l'accès aux services d'entreprises comme Amazon, Netflix, Twitter, etc. pendant 24 heures. Le *botnet Mirai* a la particularité d'être un réseau d'objets intelligents connectés fait de routeurs et de caméras branchés sur Internet.

Cet exemple illustre également le fait que les objets intelligents connectés sur Internet – on parle d'Internet des objets[7] (IoT) – sont des cibles potentielles. Le nombre d'objets connectés augmente de façon exponentielle, ce qui augmente les possibilités et donc la surface d'attaque. Les objets connectés se trouvent dans les foyers (téléphones, tablettes, télévisions, caméras, box), gèrent les transports (régulation du trafic, conduite et aide à la conduite

6. *Distributed Denial of Service.*
7. *Internet of Things.*

automobile), sont utilisés en santé (surveillance, pacemaker), ou encore sont les yeux et les actionneurs des systèmes de production dans de très nombreuses entreprises avec les ICS (*Industrial control systems*) et SCADA (*Supervisory Control and Data Acquisition*). On constate quelques attaques réelles sur ce type de système à ce jour. L'exemple le plus connu et le plus spectaculaire est celui de *Stuxnet* qui, dans les années 2010, a attaqué des centrifugeuses d'enrichissement d'uranium iraniennes en reprogrammant les automates industriels qui les équipent. Un exemple plus proche est celui de l'attaque sur le réseau ferroviaire suédois de 2017 [243].

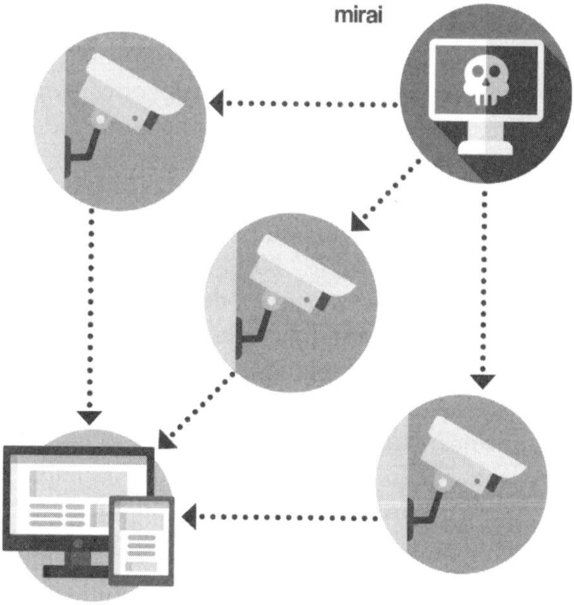

Fig. 6.2 : Le *botnet Mirai* qui a compromis des caméras vidéo pour des attaques par déni de service

Une attaque sur un objet connecté crée une porte d'accès au réseau dans lequel cet objet évolue. Il en résulte que les cyberattaques débordent le cadre des ordinateurs personnels et des traditionnels systèmes d'information liés à une infrastructure informatique conventionnelle. Les cyberattaques atteignent nos objets du quotidien et l'écosystème qui nous entoure.

6.2 LES TROIS ÉTAPES DE LA VIE D'UN VIRUS

Dans son livre *Dreams of a final Theory*, le prix Nobel Steven Weinberg reprend à son compte le principe de la leçon de craie que Thomas Huxley donna en 1868 : « Pourquoi une craie est blanche ? Pourquoi certaines matières absorbent la lumière visible d'une longueur d'onde particulière ? » Une cascade de « pourquoi ? » permettant de décomposer une craie pour comprendre la nature de la physique. L'informaticien substituera les « pourquoi ? » du physicien en une cascade de « comment ? » pour expliquer un concept informatique. Ce changement d'interrogation met le doigt sur la nature différente d'une science comme l'informatique des sciences comme la physique ou la biologie. Mais, revenons aux codes malveillants et lançons-nous dans une courte leçon de virus en descendant étape par étape au cœur de l'ordinateur.

Fig. 6.3 : Dès que la chaîne est brisée, tout le système est compromis

Intrusion dans un système

Un logiciel malveillant est un programme informatique. Alors, comment un logiciel malveillant peut-il entrer dans un ordinateur et l'infecter comme un virus ? L'intrusion d'un logiciel malveillant dans un système numérique procède en général de la combinaison de deux approches : (i) la manipulation par ingénierie sociale et (ii) l'exploitation de vulnérabilités (ou failles).

La première approche consiste à manipuler une victime, ou un groupe de victimes, par des méthodes dites d'ingénierie sociale. On parlera d'harponnage[8] lorsqu'une victime ou un groupe de victimes sont bien identifiées et ciblées. On parlera d'hameçonnage[9] quand l'attaque n'est pas vraiment ciblée ou concerne une large audience. Elle consiste en général en l'envoi massif de spams. Dans les deux cas de figure, l'attaquant cherchera par exemple à attirer sa victime sur un site Web vulnérable ou alors il enverra un courriel (ou un SMS) en se faisant passer frauduleusement pour quelqu'un d'autre : une agence bancaire, un administrateur informatique, ou encore un supérieur hiérarchique. Le courriel propose alors soit de transmettre des coordonnées bancaires, soit d'envoyer un mot de passe. Le destinataire, trompé par ce courriel, enverra les informations demandées. L'expéditeur du courriel récupère alors ces informations pour son usage. Avec le nom de l'utilisateur et son mot de passe, il pourra alors se connecter sur l'ordinateur de la victime, récupérer les informations accessibles et usurper l'identité de la victime, pour éventuellement commettre d'autres hameçonnages. Le courriel envoyé peut également contenir une pièce attachée que le destinataire sera invité à ouvrir. L'ouverture de la pièce attachée exploitera une vulnérabilité qui permettra d'exécuter du code malveillant sur l'ordinateur (ou le smartphone, la caméra...) ciblé.

Comment du code malveillant peut-il être exécuté à l'insu de l'hôte ? Du code malveillant peut-être exécuté sur un ordinateur en exploitant une erreur, un simple *bug*. Un *bug* est une erreur de

8. *Spear phishing.*
9. *Phishing.*

conception qui provoque une action non désirée d'un programme ou d'un ordinateur. Celui-ci conduit le plus souvent à un dysfonctionnement de l'application dans lequel il est survenu, mais dans certains cas il est possible d'exploiter ce *bug* et de s'en servir comme d'une porte pour pénétrer dans le système hôte. Un tel *bug* est alors appelé une *vulnérabilité* et son utilisation à des fins malveillantes est appelée un *exploit*.

Comment exploiter un *bug* ? Cette question nous fait entrer au cœur de l'informatique, et c'est sans surprise qu'elle nous fait remonter aux travaux d'Alan Turing qui, en 1936, donna une définition simple et élégante des principes fondamentaux de l'informatique qui sont toujours employés de nos jours. Le support de l'information est fait de 0 et de 1 ou de lettres comme celles qui composent ce texte. Un ordinateur, Turing aurait dit une « machine universelle », manipule des séquences de 0 et 1 qui sont toutes à la fois des données et des instructions. La non-distinction entre données et programmes est la raison principale d'exploitation des *bugs*. Une simple analogie permet de comprendre ce qui se passe. Prenons une recette de cuisine. Elle est écrite par une suite de lettres qui forme un texte : la recette. En cela, c'est une donnée. Maintenant, si le cuisinier suit la recette, il va interpréter chaque étape comme une instruction pour réaliser un plat. Imaginons qu'un farceur efface à son insu une partie de la recette et réécrive autre chose. Le cuisinier qui suivra à la lettre cette recette modifiée, exécutera des instructions qui ne sont pas celles qu'il aurait dû faire, ne produisant pas ainsi le plat désiré. Dans cette analogie, le texte de la recette est une donnée et le cuisinier est l'ordinateur qui interprète cette donnée en exécutant ce qui est écrit. De manière similaire, un attaquant va dans un premier temps soit modifier des données originales, soit insérer des nouvelles données. Dans un second temps, il va s'arranger pour que le système-hôte exécute les données insérées ou modifiées. Ainsi, le comportement normal du calcul va être altéré et le flot normal de calcul est dérouté vers des instructions contrôlées par l'attaquant.

Comment un attaquant peut-il insérer une donnée malicieuse dans une application ? Pour cela, l'attaquant doit interagir avec le système et trouver une voie pour attaquer. Un exemple classique de voie d'attaque est un serveur Web. Le serveur publie un site Web en utilisant un langage de programmation comme PhP. Le serveur Web est la cible et l'attaquant est le client dans ce modèle. Il va construire une requête malicieuse qu'il va soumettre au serveur Web cible. Par exemple la méthode dite *cross-site scripting* (XSS) exploite une vulnérabilité d'un site Web par insertion de script dans une URL. Le serveur Web attend des requêtes d'un format préétabli. Si le serveur Web ne vérifie pas si la requête soumise est mal formatée, cela va provoquer un *bug* qui peut conduire à l'exécution d'une donnée malicieuse. L'ensemble des méthodes qui conduisent à télécharger un programme malveillant en naviguant sur Internet est appelé *drive by download*. Une autre voie d'attaque est le service de courrier électronique : l'attaquant fabrique un message électronique malicieux qui va soit déclencher un *bug* dans le système de courrier, soit inciter l'utilisateur à ouvrir la pièce attachée. L'ouverture de la pièce attachée nécessite alors l'exécution d'une autre application et dans ce cas le courrier malicieux vise cette application en déclenchant un *bug* dans cette dernière. Ainsi, l'ouverture d'un document pdf malicieux envoyé pourra déclencher un *bug* dans le lecteur pdf. Un autre type de vulnérabilité est *EternalBlue*, exploitée par *Wannacry* et *NoPetya* en 2017. La vulnérabilité *EternalBlue* porte sur un système de partage de fichiers et d'imprimantes SMB (*Server Message Block*) conçu par Microsoft. Cette vulnérabilité peut être exploitée à l'insu de l'utilisateur. Il existe une application qui vérifie si l'ordinateur visé possède la bonne configuration pour exploiter la faille *EternalBlue*. Si tel est le cas et en quelques frappes de clavier, l'attaquant peut injecter un code malveillant.

Une vulnérabilité est une voie d'entrée qui est due à des données incorrectement gérées par un programme et qui d'une manière ou d'une autre les considérera comme des instructions à exécuter.

Comment un programme peut-il se méprendre et transformer une donnée en instruction à exécuter ? Deux approches sont couramment utilisées. Dans le premier cas de figure, la donnée va être directement interprétée par le programme comme des instructions. Cela arrive lorsque le serveur Web reçoit une donnée mal formatée. Dans le second cas de figure, la donnée injectée est trop longue pour être stockée dans son emplacement mémoire initialement prévu. De ce fait, la donnée malicieuse va déborder l'emplacement mémoire initialement prévu et écrire des informations dans la partie exécutable de la mémoire. Ensuite, l'attaquant devra dérouter le flot d'exécution normale du programme pour exécuter la donnée malicieuse injectée. Une telle attaque est dite « par débordement de mémoire[10] ». *Heartbleed* est un exemple de vulnérabilité qui exploite une faille de la librairie OpenSSL. De manière similaire à une attaque par débordement, l'attaquant demande au système de lui envoyer une information bien plus longue que la longueur normalement autorisée. Cela permet de récupérer des mots de passe lors de l'utilisation du protocole cryptographique TLS (*Transport Layer Security*), utilisé dans les communications sur Internet. Il y a un grand nombre de vulnérabilités qui touchent toutes nos applications. Celles qui sont connues sont référencées sur des sites de d'alerte, par exemple le CERT[11] de l'ANSSI.

La découverte d'une vulnérabilité et du procédé pour l'exploiter nécessite de la persévérance et souvent une réelle ingéniosité. On comprend alors pourquoi les exploits « *0-day* », c'est-à-dire les exploits non encore divulgués, sont si recherchés. Ceci dit, un attaquant a à sa disposition des plateformes d'exploit[12] qui identifient la présence de vulnérabilités et permettent de les exploiter. Le logiciel *Metasploit*[13] permet de vérifier que son système n'est pas vulnérable.

Infection

De l'installation. L'exploit, c'est-à-dire l'utilisation de plusieurs *bugs* à des buts malveillants, joue le rôle d'une porte d'entrée dans l'ordinateur-hôte. On repense alors au cheval de Troie où Ulysse a combiné ingénierie sociale et ingéniosité. La première

10. *Buffer overflow*.
11. https://cert.ssi.gouv.fr/.
12. *Exploit Kit*.
13. Metasploit : https://www.metasploit.com/.

phase de l'attaque consiste à mettre en place un programme, un *dropper*, qui va déployer l'attaque. Soit le *dropper* contient un code malveillant, soit le *dropper* va se connecter à un système C&C. Ce dernier va installer un code malveillant et peut-être également installer d'autres *backdoors*, c'est-à-dire des points d'accès cachés au système visé. Pour reprendre la métaphore de la ruse d'Ulysse, le *dropper* ouvre les portes de la ville de Troie aux soldats grecs.

De la protection de soi. Une fois dans la place, un combat va avoir lieu dans l'ordinateur-hôte. Le code malveillant va essayer de prendre contrôle du système complet par des méthodes dites « d'élévation de privilège » pour devenir administrateur de l'ordinateur. Pour cela, il va de nouveau exploiter des vulnérabilités. Il va également prendre soin soit de désactiver les défenses du système-hôte, soit de leurrer les différentes défenses pour ne pas être détecté et rester inaperçu. Le programme malveillant va vérifier qu'il n'est pas surveillé ou qu'il n'est pas dans un environnement d'analyse en lançant des contre-mesures. Le code du programme malveillant sera obfusqué en ajoutant des instructions inutiles ou en déchiffrant, à la volée, ses données pour les cacher. Ainsi, l'analyse et la détection du programme malveillant sera difficile. Dans l'article [21], nous avons montré que le programme malveillant *X-Tunnel* développé par l'*APT28* se protégeait avec un entremêlement assez sophistiqué de « prédicats opaques » pour rendre difficile son analyse par rétro-ingénierie, voir figure 6.4.

Le programme malveillant va également prendre soin de rester non détecté lors des communications vers l'extérieur et de dissimuler les informations exfiltrées en utilisant des méthodes de chiffrement et de stéganographie.

Exploitation

Une fois le programme malveillant déployé, la phase d'exploitation débute. L'ordinateur compromis doit communiquer avec l'attaquant. Le programme malveillant se connecte à un système de contrôle et de commande (C&C). Il va alors écouter les commandes du C&C et les exécuter. Dans son cycle de vie, le

Fig. 6.4 : Protection de *X-Tunnel* développé par l'*APT* 28 (figure extraite de [21])

programme malveillant peut être mis à jour pour faire des correctifs ou ajouter de nouvelles fonctionnalités. De même, il peut y avoir des injections secondaires qui consistent à remplacer la primo-infection par un autre programme malveillant. En fait, il y a une sorte d'économie dans laquelle les systèmes numériques compromis sont loués à de nouveaux acteurs pour d'autres activités. L'exposé [187] durant l'édition 2016 de la conférence *BotConf* montre par exemple comment le *botnet* bancaire *Dridex* loue ses services.

Plus globalement, au niveau du réseau, l'architecture de l'attaque est celle d'un *botnet* avec un C&C et des ordinateurs compromis, des bots. Le système de communication entre les bots et le C&C est varié comme l'illustre la figure 6.5 : une architecture centralisée (avec les protocoles IRC (*Internet Relay Chat*) ou HTTP (*Hypertext Transfer Protocol*)), une architecture centralisée répartie (avec un algorithme de génération de nom de domaine (DGA)) ou encore une architecture décentralisée (réseau pair-à-pair).

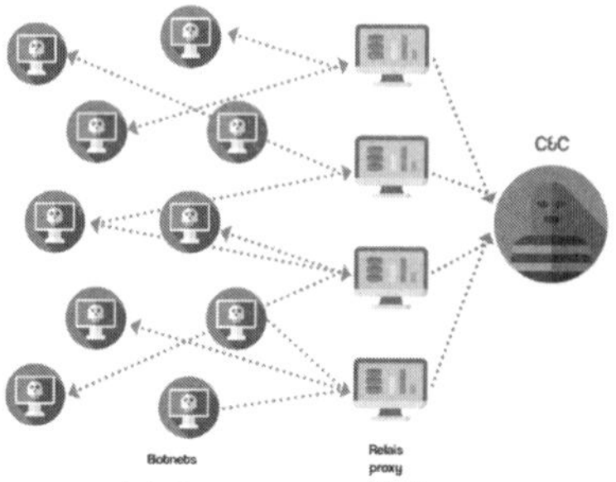

(a) *Botnet* centralisé.

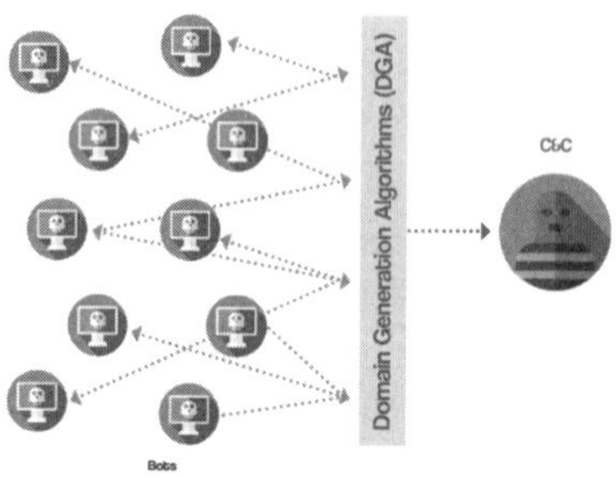

(b) *Botnet* avec génération des noms de domaine.

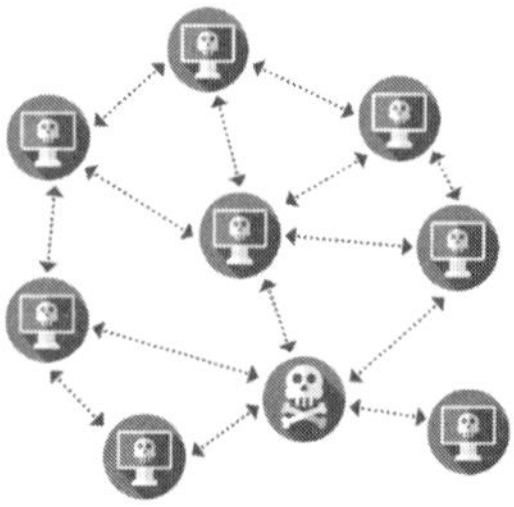

(c) *Botnet* réseau pair à pair.

Fig. 6.5 : Architectures des *botnets*

6.3 Les raisons d'une attaque et les conséquences

Il y a de nombreuses motivations derrière l'exploitation d'un programme malveillant. Le rapport annuel d'Europol, *Internet Organized Crime Threat Assesment* [122], en fait la description. Cela dit, l'utilisation d'un programme malveillant se concentre essentiellement sur quatre objectifs :
– L'extorsion, comme avec un rançongiciel (exemple : *Wannacry*) ou un *botnet* bancaire (exemple : *Dridex*).
– L'extraction d'informations avec la collecte de données sensibles comme des mots de passe. Une vulnérabilité dans le site de la société Equifax [259] a permis de voler des informations à environ 145 millions de personnes.
– Le gain, en utilisant l'ordinateur compromis pour envoyer du spam, pour augmenter une e-réputation, ou encore pour faire du

minage de cryptomonnaie. Un exemple spectaculaire est l'utilisation d'un réseau de distribution de l'eau pour faire du cryptominage [258].

– L'obstruction, voire la destruction comme l'attaque sur TV5 Monde ou encore *NoPetya* qui effaçait les systèmes d'information contaminés.

Ces délits peuvent être revus en fonction d'une autre grille de lecture qui permet de construire une analyse des risques et donc de mettre en place des réponses. Traditionnellement, la sécurité informatique repose sur trois principes fondamentaux : la confidentialité, l'intégrité et l'accessibilité, résumés par l'acronyme CIA :

– La confidentialité est le principe qui assure qu'une information n'est accessible qu'à ceux qui en ont la permission. Un objectif des programmes malveillants est de collecter et de voler des informations.

– L'intégrité est le principe qui assure qu'une donnée, ou plus généralement un système, n'est modifiable que par ceux qui en ont la permission. L'attaque contre TV5 Monde est un exemple d'altération de l'intégrité d'un système d'information.

– L'accessibilité (ou disponibilité) est le principe qui assure qu'un système, par exemple un serveur, est disponible. Une attaque par déni de service rend un serveur indisponible et de même un rançongiciel rend l'accès impossible au système d'information.

6.4 Pourquoi est-ce si difficile de combattre les logiciels malveillants ?

La raison tient en trois lettres : BUG. Les *bugs* sont des vulnérabilités qui peuvent être exploitées pour pénétrer dans un système numérique. Dès lors, un système sûr, c'est-à-dire sans *bug*, n'a pas de vulnérabilité. Il est donc inattaquable. Sans le *bug* dans le système de partage de fichier (SMB) de Microsoft, *Wannacry* n'aurait pas pu agir. L'industrie du logiciel peine à produire des logiciels sûrs malgré les méthodes développées pour garantir et certifier un programme. En conclusion, la diminution du risque de cyberattaque par logiciels malveillants est liée à la qualité du logiciel et à l'absence de *bugs*.

Comme nos logiciels ont des *bugs*, il nous faut donc concevoir des défenses contre les codes malveillants. Le problème général de la détection d'un code malveillant est indécidable. C'est une des conséquences de l'indécidabilité du problème de l'arrêt démontré par Alan Turing en 1936. En fait, c'est la conséquence directe du théorème de Rice qui affirme que savoir si un programme calcule une fonction particulière est indécidable. Cela signifie qu'il n'existe pas de méthode correcte et infaillible déterminant si oui ou non un programme donné est un rançongiciel. Ce résultat a été exprimé par Fred Cohen dans sa thèse [72] supervisée par Leonard Adleman. L'article [213] décrit les aspects plus théoriques de la construction des virus qui s'appuie sur le célèbre théorème de « récursion » de Stephen Kleene.

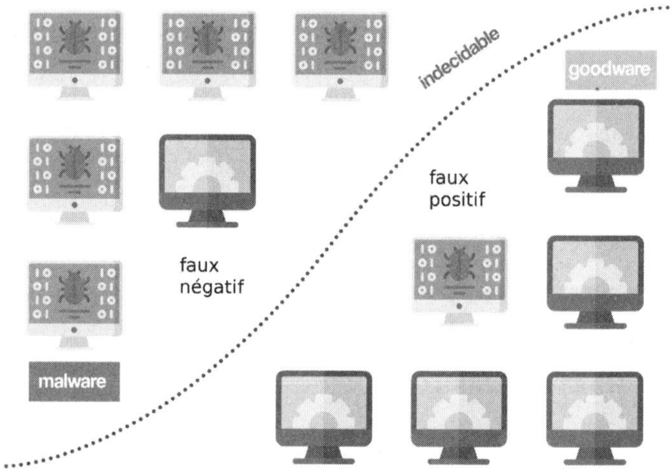

Fig. 6.6 : Savoir si un programme malveillant est indécidable

Si dans le cas général, la situation est sans espoir, on peut se demander pourquoi il est si difficile de concevoir des heuristiques de détection, c'est-à-dire des méthodes suffisamment correctes pour arrêter les cyberattaques. Il ne s'agit pas ici de disserter sur l'adverbe « suffisamment », mais de comprendre quelles sont les difficultés à reconnaître un programme malveillant.

Comme nous l'avons déjà dit, les programmes malveillants se protègent en utilisant des techniques d'obfuscation et de chiffrement pour rendre (très) difficile l'analyse de leur comportement et ainsi éviter d'être détectés. Parmi ces protections, l'auto-modification est probablement la plus intéressante. Aujourd'hui, l'auto-modification est essentiellement faite par le biais de *packers*. Au départ, le principe d'un *packer* est simple : il prend un programme chiffré et/ou compressé, et il déchiffre et/ou le décompresse puis l'exécute. Cela dit, la simple analyse d'un programme « packé » ne révélera pas son intention, car cette dernière est chiffrée et/ou compressée, et cela s'avère un moyen efficace de protection. Sur ce même principe, les *packers* redoublent d'imagination pour protéger le programme initial. L'utilisation des *packers* et plus généralement des moteurs d'obfuscation permet de générer un très grand nombre de variantes de formes différentes d'un même échantillon d'un programme malveillant. Ainsi le site Web Virus Total[14] reçoit plus de 300 000 fichiers à analyser par jour.

6.5 LES DÉFENSES

Si nous avons compris qu'une attaque s'appuie essentiellement sur deux ingrédients, l'ingénierie sociale et les vulnérabilités, il faut alors se défendre avant tout sur ces deux fronts. En ce qui concerne le premier, il s'agit avant tout d'informer les utilisateurs dans un contexte difficile où les manipulations, épaulées par les outils numériques (fausses images, faux courrier électronique, fausses nouvelles...), sont de mieux en mieux construites. En ce qui concerne le second, il s'agit d'avoir des logiciels sûrs avec le moins de *bugs* possible. C'est pour cela qu'il est nécessaire de mettre à jour ses logiciels, car ces mises à jour corrigent les *bugs*. Par exemple, la vulnérabilité *EternalBlue* avait été corrigée en mars 2017 un peu avant l'attaque de *Wannacry*, de *NoPetya* et des *botnets* cryptomineurs *Adylkuzz* et *Smominru*.

---

14. https://www.virustotal.com/fr/.

Comme aujourd'hui nos systèmes informatiques ne sont pas parfaits et que l'humain fera toujours des erreurs, il est pertinent de lire les motivations d'une attaque en suivant la grille CIA (Confidentialité, Intégrité, Accessibilité). Il s'agit alors prendre soin de compartimenter l'information et de définir une politique de sécurité des systèmes d'information en mettant en place un système de contrôle d'accès. C'est un sujet bien connu et un document comme celui de l'ANSSI (Agence nationale de la sécurité des systèmes d'information) [13] rappelle les concepts de base, comme le fait de stocker une donnée ou de faire tourner un programme au niveau de privilège le plus bas possible. Ainsi, un attaquant qui arriverait à prendre le contrôle de cette donnée ou de ce programme aura du mal à obtenir des informations plus confidentielles.

Dans la même logique, il faut disposer d'un logiciel antivirus. Comme expliqué précédemment, les logiciels antivirus ne seront jamais infaillibles. Ils proposent des heuristiques, c'est-à-dire des algorithmes qui résolvent partiellement un problème, de détection. Il est de ce fait important de savoir comment on peut évaluer une heuristique. Pour cela, on considère deux critères :
1. Le taux de faux positifs, c'est-à-dire les programmes qui seraient détectés comme malveillants alors qu'ils ne le sont pas.
2. Le taux de faux négatifs, c'est-à-dire les programmes malveillants qui ne sont pas reconnus.

Ces deux taux donnent une indication sur les performances d'un antivirus. Le taux de faux positifs doit être bas pour ne pas déclencher des alertes intempestives, voire de bloquer un système numérique. Le taux de faux négatifs doit également être bas pour ne pas laisser passer d'attaques. Cela dit, les protocoles de test peuvent avoir des biais. En effet, les tests sont le plus souvent effectués avec un jeu de programmes sains et malveillants implicitement connus. De ce fait, les variantes des programmes malveillants connus et les menaces inconnues ne sont pas toujours bien prises en compte. Cette question est d'autant plus importante que les méthodes de détection par apprentissage sont sensibles aux échantillons utilisés lors de leur entraînement.

Comment fonctionne un antivirus ? Les éditeurs de logiciels d'antivirus communiquent peu sur leurs heuristiques de détection. Cela dit, nous proposons une classification en deux grandes approches pour décrire les heuristiques de détection des programmes malveillants : l'analyse statique et l'analyse dynamique. L'analyse statique consiste à examiner le code d'un programme et à déterminer si oui ou non il s'agit d'un programme malveillant. La méthode dominante est dite par signature. Une signature est en général constituée d'une expression régulière, c'est-à-dire d'un modèle de chaînes de caractères. Chaque code d'un programme qui vérifie cette signature sera identifié comme malveillant. L'outil *Yara*[15] permet de concevoir de telles signatures.

L'anti-virus possède une base de données de signatures. La couverture des signatures est un facteur clef de la qualité d'un antivirus. Certaines peuvent être génériques et capter un ensemble de comportements malveillants. Il est alors évident qu'il faut mettre à jour constamment cette base pour détecter les menaces récemment détectées. Cette approche permet une recherche rapide et avec très peu de faux positifs. En contrepartie, même un programme malveillant connu peut passer inaperçu s'il est équipé d'une nouvelle protection qui ne correspond pas aux signatures préalablement enregistrées pour ce dernier.

Plus récemment, différentes méthodes d'apprentissage (supervisés, non supervisés, ou par *deep learning*) sont apparues et semblent donner de bons résultats. Le principe est le suivant : le système d'apprentissage apprend certaines caractéristiques de programmes sains et de programmes malveillants, et en déduit un modèle prédictif qui permet de détecter un programme malveillant. Les méthodes par apprentissage souffrent des mêmes maux que les méthodes par signature dans le sens où un programme chiffré sera difficilement perçu.

L'analyse dynamique se décline en deux approches. La première consiste à surveiller les actions d'un programme pour analyser son comportement et déterminer si celui-ci est malveillant. On peut alors soit détecter un comportement malveillant à partir d'une base de données de signatures, soit par un modèle prédictif obtenu par apprentissage. La seconde approche consiste à exécuter un programme malveillant dans un système confiné, un bac à sable[16], pour collecter des informations sur ce dernier et

15. Yara de Victor Alvarez, http://virustotal.github.io/yara/.
16. *Sand box*.

comprendre son fonctionnement. L'analyse dynamique permet de « dépacker » un programme et de voir si ce dernier est malveillant en extrayant les vagues de code. Ensuite, chaque vague de code peut être analysée de manière statique. La mise en place de cette approche n'est pas aisée et nécessite une architecture d'analyse conséquente. En effet, il faut être capable de déployer des machines virtuelles pour exécuter le programme malveillant et le leurrer afin de l'analyser.

6.6 CONCLUSION

Les programmes malveillants sont inhérents à nos systèmes informatiques. Dès lors, nous assistons à une course entre l'attaque et la défense. L'émergence des outils de l'intelligence artificielle et tout particulièrement les outils d'apprentissage risquent d'accélérer cette course à moyen terme. Cela dit, la qualité de nos logiciels, et tout particulièrement l'absence de bugs, sera toujours un gage de résistance. Revenons pour finir sur le mot virus. Si l'analogie directe est aujourd'hui obsolète, les organismes vivants se défendent contre des agents pathogènes comme des virus ou des bactéries. Ce simple constat est une porte qu'il nous faudra probablement pousser pour penser autrement nos défenses.

7 – L'analyse forensique

Thomas Souvignet[1]

7.1 Introduction

La science forensique peut être définie comme l'« ensemble des principes scientifiques et des méthodes techniques appliquées à la résolution de questions en matières criminelles, civiles ou réglementaires[2] ». La science forensique « aide la justice à se déterminer ». Elle trouve sa place dans le concept plus restrictif de police scientifique qui « étudie la trace, résultat d'une activité litigieuse, afin d'être en mesure d'exploiter l'information qu'elle véhicule à des fins policières et judiciaires » [262]. Ce chapitre propose de focaliser sur l'analyse forensique de traces numériques qui n'est qu'une application de la science forensique. Si l'on veut replacer l'analyse forensique dans son ensemble, il convient de la situer bien en aval des actions préventives de la sécurité des systèmes d'information, dès lors qu'un incident a été réalisé... et détecté ! Mais l'analyse forensique s'entend aussi et surtout dans un contexte judiciaire (pénal comme civil) où l'incident de sécurité a laissé la place à l'infraction ou au différend entre parties. Tous ces cas ont pour point commun qu'il est nécessaire d'analyser des supports numériques afin de chercher et reconnaître des traces liées aux faits considérés.

---

1. Thomas Souvignet, École des Sciences criminelles (EsC), université de Lausanne (UNIL)

2. Définition attribuée à Pierre Margot, ancien directeur de l'École des sciences criminelles de l'université de Lausanne.

7.2 PRÉSENTATION

Avant d'étudier l'aspect technique de l'analyse forensique, il convient d'en comprendre le cadre juridique. Généralement, ce type d'analyse est réalisé soit dans un cadre interne à une société (audit), soit lors d'un litige entre personnes morales ou physiques (procédure civile) ou enfin lorsqu'une action est menée par le ministère public contre une personne (procédure pénale). De telles analyses peuvent toutefois être réalisées dans d'autres cadres juridiques, tels que la justice militaire (Code de justice militaire) ou le renseignement (intérieur, extérieur et militaire).

Cadre juridique

Audit de sécurité/financier. Peu médiatisées, les analyses forensiques réalisées dans le cadre d'audits internes sont pourtant courantes. Qu'il s'agisse d'audits de sécurité ou financiers, une société peut avoir besoin de réaliser un contrôle de ses données (et de celles de ses employés) afin de vérifier que les règles établies ont été respectées. Les analyses forensiques sous-jacentes sont principalement réalisées avec l'objectif de reconnaître, d'acquérir et de conserver les traces numériques d'intérêt, notamment en suivant la norme de référence ISO-27037 [168]. L'exploitation des traces prélevées est ensuite réalisée par l'auditeur et/ou portée à la connaissance de la justice si les faits sont pénalement répréhensibles. La consultation des données ainsi réalisée s'inscrit dans le cadre de la charte informatique de la société, prévoyant généralement un droit de contrôle sur les données de ses employés qui ne sont pas explicitement à caractère privé. Ce droit n'est aujourd'hui pas remis en cause par les plus hautes instances judiciaires [104].

Expertise judiciaire. Dès lors qu'elles sont réalisées dans le cadre d'un litige entre personnes ou initiées à la suite d'un manquement pénal, ces analyses relèvent de l'expertise judiciaire. Dans un contexte judiciaire français, l'analyse forensique est prévue par les articles 263 à 284-1 du Code de procédure civile (CPC) ainsi que par les articles 156 à 169-1, 60 et 77-1 du Code de procédure pénale (CPP). Les « personnes qualifiées » (articles 60 et

77-1 du CPP) ou experts sont désignés doivent être inscrits sur une liste d'experts ou, à défaut d'experts disponibles, sont désignés/commis en raison de leurs compétences et doivent prêter serment. Dans un contexte pénal et pour l'application de leur mission, les experts désignés sont « habilités à procéder à l'ouverture ou à la réouverture des scellés, et à confectionner de nouveaux scellés » (article 163 du CPP).

Analyse

L'analyse forensique, si elle consiste de prime abord en une analyse technique, nécessite en réalité une analyse bien plus large. Cette analyse débute par l'étude des éléments demandés par le requérant et se poursuit au-delà de l'interprétation pouvant être faite d'une trace pertinente.

Analyse du cadre juridique et de la demande. Concernant l'analyse de la demande, il convient d'abord de prendre en compte le contexte légal et de répondre aux différentes exigences liées. Ainsi ne sera pas traitée de la même façon une demande provenant du service informatique de sa propre entreprise que celle provenant d'un juge d'instruction dans le cadre du processus pénal.

Analyse technique. Concernant l'analyse technique, différents modèles existent. L'un des derniers et des plus poussés en date [256], porté par un groupe de travail de l'Organization of Scientific Area Committees for Forensic Science (OSAC), différencie d'abord la démarche selon le contexte de leur réalisation (recherche, investigation ou expertise). Ce modèle identifie alors cinq processus majeurs (authentification, identification, classification, reconstruction et évaluation) qui sont soutenus par sept activités forensiques et leurs résultats :

– Inspection : rechercher, trouver, détecter, reconnaître les traces.
– Préservation : préserver les traces de l'altération (par exemple, les isoler de leur environnement), prélever les traces de manière à les modifier le moins possible et procéder aux activités de gestion des preuves tel que le conditionnement des éléments de preuve.

– Examen : observer les traces et leurs caractéristiques, retrouver de l'information ou du contenu à partir de données sources et rendre les résultats disponibles pour l'analyse.
– Documentation : enregistrer les traces avec leur contexte, leurs caractéristiques, les activités forensiques et les informations de provenance.
– Analyse : traiter les traces pour obtenir plus d'information sur leurs caractéristiques et rendre le résultat disponible pour l'intégration, la classification, la reconstruction ainsi que pour l'évaluation ou l'interprétation. L'analyse utilise les résultats de l'activité d'examen forensique et les replace dans un contexte technique.
– Intégration : combine les résultats de plusieurs processus d'analyse pour obtenir une meilleure compréhension des traces, typiquement pour asseoir le processus de reconstruction forensique, tout comme l'interprétation.
– Interprétation : expliquer la signification des résultats forensiques afin d'aider à prendre des décisions dans les enquêtes et d'aider à établir des théories générales dans un cadre de recherche. Dans le contexte d'une juridiction de jugement, les spécialistes en science forensique font des évaluations pour aider les décideurs à comprendre la force d'un indice.

De manière plus concrète, de nombreux laboratoires forensiques numériques sont aujourd'hui structurés par le modèle « extraction – analyse » préconisé par [277].

Rapport

L'analyse forensique n'a de sens que si elle est présentée aux requérants. Vient alors la délicate, difficile et ô combien importante étape consistant à répondre aux demandes formulées dans un langage accessible et dans un contexte bien souvent fortement contraint, tant sur le fond que sur la forme. L'expertise judiciaire pénale, par exemple, est encadrée par la pratique pénale locale. En France, le Code de procédure pénale prévoit ainsi que le temps d'enquête et d'instruction est écrit, alors que le procès pénal repose sur l'oralité des débats. Pour une même analyse forensique, la personne désignée se voit donc tout d'abord contrainte de réaliser un rapport écrit relatant ses travaux, les résultats obtenus et ses conclusions. Puis, si le dossier va jusqu'à une instance de jugement, cette même personne pourra être amenée à présenter ces mêmes éléments à l'oral devant un tribunal qui n'aura pas forcément eu accès au rapport écrit précédemment réalisé.

7.3 Exemples concrets

Afin d'entrevoir la largeur du spectre de l'analyse forensique numérique, nous proposons d'aborder plusieurs problématiques actuelles de ce domaine et les moyens mis en œuvre pour les résoudre.

Les défis de la téléphonie mobile

Nous proposons de débuter par l'analyse de la téléphonie mobile en présentant son évolution et ses contraintes. Le téléphone mobile est en effet devenu un objet incontournable, souvent support d'éléments d'intérêt dans le cadre de procédures tant internes que judiciaires.

Une évolution permanente. S'il y a un domaine qui a immensément évolué ces quinze dernières années, c'est bien la téléphonie mobile : tant dans son infrastructure que dans ses terminaux.

Ainsi les terminaux de la première décennie du XXIe siècle étaient plus ou moins limités aux fonctionnalités du désormais célèbre Nokia 3310 : appels, SMS, répertoire téléphonique, alarme et quelques jeux rudimentaires. Tout juste les assistants personnels de type « PDA », tournant sous Palm OS ou Windows mobile, permettaient-ils d'installer des applications et de réaliser des consultations Internet. Peu de données étaient alors présentes dans ces terminaux, une bonne partie des données intéressantes se trouvaient par ailleurs dans les cartes SIM (*Subscriber Identity Module*) des téléphones GSM. La récupération des données n'était pour autant pas aisée. Les moyens étatiques, industriels et commerciaux, n'étaient guère développés. La consultation manuelle était bien souvent la règle, même si les plus expérimentés préféraient les logiciels de synchronisation des fabricants ou, pour les plus avancés, le débrasage[3] de composants mémoires pour tenter de récupérer des données effacées.

L'avènement de l'iPhone a radicalement changé la donne : les applications sont devenues la norme et le stockage dans les cartes SIM l'exception. L'utilisation des smartphones a également explosé, au point de prendre le pas sur celle des ordinateurs. On a ainsi pu constater une convergence des usages (ordinateurs et téléphones vers ordiphones) et des technologies (marché cristallisé autour de trois systèmes d'exploitation). Cette convergence aura toutefois eu pour effet favorable de rapprocher l'analyse et l'interprétation des traces de pratiques déjà connues : Windows Phone se rapprochant des OS Windows, Android de Linux et iOS de MacOS.

Des données toujours mieux protégées. Mis en lumière en 2016 par l'affaire opposant Apple et le FBI [294], la sécurisation des smartphones pose de réels défis en matière d'extraction des, toujours plus volumineuses, données qu'ils contiennent. Les différentes méthodes d'extraction qui se sont rapidement imposées pour l'extraction des données de ces ordiphones [62] restent d'actualité :

– extraction visuelle *via* l'interface du téléphone ;

– extraction logique *via* le port de communication ;

– extraction physique *via* l'interface de communication (USB, propriétaire, etc.) qui peut simplement donner accès à un volume logique ou à l'ensemble du média physique ;

– extraction physique *via* interface de débogage matérielle (JTAG) ;

– extraction physique *via* lecture du composant mémoire (par débrasage par exemple).

Néanmoins les restrictions (connexion USB limitée, mots de passe forts, etc.) et mécanismes de sécurité mis en œuvre (chiffrement des données, signature d'exécutable, etc.) rendent cer-

3. Action consistant à séparer deux pièces en faisant fondre la brasure qui les lie. Plus familièrement appelé dessoudage.

taines de ces méthodes complexes voire impossibles. Ainsi, même les méthodes de récupération « bas niveau », telles que la lecture des composants mémoire, très tôt proposée par [55], deviennent inefficaces, notamment par le chiffrement des données avec des clefs individuellement « fondues » dans les processeurs associés. Les voies d'extraction, si elles sont devenues complexes, n'en sont toutefois pas impossibles, au moyen de contournements logiques ou physiques proposés par des sociétés commerciales [272] ou des laboratoires étatiques [161].

Des applications toujours plus nombreuses. L'autre complexité de l'analyse forensique des smartphones réside, une fois les données extraites, en l'analyse et l'interprétation de ces données et notamment les données issues d'applications. En effet, l'analyse de traces numériques nécessite d'abord de les reconnaître, les observer et ensuite de les analyser. Cette analyse se fait bien souvent par inférence à partir d'analyses de comportements observés sur des modèles de référence. Ainsi, lorsqu'il devient nécessaire d'étudier une application pour laquelle aucune publication scientifique, ni outil commercial n'existe, il est nécessaire de documenter les traces laissées par des actions déterminées sur un téléphone de référence (de marque et modèle identique, ou à défaut doté d'un système proche) sur lequel un contrôle total est possible.

Une alternative à cette recherche/analyse de traces consiste à effectuer une rétro-ingénierie de l'application concernée afin d'identifier les différentes écritures qu'elle réalise sur le système de fichiers. Cette solution, bien que plus pertinente, est souvent chronophage et donc réservée à quelques cas spécifiques.

Les résultats des analyses de traces peuvent ensuite être évalués pour, par exemple, tirer des conclusions sur l'emplacement, l'identité, la chronologie et les relations entre les entités concernées. L'interprétation joue alors un rôle primordial puisque les traces numériques peuvent aussi avoir des défauts tels que des imprécisions/incertitudes en matière de localisation, de datation ou d'identité. Les résultats doivent donc constamment être évalués dans leur contexte, par intégration d'autres résultats ou éléments d'environnement du dossier.

La complexité de l'analyse des applications de smartphone ne provient pas toujours de la méthodologie, très proche de celle utilisée depuis des années sur les ordinateurs, ou de l'interprétation, mais peut également être générée par la permanente évolution du marché des applications mobiles. Ainsi il est assez difficile pour le monde académique, comme pour les sociétés d'édition de logiciels spécialisés, de suivre le rythme effréné de la création et de la mise à jour des applications mobiles.

La fraude monétique

Un autre exemple intéressant d'analyse technique concerne l'analyse des dispositifs liés à la fraude monétique, de par la nature des dispositifs détournés (réputés très sécurisés) comme des techniques employées à ces fins.

Captation du progrès scientifique. Parmi les nombreux types de fraude monétique [278], celui utilisant les mouchards bancaires[4] est techniquement l'un des plus intéressants. En effet, ce dispositif basique dans sa fonction (copier – voler – les données de la piste magnétique qu'il voit passer) peut regorger de mécanismes défensifs afin de se prévenir d'éventuelles analyses réalisées par les forces de l'ordre (anti-forensique) ou tout simplement d'un vol de ses précieuses données par une « mule[5] » locale. C'est ainsi que les auteurs de [276] ont pu analyser un mouchard mettant en œuvre un chiffrement AES (*Advanced Encryption Standard*) des données collectées dont la clef (unique et aléatoire) était inscrite dans le microcode du contrôleur, bien évidemment protégé en lecture. Pour arriver à leurs fins et mettre au clair les données (chiffrées) lues sur la mémoire, les auteurs ont utilisé les avancées scientifiques en matière d'attaques par canaux cachés et mis en œuvre les travaux de [180], repris par [212]. Il est à noter

4. *Skimmers.*

5. Intermédiaire chargé d'effectuer des transferts financiers ou de biens matériels au profit d'un donneur d'ordre. Par extension, s'entend également pour un intermédiaire chargé de mettre en œuvre un dispositif dont il ne peut profiter directement.

que cette nécessaire captation du progrès scientifique est également effectuée par la criminalité organisée, qui n'hésite pas à exploiter les failles publiées. Les travaux d'analyse réalisés par [127] d'un dispositif de fraude monétique montrent ainsi que des criminels ont mis en œuvre et exploité une faille du protocole monétique EMV (*Europay Mastercard Visa*) par une attaque de l'homme du milieu, découverte et publiée par [229].

Détournement de terminaux monétiques. Les terminaux de paiement, réputés pour leur robustesse[6], ne sont pas uniquement la cible des fraudeurs, ils peuvent également en être un outil à leur service. Ainsi, des réseaux de paris illégaux utilisent de tels terminaux pour enregistrer les mises de leurs clients [167]. L'analyse de tels terminaux peut alors devenir un défi d'ampleur. Ainsi, comment analyser un terminal qui n'a qu'une interface 3G accessible, dont on ne peut que très difficilement trouver un modèle de référence et qui est censé (d'après les standards en vigueur) effacer de nombreuses données, pour ne pas dire s'« *auto*détruire », en cas de tentative d'accès à son électronique ? Pour la gestion d'un tel cas non conforme, il devient encore une fois nécessaire de réaliser une captation du progrès scientifique pour, à défaut de pouvoir travailler sur le contenu du terminal, travailler sur l'analyse de son environnement. Ainsi la mise en place d'un réseau simulé de téléphonie mobile, en mettant en œuvre OpenBTS ou un de ses descendants, peut-elle permettre d'étudier les interactions du terminal avec son environnement. Ces interactions peuvent être des éléments particulièrement intéressants pour les enquêteurs en charge de tels dossiers.

L'électronique embarquée dans les véhicules

S'il était encore nécessaire de démontrer l'étendue, la diversité et la possible complexité des analyses forensiques, nous proposons enfin d'aborder l'analyse de systèmes embarqués dans les véhicules. Les experts en accidentologie n'ont pas attendu l'avènement des *Event Data Recorder* (EDR), boîtes noires des

6. Notamment en raison du *Data Security Standard* imposé par le *Payment Card Industry*.

automobiles [94], pour exploiter les données présentes dans certains éléments d'un véhicule après un accident. Si les travaux de Charlie Miller et Chris Valasek [225, 226] ont fortement médiatisé l'exploitation possible des systèmes électroniques embarqués dans des automobiles, l'exploitation des données issues de ces systèmes est une source d'intérêt scientifique depuis le début du XXIe siècle. L'obligation depuis le 1er janvier 2005 que tout véhicule neuf vendu en Europe dispose d'une interface de diagnostic[7] (OBD) permet en effet un accès généralisé à certains bus de données[8] (CAN) du véhicule. L'accès à cette interface, tout comme les accès directs aux équipements électroniques, ont très tôt permis de retrouver de nombreuses informations liées à un accident [181, 268]. Là encore, le cas d'école de l'expertise technique (où l'on étudie les traces que laissent des actions sur un modèle de référence) est mis à mal par le prix du modèle de référence lui-même et de l'effet destructeur et irrémédiable de la plupart des actions d'intérêt (ex. traces laissées dans un calculateur d'airbag lors d'un crash de véhicule à 50 km/h, 60 km/h, etc.). Il n'en demeure pas moins intéressant de constater l'intérêt scientifique porté à ce domaine pointu et les résultats possibles avec des moyens limités [145, 166].

7.4 CONCLUSION

Pouvant être réalisée à l'issue d'un incident de sécurité comme à la demande d'un magistrat dans un dossier pénal, l'analyse forensique numérique peut s'avérer être aussi différente dans sa forme que dans son fond. S'entendant aussi bien dans un cadre de recherche, d'investigation que d'expertise, l'analyse forensique prise au sens large concerne tant les activités de recherche, de préservation, d'observation et de documentation de traces que de leur analyse (à proprement parler), de combinaison et d'interprétation. Concrètement, si des analyses tradi-

7. *On-Board Diagnostics.*
8. *Controller Area Network.*

tionnelles existent, le domaine du forensique numérique est en perpétuel mouvement, tant au niveau de la nature des traces concernées, que des supports de traces ou que des moyens mis en œuvre pour leur analyse.

La pratique de la recherche autour du forensique numérique est à la fois passionnante et frustrante. Passionnante car il s'agit d'un champ large, très peu travaillé et en constante mutation. Frustrante car certaines recherches appliquées peuvent rapidement se voir dépassées par les avancées technologiques ou les changements d'usage. Ce chapitre se focalise sur l'analyse forensique sous l'angle de la criminalistique, dans un cadre de laboratoire et sur des objets physiques. L'analyse des traces numériques, présentes sur des objets physiques comme en ligne, peut également permettre de détecter des faits sériels et d'être proactif dans la lutte contre les formes de criminalité utilisant le numérique. En dehors des challenges techniques, un défi actuel est donc de rapprocher les investigations numériques, bien souvent réalisées par les services d'enquête, avec l'approche, plus académique, des experts et laboratoires.

8 – La cryptanalyse de primitives cryptographiques

María Naya-Plasencia[1]

8.1 Introduction

Qu'elle soit symétrique ou asymétrique, la cryptographie est devenue incontournable pour nous protéger dans notre société du numérique. La confiance que l'on accorde à une primitive cryptographique repose sur l'effort de cryptanalyse qui a été mené contre elle. Nous nous interrogeons dans ce chapitre sur la nécessité de cryptanalyser les primitives et de rendre publics les résultats de ces analyses.

Cryptographie symétrique et asymétrique

La cryptographie symétrique est la plus ancienne. Si Alice et Bob[2] veulent communiquer à distance de façon sûre et confidentielle en utilisant de la cryptographie symétrique, ils vont se réunir avant tout pour se mettre d'accord sur une façon secrète de cacher l'information. Ce secret, c'est ce qu'on appelle la *clef secrète*, que tous les deux partagent. Ensuite, quand Alice veut envoyer un message à Bob, il lui suffit de cacher l'information de la façon convenue, à l'aide de la clef secrète, avant de l'envoyer. Quand Bob reçoit le *message chiffré*, il lui suffit de le déchiffrer à l'aide de la clef

---

1. María Naya-Plasencia, Inria Paris.

2. Alice et Bob sont les deux protagonistes les plus célèbres de la cryptographie. Ces personnages ont été imaginés par Ron Rivest, Adi Shamir et Leonard Adleman en 1978.

secrète partagée pour récupérer le message original. Si Bob veut envoyer un message à Alice, il peut procéder de la même manière : la clef secrète est utilisée tant pour chiffrer que pour déchiffrer. Cette approche souffre toutefois d'un inconvénient majeur car Alice et Bob doivent se rencontrer avant de pouvoir établir une communication sécurisée. Comment pourraient-ils procéder pour éviter cette rencontre ?

Une solution est d'utiliser la cryptographie asymétrique, introduite dans les années 1970 [106]. Pour expliquer le principe, nous allons utiliser l'analogie suivante : Alice a un cadenas et la clef correspondante. Si Bob veut lui envoyer un message, elle peut d'abord envoyer son cadenas à Bob sans la clef. Bob peut mettre son message dans une boîte et la fermer avec le cadenas. Personne ne pourra dorénavant ouvrir cette boîte sans avoir la clef correspondante, pas même Bob. Ce dernier envoie donc le message dans la boîte fermée par le cadenas, ce qu'on appellera le message chiffré. Quand Alice le reçoit, elle – et seulement elle – pourra ouvrir la boîte car elle possède la clef. Cette clef est typiquement appelée *clef secrète*, et le cadenas *clef publique*. De cette façon, Alice et Bob peuvent communiquer confidentiellement sans avoir besoin de se mettre d'accord au préalable. En pratique, les systèmes asymétriques utilisent des problèmes mathématiques considérés difficiles pour construire, à partir d'une clef secrète choisie, une clef publique. Cette dernière ne donne aucune information sur la clef secrète si on ne sait pas résoudre efficacement le problème mathématique difficile sous-jacent. Par exemple, RSA (Rivest-Shamir-Adleman) repose sur la difficulté de la factorisation : la connaissance des deux grands nombres premiers p et q qui constituent la clef secrète permet de déchiffrer rapidement, alors que quelqu'un n'ayant accès qu'au paramètre public $n = pq$ ne pourra déchiffrer efficacement que s'il arrive à factoriser n.

La cryptographie asymétrique a l'avantage de ne pas avoir besoin d'un échange de clefs, mais elle est lente et coûteuse, ce qui peut devenir impraticable pour de longs messages. De son côté, la cryptographie symétrique a besoin d'un échange de clefs avant de pouvoir commencer la communication, mais une fois la clef échangée, elle est considérablement plus efficace. Pour comparaison, le standard symétrique actuel, recommandé depuis 2002, AES (*Advanced Encryption Standard*) [86], peut chiffrer plusieurs gigaoctets de données par seconde alors que les standards asymétriques actuels ne peuvent atteindre que moins d'un mégaoctet par seconde. La cryptographie asymétrique est donc de l'ordre de 1 000 fois plus lente que la cryptographie symétrique. On utilise le plus souvent des systèmes hybrides : la cryptographie asymétrique pour échanger les clefs symétriques, normalement de petite taille (par exemple 128 bits), et une fois les clefs établies, on utilise la cryptographie symétrique pour échanger les messages.

Sécurité attendue des primitives cryptographiques

Il est important de définir la sécurité attendue par les deux familles de cryptographie. La façon de garantir que la sécurité effective atteint bien la sécurité attendue est d'utiliser la cryptanalyse. Historiquement, la cryptographie symétrique a été essentiellement reliée au concept de cryptanalyse dédiée, c'est-à-dire la cryptanalyse qui essaie d'exploiter les spécificités du système. L'importance de cette cryptanalyse pour la cryptographie asymétrique est toutefois également essentielle, comme le montrent par exemple Razvan Barbulescu, Pierrick Gaudry, Antoine Joux et Emmanuel Thomé [20].

Primitives asymétriques. La sécurité des primitives asymétriques repose normalement sur la difficulté d'un problème mathématique bien établi et jugé comme étant difficile. Par exemple, la sécurité du chiffrement RSA [265] repose sur le problème de la factorisation, et on considère que casser RSA soit aussi dur que de résoudre le problème de la factorisation.

Primitives symétriques. Dans le cas de la cryptographie symétrique, les primitives doivent assurer une sécurité qui est déterminée par les meilleures attaques génériques. Une attaque générique est celle qu'on peut toujours appliquer, même sur les primitives idéales[3]. On peut montrer que la seule manière d'atta-

3. Un chiffrement idéal utilise, comme transformation, une permutation aléatoire pour chaque clef secrète, vérifiant en plus que les permutations sont indépendantes entre elles.

quer ces primitives se fait par les attaques génériques. Par exemple, sur une primitive de chiffrement, l'attaque générique est la recherche exhaustive de la clef secrète : si on teste toutes les clefs, on parviendra à trouver la bonne. Comme un attaquant ne doit pas pouvoir récupérer la clef secrète d'un chiffrement sûr, les clefs ont des tailles typiquement entre 128 à 256 bits, selon la sécurité voulue. Récupérer la clef d'un chiffrement sûr nécessite au moins 2^k calculs, où k est la taille de la clef en bits. Ceci implique qu'il ne doit pas exister d'attaque meilleure que l'attaque générique. Dans le cas des fonctions de hachage (qui produisent une empreinte de taille fixe à partir d'une entrée de taille variable, et font généralement partie des primitives symétriques), l'attaque générique contre la résistance aux collisions (deux messages qui produisent la même empreinte) serait celle qui retrouve une collision aléatoire pour une fonction aléatoire, ce qui peut être fait avec l'algorithme Rho de Pollard [255], avec un coût de $2^{h/2}$, où h est la taille du haché.

L'origine des faiblesses

Primitives asymétriques. L'expérience nous montre que des attaques sur les primitives peuvent venir de plusieurs endroits. Parfois, la faille vient de la réduction imparfaite au problème mathématique associé. Ceci a été le cas [236], par exemple, de l'algorithme de signature NTRU (*Number Theory Research Unit*) [165] basé sur le problème de réduction de réseaux. Une autre possibilité est que le problème mathématique considéré ne soit pas aussi difficile qu'attendu. Un exemple de cette situation peut être le cas des algorithmes de signature Ong-Schnorr-Shamir [240]. Une troisième source de faiblesse potentielle est quand il s'agit d'une instance avec des paramètres spécifiques qui rendent le problème moins difficile que l'original, comme c'était le cas du cryptosystème GGH (Goldreich-Goldwasser-Halevi) [235].

Primitives symétriques. Dans le contexte des primitives symétriques, les preuves de sécurité existantes ont besoin de faire des suppositions irréalistes, par exemple que certains des composants soient idéaux. En effet, les composants idéaux ne peuvent pas être implémentés de façon efficace en pratique, et le caractère aléatoire dont on a besoin pour la preuve disparaît. Dans tous les cas, il faut bien vérifier qu'aucune attaque meilleure que l'attaque générique n'existe. Si jamais une telle attaque est trouvée, la primitive correspondante est considérée comme étant cassée. Cela a par exemple été le cas du chiffrement GOST, pour lequel le coût pour retrouver la clef [107] est plus petit que le coût de l'attaque générique. Les fonctions de hachage MD5 et SHA1 sont aussi considérées comme étant cassées, car trouver des collisions est moins cher que dans l'attaque générique [291, 292]. Des chercheurs ont pu même retrouver des collisions réelles attaquant ces primitives en pratique [281].

Que ce soit pour la cryptographie symétrique ou la cryptographie asymétrique, obtenir et maintenir la confiance que nous avons dans les primitives passe donc nécessairement par la cryptanalyse, que nous présentons ici.

8.2 Importance de la cryptanalyse publique

La cryptanalyse est l'étude de la sécurité des primitives cryptographiques. Cela revient à dire que tenter de casser les primitives cryptographiques, essayer de trouver des attaques est, en fin de compte, notre mesure empirique de la sécurité de ces primitives. Une primitive est considérée comme étant sûre tant qu'aucune attaque efficace contre elle n'a été trouvée. Efficace, dans le cas symétrique, implique moins coûteuse que l'attaque générique, et dans le cas asymétrique implique normalement qu'elle reste plus coûteuse que certaines limites préétablies. Il semble donc évident que plus on cryptanalyse une primitive sans trouver d'attaque, plus on a confiance en elle. La cryptanalyse est ainsi la base de la confiance que nous portons aux primitives cryptographiques, et reste une tâche essentielle, qui est sans fin. Nous cherchons la sécurité par la connaissance, et non pas par l'obscurité, car celle-ci est la seule bonne voie. En effet, on considère que la sécurité par l'obscurité va à l'encontre du principe de Kerckhoffs qui veut que la sécurité d'un cryptosystème ne repose que sur le secret de la clef, et non pas sur le secret de l'algorithme. Les primitives sont publiques, et leurs meilleures cryptanalyses doivent l'être aussi, pour que ce processus fonctionne. Cela implique qu'il existe un besoin important de cryptanalystes « gentils », c'est-à-dire qui ne sont pas malintentionnés et qui rendent leurs analyses publiques pour permettre d'anticiper les faiblesses et de s'en protéger.

La base de la confiance

Cette mesure de la sécurité est empirique car elle repose sur les résultats et les efforts des cryptanalystes. Il est donc impossible d'être sûr de l'absence de failles. Dans ce cas, comment pouvons-nous faire confiance à nos primitives cryptographiques ? Pour décrire les bons arguments et expliquer pourquoi notre confiance est bien fondée, nous allons avant tout présenter un contexte cryptographique récent, qui servira de scénario pour illustrer le *modus operandi* de la cryptanalyse.

Pendant les dernières années, un grand nombre de compétitions publiques organisées par différents organismes internationaux ont eu lieu dans le but de trouver de nouveaux standards de primitives cryptographiques, majoritairement symétriques, mais pas exclusivement. Nous allons voir comment la communauté des chercheurs en cryptographie agit dans le cadre de ces situations, pour s'assurer de faire le bon choix et d'avoir confiance dans les primitives finalement sélectionnées.

Des exemples de telles compétitions sont la compétition AES, lancée par le NIST (National Institute of Standards and Technology) pour trouver un standard de chiffrement par bloc, qui s'est achevée en 2000 ; eSTREAM lancée par le réseau européen d'excellence ECRYPT pour trouver des recommandations de chiffrement par flot[4], finie en 2008 ; SHA-3 par le NIST pour trouver un nouveau standard de fonction de hachage, finie en 2012 ; ou CAESAR, pour trouver de nouvelles recommandations de chiffrement authentifié, finie en 2019 ; ainsi qu'un besoin de primitives post-quantiques ou à bas coût, qui a généré de très nombreuses propositions et de nouvelles compétitions. Cela nous place dans un contexte avec beaucoup de propositions et

4. *Stream cipher.*

de candidats intéressants. Dans ce cadre, on peut s'interroger sur la manière d'analyser les candidats, de trouver les faiblesses potentielles et de garantir une certaine confiance dans les candidats retenus.

8.3 Quelques remarques sur la cryptanalyse (symétrique)

Avant de répondre à l'interrogation énoncée dans la section précédente, nous devons faire quelques remarques importantes.

Attaques sur des versions réduites

Pour la plupart des primitives étudiées, aucune attaque n'est trouvée, et heureusement. Cependant, si une primitive a résisté à de nombreuses cryptanalyses, il n'est pas pour autant facile de conclure sur sa robustesse ou sur sa marge de sécurité. Il est en effet important de comprendre que la sécurité d'une primitive n'est pas un bit d'information (oui, elle est cassée, ou non, elle est sûre). Les cryptanalystes étudient des versions réduites des primitives. Dans le cas des primitives symétriques qui reposent sur l'itération d'une fonction interne (une *itération* est appelée un *tour* ou *ronde*), il faut déterminer quel est le plus grand nombre de tours qui peut être attaqué. Ce nombre de tours maximal fournit une bonne mesure de la marge de sécurité en déterminant quel pourcentage de tours est attaqué par rapport au total (ou quel pourcentage de tours reste sûr). L'analyse des composants de la primitive complète peut aussi être pertinent : en effet, quand les « pseudo-preuves » de sécurité font des hypothèses, on peut essayer de « casser ces hypothèses », c'est-à-dire montrer qu'elles sont incorrectes. De cette façon, et grâce à la cryptanalyse continue, on peut déterminer et adapter la marge de sécurité des primitives, ce qui permet souvent d'éviter les mauvaises surprises.

Attaques impraticables

Il peut arriver qu'une primitive soit considérée comme faible en raison d'une attaque, mais que la complexité de cette attaque soit bien trop grande pour être réalisable en pratique. Considérons par exemple une attaque qui retrouve une clef secrète de 128 bits en 2^{120} calculs. Cette attaque reste dangereuse et doit être considérée comme telle : premièrement, elle révèle des propriétés faibles et inattendues par les concepteurs ; ensuite, et plus important encore, l'expérience et la logique nous montrent que les attaques ne font que s'améliorer avec le temps, et donc les complexités des attaques peuvent souvent être réduites dans les mois ou les années qui suivent leur découverte. D'autre part, puisqu'il existe des primitives comparables qui n'ont pas ces faiblesses indésirables, il est naturel de privilégier l'utilisation de ces dernières.

Attaques très impraticables

On voit souvent des attaques publiées avec des complexités qui sont très proches de la recherche exhaustive, présentée au début de ce chapitre, n'améliorant celle-ci que d'un facteur 2 ou 4. Deux cas particulièrement intéressants peuvent mener à ce genre de résultats.

Dans certains cas, il s'agit d'accélérations intelligentes de la recherche exhaustive. C'était le cas de l'attaque par bicliques sur l'AES [46]. Ce résultat, très médiatique, annonçait une attaque sur l'AES d'une complexité inférieure à la recherche exhaustive naïve de la clef. Mais cette attaque restait une recherche exhaustive sur la clef et représentait une attaque générique, c'est-à-dire qui peut toujours être appliquée à une primitive. Ce genre de résultats est très intéressant, mais il devrait être interprété comme une redéfinition de l'attaque générique, et donc de la sécurité de la primitive.

Dans d'autres cas, les complexités très élevées sont dues à des attaques spécifiques, qui sont poussées jusqu'au bout pour bien comprendre la marge de sécurité dans le pire des cas et bien délimiter avec précision le plus grand nombre de tours qui peuvent être attaqués. Malgré leur complexité élevée, ces résultats donnent une information importante.

Exemple explicatif : évolution de l'AES

Nous allons analyser l'effet de la cryptanalyse sur l'algorithme de chiffrement AES dans sa version avec une clef de 128 bits[5]. Dans cette version, AES repose sur 10 tours, c'est-à-dire qu'il y a une fonction interne qui est itérée 10 fois. Les meilleures attaques connues sur le standard actuel de chiffrement ont évolué au cours des années, redéfinissant la marge de sécurité.

En 1998, lors de sa conception, la meilleure attaque connue, qui avait été trouvée par les auteurs, fonctionnait sur 6 tours [85]. La marge de sécurité reposait donc sur 4 tours. En 2001, une attaque sur 7 tours – meilleure que l'attaque générique – a été découverte par Henri Gilbert et Marine Minier [149]. La margc en nombre de tours est donc passée de 4 à 3 tours. Entre 2001 et aujourd'hui, plus de 20 nouvelles attaques sur des versions réduites de l'AES ont été publiées, avec des améliorations de complexité. Aujourd'hui, la meilleure attaque connue est toujours sur 7 tours. Pendant 15 ans, la marge de sécurité en nombre de tours n'a donc pas évolué. Plusieurs compromis sur la complexité en temps, en données et en mémoire sont possibles, mais celle qui donne la meilleure complexité en temps a besoin de 299 calculs, données et mémoire [103]. Même sur 7 tours, la comparaison avec une recherche exhaustive – qui a besoin de données et mémoire négligeables mais 2128 calculs – n'est donc pas évidente en matière d'implémentation.

De toute évidence, prenant en compte tous les efforts et le temps consacré par la communauté pendant autant d'années, il semble très peu probable que des attaques sur la version complète d'AES apparaissent dans l'état actuel. Avec le processus que l'on suit pour faire confiance aux primitives, on laisse peu de place aux surprises ! AES reste toujours l'un des chiffrements les plus analysés au monde et, tous les ans, de nouveaux résultats pour mieux comprendre sa sécurité et son fonctionnement sont publiés.

5. Les autres versions ont suivi une évolution similaire. Nous nous limitons ici à des attaques dans le modèle *secret-key*, qui est le plus significatif.

8.4 Importance des recommandations

Nous sommes maintenant en mesure de répondre aux interrogations soulevées à la fin de la section 8.2. Nous verrons comment choisir les primitives à utiliser, quelques problèmes de sécurité qui auraient pu être évités en respectant les recommandations des cryptanalystes, et finalement, les avantages d'avoir une cryptanalyse publique active et dynamique. La plus importante recommandation est que seules les primitives cryptographiques recommandées par la communauté des cryptographes doivent être utilisées. Ce sont celles qui ont été largement analysées sans que des faiblesses n'aient été trouvées, et qui possèdent une grande marge de sécurité.

Pour comprendre pourquoi il faut respecter et suivre les recommandations, nous commençons par rappeler quelques cas réels de problèmes de sécurité survenus quand les recommandations n'ont pas été respectées.

Le virus *Flame*, révélé en 2012 [280], exploite des collisions sur la fonction de hachage MD5, alors que des attaques permettant de trouver des collisions sur MD5 existent depuis 2004 [292] et que la communauté avait recommandé d'arrêter son utilisation. En suivant les recommandations, on aurait aussi pu éviter plusieurs attaques sur le protocole TLS (*Transport Layer Security*). Par exemple, en 2013, une attaque sur TLS exploitait des biais sur l'algorithme de chiffrement par flot RC4 [9], mais on savait depuis 2001 que RC4 avait des biais [130]. L'attaque FREAK (*Factoring RSA Export Attack Keys*) [41] exploitait la petite taille des clefs RSA-512, qui étaient considérées comme faibles depuis les années 1990. Plus récemment encore, l'attaque *Sloth* [42], exploitait également des collisions sur MD5.

Tous ces problèmes auraient pu être évités !

8.5 Cryptanalyse publique : que des avantages

À l'issue de ce chapitre, nous pouvons dire qu'il est fondamental que les cryptanalystes cassent, ou tentent de casser, les fonctions cryptographiques : cela leur permet de rester en avance par rapport aux adversaires malveillants. Les analyses publiques n'impliquent que des avantages, qui peuvent être résumés à travers quatre cas possibles :

1. Une attaque sur une primitive cryptographique non encore utilisée est découverte : la conclusion est de ne jamais l'utiliser, sans aucun danger pour la sécurité des utilisateurs.
2. Une attaque améliorée sur une version réduite est découverte : on redéfinit la marge de sécurité de cette primitive. Le danger pour les utilisateurs est aussi pratiquement nul.
3. Une attaque théorique sur une primitive utilisée est découverte : on devrait arrêter d'utiliser cette primitive. Cette approche est la seule façon de minimiser les risques et de faire en sorte que les utilisateurs ne l'utiliseront plus si l'attaque devient praticable.
4. Une attaque pratique sur une primitive utilisée est découverte : le cryptanalyste doit suivre un protocole pour garantir une divulgation responsable, et arrêter l'utilisation de cette primitive le plus rapidement possible. L'occurrence de ce cas est, heureusement, très faible, et le danger qui pèse sur les utilisateurs sera bien moindre que si l'attaque reste ignorée de la communauté !

8.6 Conclusion

Pour conclure ce chapitre, il est important de rappeler que la cryptographie est vitale pour garantir la sécurité de notre société du numérique. Dans ce contexte, la cryptanalyse est la base de la confiance dans les primitives cryptographiques. Elle mérite une énorme attention et une grande force de travail avec des cryptanalystes qui rendent publics leurs résultats. Que ce soit dans un contexte classique ou post-quantique, la cryptanalyse doit rester une thématique en constante évolution, afin d'assurer la maintenance des algorithmes utilisés et d'évaluer la sécurité des nouvelles propositions d'algorithmes. Mieux vaut prévenir que guérir !

9 – La cryptographie post-quantique

Pauline Bert, Pierre-Alain Fouque et Adeline Roux-Langlois[1]

9.1 Introduction

Nous avons vu dans le chapitre 8 l'importance de la cryptographie à clef publique. Il existe dans ce domaine de nombreuses primitives, et nous allons nous intéresser aux trois plus basiques : le chiffrement, la signature et l'échange de clef. Ce chapitre se concentre donc sur la cryptographie à clef publique et présente les approches possibles pour concevoir des primitives dites « post-quantiques », c'est-à-dire qui résistent à la puissance d'un ordinateur quantique. Concevoir de telles primitives est un véritable défi scientifique, qui fait aujourd'hui l'objet de toutes les attentions.

Les primitives cryptographiques à clef publique

L'échange de clef permet à deux utilisateurs de s'accorder sur un secret commun sans avoir préalablement échangé d'information. Cette primitive a marqué un tournant dans l'histoire de la cryptographie lorsque Whitfield Diffie et Martin Hellman ont proposé en 1976 [106] une solution pour l'échange de clef et ont introduit pour cela le concept de cryptographie à clef publique. Pour ces travaux, ils ont reçu le prestigieux prix Turing en 2015. Dans un échange de clef, un attaquant observant les informations

1. Pauline Bert, Pierre-Alain Fouque et Adeline Roux-Langlois, Univ Rennes, CNRS, IRISA.

échangées ne doit pas être capable de retrouver le secret sur lequel se sont accordées les deux entités. Pour y arriver, le schéma Diffie-Hellman repose sur un problème de type logarithme discret.

Une autre primitive est le chiffrement à clef publique, dont les premiers schémas RSA (Rivest-Shamir-Adleman) [265] et McEliece [217] datent de 1978. Le schéma de chiffrement à clef publique RSA a d'ailleurs valu à ses inventeurs Ron Rivest, Adi Shamir et Leonard Adleman de recevoir le prix Turing en 2002. La sécurité de RSA et McEliece repose respectivement sur le problème de la factorisation d'un produit de deux grands nombres premiers et sur le problème du décodage des codes correcteurs. Dans le cas de cette primitive, lorsqu'Alice souhaite envoyer un message à Bob, elle récupère la clef publique de Bob et l'utilise pour chiffrer son message. Bob, qui possède la clef privée associée à sa clef publique, peut déchiffrer le message chiffré envoyé par Alice. La sécurité minimale attendue est qu'un attaquant ne doit pas être capable de distinguer un message chiffré d'un autre. Pour être plus précis, si un attaquant choisit deux messages et ne reçoit le chiffré que de l'un de ces deux messages, il ne doit pas être capable de déterminer lequel a été chiffré.

La dernière primitive à clef publique qui nous intéresse est la signature numérique permettant d'authentifier un message, un document électronique, par analogie à la signature manuscrite que l'on rencontre au quotidien. La sécurité d'un schéma de signature repose sur le principe qu'un attaquant ne peut pas contrefaire de nouvelles signatures valides. Parmi les plus connues et les plus utilisées aujourd'hui, on peut citer DSA (*Digital Signature Algorithm*), et sa variante ECDSA (*Elliptic Curve Digital Signature Algorithm*) qui travaille sur les points d'une courbe elliptique.

Le point commun entre la plupart des primitives à clef publique les plus utilisées aujourd'hui est que les hypothèses sur lesquelles elles reposent sont soit la factorisation d'un produit de deux grands nombres premiers, soit le problème du logarithme discret (dans le groupe des entiers modulo q premier ou dans le groupe formé par les points d'une courbe elliptique).

En 1994, Peter Shor [274] a proposé un algorithme efficace pour résoudre ces problèmes en utilisant un ordinateur quantique. Pour ce qui est de la cryptographie à clef secrète, on peut citer l'algorithme quantique de Lov Grover [157], qui permet de rechercher un élément parmi *n* éléments non triés. Cet algorithme est générique et peut s'appliquer à n'importe quelle recherche exhaustive. Il permet de gagner un facteur quadratique par rapport à un algorithme classique (là où l'algorithme de Peter Shor permet de gagner un facteur exponentiel). Essentiellement, il suffirait de doubler la taille des clefs symétriques pour contrebalancer le gain de l'algorithme de Lov Grover ; par exemple utiliser le standard de chiffrement à clef secrète AES (*Advanced Encryption Standard*) avec des clefs de 256 bits plutôt que des clefs de 128 bits. Pour la cryptographie à clef publique, il faut en revanche de nouveaux systèmes.

L'échange de clef quantique

On a vu que l'impact d'un ordinateur quantique sur la cryptographie à clef secrète semble assez restreint, mais dans un monde avec un ordinateur quantique, la question de l'échange de cette clef commune redevient un problème. Une solution que nous ne détaillerons pas dans ce chapitre est d'utiliser les mécanismes de la physique quantique pour échanger des clefs. Un tel échange de clef a été décrit pour la première fois en 1984 par Charles Bennett et Gilles Brassard [37]. Alice peut encoder une clef dans des objets quantiques (exemple : des photons), et les envoyer à Bob. Si un adversaire tente de les mesurer pour lire les informations qu'ils contiennent, ces objets vont être altérés, et Alice et Bob pourront s'en apercevoir. Une autre propriété intéressante de la physique quantique est qu'il est impossible de dupliquer des objets quantiques inconnus, ce qui fait qu'un adversaire ne peut pas non plus copier la clef transmise par Alice. L'échange de clef quantique est utilisé en pratique dans certains domaines depuis de nombreuses années.

Cryptographie post-quantique

La thématique de ce chapitre, la cryptographie post-quantique, ne repose toutefois pas sur la physique quantique. Il s'agit d'une branche de la cryptographie dont les primitives sont fondées sur des problèmes difficiles résistants à un ordinateur quantique. On peut les répartir en cinq grandes familles : les réseaux euclidiens, les codes correcteurs, les polynômes multivariés, les fonctions de hachage et les isogénies. Chacune de ces familles sera détaillée plus tard dans ce chapitre, et pour chacune d'entre elles nous détaillerons les objets mathématiques manipulés et les problèmes difficiles utilisés. De plus, nous donnerons l'intuition de la façon dont fonctionne l'une de ses primitives emblématiques.

En 2016, le NIST (*National Institute of Standards and Technology*) a lancé un appel pour solliciter, évaluer et standardiser une ou plusieurs primitives de cryptographie à clef publique résistant à l'ordinateur quantique. Cette compétition porte sur des mécanismes d'échanges de clef, des chiffrements et des signatures. À la fin de l'année 2017, le NIST a publié la liste des 69 soumissions complètes à cette compétition (parmi lesquelles 5 ont été retirées depuis). La répartition des 64 soumissions restantes est fournie dans le tableau 9.1, selon leurs types (signatures ou chiffrements/échanges de clef) et selon leurs familles.

Tableau 9.1 : Répartition des 64 soumissions restantes à la compétition du NIST

	Signatures	**Chiffrements**
Réseaux euclidiens	5	21
Codes correcteurs	2	17
Polynômes multivariés	7	2
Fonctions de hachage	3	-
Isogénies	-	1
Autres	2	4

9.2 RÉSEAUX EUCLIDIENS

La cryptographie reposant sur les réseaux euclidiens a commencé en 1996 avec deux grands résultats. D'une part, Jeffrey Hoffstein, Jill Pipher et Joseph Silverman ont proposé le chiffrement à clef publique NTRU (*Number Theory Research Unit*) rapidement attaqué, mais qui depuis a été largement étudié et amélioré jusqu'à devenir un candidat à la compétition du NIST. D'autre part, Miklós Ajtai [8], dans son travail théorique exceptionnel, a introduit le problème SIS (*Short Integer Solution*) et a prouvé sa difficulté en proposant, pour la première fois, une réduction pire-cas moyen-cas. Cela signifie qu'il a montré qu'une instance aléatoire du problème SIS est au moins aussi difficile à résoudre que toutes les instances (y compris les plus difficiles) d'un problème algorithmique difficile sur les réseaux.

Puis en 2005, Oded Regev [261] a introduit le problème LWE (*Learning With Errors*) et donné une réduction pire-cas moyen-cas (quantique) pour montrer la difficulté de ce problème, résultat qui a récemment été récompensé par le prix Gödel 2018.

Les problèmes SIS et LWE sont deux problèmes fondateurs de la cryptographie reposant sur les réseaux. Le premier avantage des constructions sur les réseaux est qu'ils permettent de construire, sur SIS, des fonctions de hachage et des signatures [112], ou sur LWE, des échanges de clefs, des chiffrements à clef publique [147, 261] et des chiffrements plus avancés comme le chiffrement basé sur l'identité [113, 147] ou le chiffrement complètement homomorphe présenté dans le chapitre 10. Les autres avantages sont une certaine simplicité et une sécurité prouvée.

Les réseaux euclidiens étaient utilisés en cryptanalyse [237] avant d'être utilisés en cryptographie. Un réseau euclidien est l'ensemble des combinaisons linéaires à coefficients entiers de vecteurs $\mathbf{b}_i \in \mathrm{R}^n$ linéairement indépendants. Ces derniers forment une *base* du réseau. On peut définir le *premier minimum d'un réseau* λ_1 comme la norme euclidienne du vecteur (non nul) le plus court du réseau. Il existe de nombreux problèmes algorithmiques concernant les réseaux. Par exemple le problème du plus court vecteur[2] (SVP), qui consiste à trouver un tel vecteur à partir d'une base arbitraire du réseau (une version relâchée est de trouver un vecteur de norme inférieure à $\gamma \cdot \lambda_1$, avec $\gamma \geq 1$). Ce problème est très difficile à résoudre, même avec un facteur d'approximation γ polynomial en la dimension du réseau. Les algorithmes connus pour résoudre ce problème ont une complexité exponentielle. Le plus connu est l'algorithme LLL (Lenstra-

2. *Shortest Vector Problem.*

Lenstra-Lovász) [194], qui depuis a été amélioré [141], permettant d'avoir une idée plus précise des paramètres à choisir pour garantir une sécurité pratique [68].

Le problème LWE correspond à résoudre un système d'équations linéaire surdéterminé, mais bruité, modulo un entier q. Pour décrire ce problème plus précisément, notons $\mathbb{Z}_q = \mathbb{Z}/q\mathbb{Z}$, l'anneau des entiers modulo q. Étant donné $(\mathbf{A},\mathbf{b} = \mathbf{A}\mathbf{s} + \mathbf{e} \bmod q)$ avec $\mathbf{A} \in \mathbb{Z}_q^{m\times n}$, $\mathbf{s} \in \mathbb{Z}_q^n$ uniformes et $\mathbf{e} \in \mathbb{Z}^m$ petit (une « erreur » dont chaque coordonnée est tirée suivant une distribution particulière d'écart-type petit), la version calculatoire est de retrouver $\mathbf{s}$ tandis que la version décisionnelle est de distinguer $(\mathbf{A},\mathbf{b} = \mathbf{A}\mathbf{s} + \mathbf{e})$ d'un couple $(\mathbf{A},\mathbf{b})$ uniforme.

En plus de proposer le problème LWE, Oded Regev [261] a également décrit un chiffrement à clef publique dont la sécurité repose sur LWE. L'idée la plus naturelle est de choisir le couple $(\mathbf{A},\mathbf{b} = \mathbf{A}\mathbf{s} + \mathbf{e})$ comme clef publique du schéma et de garder le vecteur $\mathbf{s}$ comme clef privée. Pour chiffrer un bit M, on tire aléatoirement un vecteur $\mathbf{r}$ uniformément dans $\{0, 1\}^m$. Ce vecteur permet de sélectionner aléatoirement les lignes de $\mathbf{A}$ et de $\mathbf{b}$ qui vont être additionnées : la première partie du chiffré est $\mathbf{C}_1 = \mathbf{r}^T\mathbf{A}$ et la seconde $C_2 = \mathbf{r}^T\mathbf{b} + \lfloor q/2 \rfloor \cdot M$. Pour déchiffrer, on utilise la clef privée $\mathbf{s}$ pour calculer $C_2 - \mathbf{C}_1^T\mathbf{s} = \mathbf{r}^T\mathbf{e} + \lfloor q/2 \rfloor \cdot M$, et on obtient l'encodage du message $\lfloor q/2 \rfloor \cdot M$ plus une petite erreur $\mathbf{r}^T\mathbf{e}$. Ainsi en regardant si le résultat obtenu est plus proche de 0 ou de $\lfloor q/2 \rfloor$, on peut retrouver la valeur du message M.

Ce chiffrement bénéficie d'une très bonne sécurité, mais en pratique les tailles des matrices et vecteurs utilisés doivent être très grandes, ce qui le rend inefficace. L'inconvénient majeur de ces schémas est ainsi leur efficacité. Pour résoudre ce problème, des versions structurées ont été proposées et étudiées, par exemple RingLWE [207, 279] et Module-LWE [186]. La sécurité de la plupart des constructions proposées au NIST repose sur ces variantes.

9.3 CODES CORRECTEURS

Les codes correcteurs ont été introduits et étudiés pour résister à un ajout d'erreurs lors de la transmission d'un message sur un canal de communication (exemples : radio, téléphonie, stockage mémoire...). L'idée est de passer d'un message binaire $\mathbf{m} \in \{0, 1\}^k$ de longueur k, à un encodage de ce message $\mathbf{y} \in \{0, 1\}^n$ de longueur $n > k$ en ajoutant de la redondance. Ensuite, cette redondance permet de décoder, c'est-à-dire corriger autant que possible les erreurs introduites. La première apparition des codes correcteurs en cryptographie date de 1978, avec l'apparition du chiffrement à clef publique de McEliece [217] et pour lequel le but n'est pas de résister à un ajout de bruit mais de résister à un potentiel attaquant.

Les codes utilisés en cryptographie sont des codes linéaires, le plus souvent binaires. Un code linéaire binaire $\mathcal{C}$ est un sous-espace vectoriel de $\{0, 1\}^n$ de longueur n et de dimension k. On peut décrire un code par une *matrice génératrice* $\mathbf{G} \in \{0, 1\}^{k \times n}$ dont les lignes génèrent l'ensemble de tous les mots du code $\mathcal{C}$. Une autre notion importante est la *distance minimale* d d'un code, définie comme étant la plus petite distance entre deux mots distincts du code. On utilise ici la distance de Hamming, qui correspond au nombre de coordonnées où $\mathbf{x}$ et $\mathbf{y}$ diffèrent. De manière similaire, on peut définir le poids de Hamming, noté $\omega_H(.)$, comme le nombre de coordonnées de $\mathbf{x}$ qui diffèrent de zéro. Un code binaire linéaire qui a pour distance minimale d peut corriger jusqu'à $t = \left\lfloor \frac{d-1}{2} \right\rfloor$ erreurs. Un algorithme qui arrive à retrouver (avec une forte probabilité) le mot de code $\mathbf{c} \in \mathcal{C}$ à partir d'une version bruitée $\mathbf{c} + \mathbf{e}$ avec $\omega_H(\mathbf{e}) \leq t$ est appelé *algorithme de décodage*.

Un problème utilisé en cryptographie basée sur les codes correcteurs est le problème du décodage d'un code aléatoire. Étant donné une matrice génératrice aléatoire $\mathbf{G} \in \{0, 1\}^{k \times n}$ d'un code, $\mathbf{y} \in \{0, 1\}^n$ et un entier $t > 0$, trouver $\mathbf{x} \in \{0, 1\}^k$, $\mathbf{e} \in \{0, 1\}^n$ tels que $\omega_H(\mathbf{e}) \leq t$ et $\mathbf{xG} + \mathbf{e} = \mathbf{y}$. L'idée générale du chiffrement à clef publique de McEliece, est d'utiliser la matrice génératrice d'un code comme clef publique, et un algorithme de décodage (capable de corriger t erreurs) pour ce code comme clef privée. Le mot de code correspondant au message est ensuite masqué en lui ajoutant au plus t erreurs, et le déchiffrement consiste à utiliser l'algorithme de décodage secret pour retrouver le message. Plus précisément, la clef publique est ($\mathbf{G}_{\text{pub}} = \mathbf{SGP}$) où on choisit aléatoirement, $\mathbf{G} \in \{0, 1\}^{k \times n}$ une matrice génératrice d'un code pour lequel on possède un algorithme de décodage efficace capable de corriger t erreurs, $\mathbf{S} \in \{0, 1\}^{k \times k}$ une matrice inversible et $\mathbf{P} \in \{0, 1\}^{n \times n}$ une matrice de permutation. Le chiffré de $\mathbf{m} \in \{0, 1\}^k$ est $\mathbf{y} = \mathbf{mG}_{\text{pub}} + \mathbf{e}$, où $\mathbf{e}$ est une erreur choisie aléatoirement de poids de Hamming inférieur à t. Pour déchiffrer, il suffit de calculer $\mathbf{yP}^{-1} = \mathbf{mSG} + \mathbf{eP}^{-1}$, puis d'utiliser l'algorithme de décodage sur $\mathbf{yP}^{-1}$ pour retrouver le mot de code $\mathbf{mS}$ et pour finir appliquer $\mathbf{S}^{-1}$ pour retrouver $\mathbf{m}$.

Dans ce genre de schéma, le code est choisi aléatoirement dans une famille de codes. La sécurité du chiffrement de McEliece repose alors sur le problème de distinguer un code de la famille de code utilisée d'un code aléatoire *et* sur le problème du décodage d'un code aléatoire.

McEliece a proposé d'utiliser la famille des *codes de Goppa binaires*, ce qui s'avère, 40 ans après, être un excellent choix. En effet, à la suite du travail de McEliece, d'autres familles de codes ont été proposées, parmi lesquelles les plus célèbres sont les codes Reed-Solomon et les codes Reed-Muller mais des distingueurs efficaces ont été trouvés et permettent de casser les schémas utilisant ces familles de codes [51, 275].

Le chiffrement de McEliece est connu depuis la même année que le chiffrement RSA mais n'a pas reçu le même engouement, en raison notamment de la taille des clefs publiques et des chiffrés du schéma. Dans un contexte post-quantique, le chiffrement de McEliece est un candidat très sérieux, et il existe des solutions pour diminuer la taille des clefs : ajouter de la structure comme les codes quasi-cycliques (où la matrice publique est circulante par blocs), utiliser d'autres familles de codes comme les codes MDPC (*Moderate-Density Parity Check*) [219] ou même utiliser une métrique différente de la métrique de Hamming comme la métrique *rang* [139].

La cryptanalyse de schémas fondés sur les codes est un domaine très actif, et certains schémas de la compétition du NIST ont déjà été cassés [22, 99].

9.4 Polynômes multivariés

La cryptographie multivariée est née dans les années 1980 et repose sur le problème difficile qui consiste à trouver les zéros d'un système de polynômes en plusieurs variables dans un corps fini. Elle a connu son heure de gloire à la fin des années 1990 avec des algorithmes tels que le schéma de chiffrement HFE (*Hidden Field Equations*) [248] ou le schéma de signature SFLASH [249] (candidat retenu par le projet européen NESSIE). Le principal avantage de ces schémas est la petite taille des signatures et l'inconvénient majeur réside dans la taille de la clef publique. On utilise alors des polynômes quadratiques pour en limiter la taille.

Dans ces systèmes, la clef publique est composée d'un système P d'équations quadratiques en plusieurs variables. Le chiffrement du message m consiste simplement à évaluer le système, $P(m) = c$, et le déchiffrement à l'inverser, $P^{-1}(c)$. Dans les schémas de signature, le système peut avoir plusieurs inverses. L'algorithme de signature calcule un antécédent s au haché du message m, $H(m)$, et l'algorithme de vérification teste si s est bien un inverse de m, c'est-à-dire $P(s) = H(m)$, en calculant $P(s)$. Afin d'inverser efficacement ces systèmes quadratiques, les concepteurs de ces systèmes utilisent des systèmes quadratiques *facilement inversibles* f et les masquent grâce à des changements secrets et linéaires de variables sur les entrées, S, et les sorties, T, qui n'augmentent pas la taille des clefs :

$$P = T \circ f \circ S$$

de telle sorte que le système P ne puisse pas être facilement distingué d'un système aléatoire en espérant qu'en moyenne ces instances soient difficiles à résoudre.

Le cryptanalyste peut alors soit casser le problème de base – des avancées récentes ont été faites dans ce domaine [205] –, soit retrouver les éléments secrets S et T. L'étude des formes bilinéaires symétriques associées aux formes quadratiques du système considéré a permis de réaliser de nombreuses attaques. En particulier, la recherche des applications auto-adjointes a permis de retrouver très efficacement les éléments secrets de l'algorithme SFLASH [111].

Afin de réduire la taille de la clef publique, problème par exemple pour les certificats, il a été proposé de vérifier quelques combinaisons aléatoires des polynômes de la clef publique et de les transmettre dans la signature [284]. Cette stratégie a été utilisée par plusieurs candidats de la compétition du NIST. Aujourd'hui, après de nombreuses attaques publiées dans les années 2000, la situation de cette approche est assainie et les schémas proposés sont résistants aux attaques [82, 124, 125, 154] sur les systèmes de polynômes.

9.5 FONCTIONS DE HACHAGE

Il est possible de construire des schémas de signature à clef publique en utilisant uniquement des fonctions de hachage. Il peut paraître paradoxal d'utiliser une primitive cryptographique issue de la cryptographie symétrique pour construire un schéma à clef publique. C'est une caractéristique des schémas de signature, car il n'est pas possible de construire des schémas de chiffrement à clef publique de cette façon. Les idées de base de ces constructions remontent à la fin des années 1980 avec les schémas de Ralph Merkle [220, 221], lequel a montré comment utiliser les fonctions de signature à usage unique de Leslie Lamport et les résultats théoriques de John Rompel [267]. L'idée des signatures à usage unique utilisant des fonctions à sens unique f consiste à générer $2n$ valeurs aléatoires $(x_{0,i}, x_{1,i})_{1\leq i\leq n}$, calculer $y_{0,i} = f(x_{0,i})$ et $y_{1,i} = f(x_{1,i})$, conserver dans la clef privée les valeurs $(x_{0,1}, ..., x_{0,n}, x_{1,1}, ..., x_{1,n})$, et à publier dans la clef publique les valeurs $(y_{0,1}, ..., y_{0,n}, y_{1,1}, ..., y_{1,n})$. Lorsqu'on veut signer un message m constitué de n bits $m = (m_1, ..., m_n)$, il suffit de révéler les bits $(x_{m_i,i})$. Pour vérifier la signature, il suffit d'appliquer n fois la fonction f. Il est clair qu'à partir de la signature de deux messages, il est assez facile de créer la signature d'un autre message : les signatures du message 00 et du message 11 révèlent tous les antécédents de f et on peut facilement déduire la signature des messages 01 et 10. Par conséquent, la clef publique de signature ne peut être utilisée qu'une seule fois. Pour étendre ce type de signature à la possibilité de signer plusieurs messages, il faut générer plusieurs clefs publiques et les schémas deviennent un peu plus complexes.

Depuis quelques années, ces schémas de signature ont été améliorés, notamment avec le schéma SPHINCS [39], intéressant fortement les industriels de la cryptographie post-quantique. En effet, même si ces schémas présentent quelques inconvénients, la cryptographie symétrique semble mieux résister à une arrivée des ordinateurs quantiques. Contrairement aux autres schémas, les hypothèses de sécurité ne reposent pas sur des problèmes mathématiques, mais sur des propriétés classiques, comme le fait que les fonctions de hachage sont à sens unique et résistantes aux collisions (dans le cas des schémas sans état). L'avantage de ces schémas, comme la soumission NIST SPHINCS+, est d'avoir de toutes petites clefs publiques et privées, mais la taille des signatures est quant à elle légèrement plus grande que la taille des signatures des schémas reposant sur les réseaux euclidiens. Signer est également cent fois plus long.

Il est assez facile de construire un schéma de signature à usage unique sous l'hypothèse (classique) qu'il est difficile de trouver un antécédent pour une fonction de hachage. L'idée consiste à révéler dans la clef publique les images de la fonction sur des points aléatoires et d'utiliser les antécédents comme clef privée. On ne peut malheureusement pas utiliser la clef publique plus d'une fois ! Il est possible d'étendre le schéma en utilisant un état et un chaînage entre les signatures comme Ralph Merkle l'a proposé. Afin d'éviter l'état pour le signataire, de nouvelles idées ont été introduites par Oded Goldreich [150] puis dans SPHINCS. Enfin, afin d'améliorer ces schémas, il faut trouver des fonctions de hachage qui s'évaluent très rapidement, car par exemple SPHINCS a besoin d'effectuer plus de 10 millions calculs de hachage.

9.6 Isogénies

La *cryptographie reposant sur les isogénies* a été introduite en 1997 par Jean-Marc Couveignes [83], puis redécouverte et développée depuis 2006. Ces travaux étant récents, les seules constructions efficaces pour l'instant sont le chiffrement et l'échange de clef [140]. Cependant, comme il existe déjà une communauté de spécialistes en courbes elliptiques, on peut s'attendre à une rapide évolution de ce domaine en particulier. C'est un domaine très prometteur qui a également l'avantage de posséder des tailles de clefs raisonnables. Pour l'instant, il a cependant été très peu étudié en quantique.

Une *courbe elliptique* est une courbe algébrique particulière définie par deux coefficients A et B d'un corps fini $\mathbb{F}_q$: $E(\mathbb{F}_q) = \{(x, y) \in \mathbb{F}_q^2 : y^2 = x^3 + Ax + B\} \cup \{0_E\}$. C'est un groupe pour l'addition et le point 0_E est un point à l'infini qui correspond à l'élément neutre. Pour tout entier n, la notation $[n]P$ indique que le point P est additionné n fois. Étant donné deux courbes elliptiques E_1 et E_2, une *isogénie* est un morphisme $\varphi : E_1 \to E_2$ tel que $\varphi(0_{E_1}) = 0_{E_2}$.

Décrivons maintenant l'échange de clef proposé en 2011 par David Jao et Luca De Feo [170], qui est en fait très similaire à l'échange de clef Diffie-Hellman. Les paramètres publics sont une courbe elliptique E particulière et des points P_A, Q_A, P_B, Q_B tels que P_A et Q_A d'un côté et P_B et Q_B de l'autre génèrent deux groupes (avec des propriétés bien particulières). L'objectif des deux participants Alice et Bob est d'échanger des informations publiques leur permettant de se mettre d'accord sur une information commune et secrète. Alice (respectivement Bob) fait les opérations suivantes : elle choisit un entier a secret (resp. b), calcule un point secret $R_A = P_A + [a]\,Q_A$ secret lui aussi (resp. $R_B = P_B + [b]Q_B$), puis calcule une isogénie $\varphi_A : E \to E_A$ de noyau R_A (resp. $\varphi_B : E \to E_B$ de noyau R_B). Enfin elle envoie $(E_A, \varphi_A(P_B), \varphi_A(Q_B))$ (resp. $(E_B, \varphi_B(P_A), \varphi_B(Q_A))$). Alice reçoit donc $(E_B, \varphi_B(P_A), \varphi_B(Q_A))$, et comme elle connaît a, elle peut calculer $R'_A = \varphi_B(P_A) + [a]\varphi_B(Q_A) = \varphi_B(P_A + [a]\,Q_A) = \varphi_B(R_A)$. Ainsi elle peut calculer une isogénie $\varphi'(A) : E \to E_{AB}$ de noyau $R'_{A'}$, qui lui permet d'obtenir la courbe E_{AB}. Bob peut faire de même et obtenir une courbe E'_{AB} qui n'est pas exactement E_{AB} mais qui lui est isomorphe (par construction). Cela permet ainsi à chacun d'obtenir une information commune sur ces deux courbes qui sera la clef partagée. La sécurité de cette construction repose sur la difficulté de trouver un chemin connectant deux nœuds dans un graphe d'isogénies supersingulières.

9.7 Conclusion

La cryptographie post-quantique est un domaine scientifique actuellement très stimulant, notamment avec la compétition du NIST qui oriente actuellement la recherche. Comme pour les précédentes compétitions AES et SHA-3, on peut s'attendre à ce que les retombées soient :
– une meilleure efficacité des schémas de chiffrement et de signature ;
– une meilleure connaissance de la résistance de ces schémas avec la découverte de nouvelles attaques ;
– des implantations sûres de ces schémas contre les attaques par canaux auxiliaires.

De nombreux acteurs sont mobilisés, industriels, académiques et agences gouvernementales pour garantir la réussite de cette compétition. Au-delà de cette compétition, il y aura encore de nombreux défis à relever pour obtenir une alternative post-quantique crédible à la cryptographie contemporaine, on peut citer notamment :
– des constructions utilisables et sûres de schémas de signature reposant sur les codes et sur les isogénies ;
– des nouveaux schémas et des constructions plus avancées reposant sur les différentes hypothèses, pour répondre aux différentes applications (preuve de connaissance, signature de groupe, d'anneaux, chiffrement reposant sur l'identité, par attribut, fonctionnel, homomorphe...) ;
– de nouvelles applications, liées par exemple au vote électronique ou aux cryptomonnaies.

10 – La sécurité des données dans le cloud

David Pointcheval[1]

10.1 Introduction

Nous verrons dans ce chapitre que la problématique de la sécurité du cloud, née de l'évolution des pratiques et des architectures informatiques, a conduit les scientifiques à imaginer et concevoir des primitives cryptographiques pour répondre aux nouveaux besoins. Chiffrement homomorphe, chiffrement fonctionnel, ou encore diffusion chiffrée sont aujourd'hui au cœur des préoccupations des cryptographes et seront demain utilisés par tout un chacun.

En effet, pour une facilité d'usage, nombre de particuliers utilisent des prestataires de *cloud* pour stocker et partager leurs photos, ou tout type de documents personnels. Pour une rationalisation des coûts, les entreprises migrent aussi leurs systèmes, avec des données personnelles, financières et techniques, vers le *cloud*. Ces données, mais également l'identité de ceux qui y accèdent, ainsi que les requêtes posées sont des informations sensibles, qu'il serait bon de protéger, car nul n'y avait accès lors d'un stockage privé, sur disque local ou serveur personnel. Il s'agit donc de protéger, non seulement les données stockées, mais également les accès et les requêtes.

Dans les solutions proposées par les prestataires de *cloud*, un contrôle d'accès permet d'identifier les utilisateurs, et une com-

1. David Pointcheval, CNRS, DIENS, ENS/PSL University, Inria.

munication sécurisée, protégée par TLS (*Transport Layer Security*), garantit la confidentialité des communications entre le client et le serveur. Le prestataire promet un stockage chiffré de la base de données, ainsi qu'une application stricte des droits d'accès, une fois l'authentification des usagers faite. Néanmoins, le prestataire voit tout passer en clair, les données à stocker dans la base, ainsi que l'identité des clients, leurs requêtes, et bien sûr les réponses. S'il n'y a aucune raison de mettre en doute la bonne foi du prestataire, nul n'est à l'abri d'erreurs ou d'actes de malveillances externes ou même internes. Les usagers, aussi bien particuliers que professionnels, ne peuvent prendre un tel risque, pour des raisons de respect de la vie privée, de secret médical, économique, financier ou technologique. C'est d'autant plus vrai qu'une fuite d'information peut avoir lieu et n'être détectée que beaucoup plus tardivement, une fois que les dommages sont irréparables.

10.2 RESPECT DE LA VIE PRIVÉE

Pour garantir les mêmes propriétés de sécurité que sur un stockage local, le prestataire ne devrait avoir aucune information au sujet :
– des données stockées ;
– des utilisateurs qui se connectent ;
– des questions qui sont posées ;
– des calculs qui sont effectués.

Bien sûr, la confidentialité des données est essentielle, et c'est d'ailleurs la première propriété à satisfaire. Elle semble aussi être la plus simple, puisque n'importe quel système de chiffrement pourra convenir. En revanche, il ne faut pas pour autant perdre toutes les fonctionnalités utiles, et notamment les requêtes, qui peuvent être de simples recherches par mots-clefs ou requérir à des calculs plus complexes, et le partage d'information.

Nous allons donc, dans un premier temps, étudier les systèmes de chiffrement permettant les opérations sans avoir besoin d'effectuer le déchiffrement (chiffrement complètement homomorphe [146]). Cela permet l'externalisation de calculs, mais ne permet pas le partage d'information, car seul le propriétaire des données initiales peut récupérer le résultat final en clair.

La diffusion chiffrée [128] permet quant à elle de diffuser des données confidentielles à destination de plusieurs personnes, en précisant, lors du chiffrement, l'ensemble des destinataires, soit en spécifiant les membres autorisés, soit en précisant les membres exclus. Malheureusement, cela ne permet pas les calculs.

Ainsi, la primitive de chiffrement fonctionnel a été récemment proposée [50]. Avec une clef de déchiffrement fonctionnel, un utilisateur peut déchiffrer le résultat de l'évaluation de la fonction, associée à la clef, sur les messages clairs, et uniquement ce résultat, sans avoir plus d'information sur les messages individuels.

Pour l'anonymat des utilisateurs, la meilleure solution est de ne réclamer aucune authentification, mais seules les clefs de déchiffrement (fonctionnel ou classique) permettront à un utilisateur d'accéder aux données en clair.

Enfin, la confidentialité des questions ou des calculs pourra être assurée par le chiffrement de ces derniers (requêtes ou programmes à effectuer), si le chiffrement permet les calculs sur les chiffrés. On est donc ramené au problème ci-dessus.

10.3 Chiffrement homomorphe

Le chiffrement, qu'il soit symétrique (à clef secrète) ou asymétrique (à clef publique) permet de stocker des données, tout en les maintenant à l'abri des regards. Malheureusement, les techniques classiques de chiffrement excluent toute manipulation de ces données par le prestataire de stockage. En effet, un schéma de chiffrement est dit *sûr* s'il garantit la sécurité sémantique (difficulté de distinguer un chiffré de m_0 d'un chiffré de m_1) pour des attaquants qui auraient accès à l'oracle de déchiffrement [36] (ainsi qu'à l'oracle de chiffrement dans le cas du chiffrement symétrique [35]), avec bien sûr la contrainte de ne pas demander le déchiffrement du chiffré challenge. Intuitivement, cela signifie qu'il n'est pas possible d'extraire de l'information sur le clair en voyant le chiffré, de même qu'il n'est pas possible de dériver d'un chiffré un autre chiffré dont les clairs seraient reliés de façon connue.

Cependant, certaines propriétés algébriques existent pour des schémas de chiffrement, pris sous leur forme native qui ne satisfait plus cette notion plus forte de sécurité sémantique à chiffrés choisis ci-dessus. Néanmoins, elles permettent certaines opérations sur les clairs, en ne manipulant que les chiffrés. C'est le cas du chiffrement RSA [265] ou du chiffrement ElGamal [120], dont le produit de deux chiffrés revient au chiffré du produit des clairs.

$$m_0^e \times m_1^e = (m_0 m_1)^e \bmod n$$
$$(g^{r0}, y^{r0} M_0) \times (g^{r1}, y^{r1} M_1) = (g^{r0+r1}, y^{r0+r1}(M_0 M_1))$$

Ce dernier est toutefois sémantiquement sûr avec uniquement la connaissance de la clef publique (sans accès à aucun oracle supplémentaire), sous l'hypothèse Décisionnelle Diffie-Hellman [106]. Il peut également être rendu additivement homomorphe, en chiffrant m en tant que $M = g^m$, ce qui permet d'obtenir la somme des clairs par une simple opération sur les chiffrés (comme le permet le chiffrement de Paillier [244]). Cette propriété d'homomorphisme additif a été exploitée dans les systèmes de vote électronique (voir la section 12.3).

Confidentialité des données

Bien qu'il existât des schémas de chiffrement additivement homomorphes et des schémas de chiffrement multiplicativement homomorphes, aucun ne permettait d'appliquer les deux lois internes d'un anneau, tout en restant stable. Seul le chiffrement BGN (Boneh-Goh-Nissim) [49] permettait des additions, une multiplication, puis à nouveau des additions, mais sans permettre de nouvelles multiplications, car les chiffrés ont changé de structure après la multiplication. De même, l'article de Tomas Sander, Adam Young et Moti Yung [270] proposait une variante du schéma de chiffrement Goldwasser-Micali [152], qui est additivement homomorphe dans Z_2, pour permettre la multiplication, mais en doublant la taille du chiffré à chaque multiplication. Ainsi, le nombre de multiplications était limité à une grandeur logarithmique.

Néanmoins, un tel schéma de chiffrement additivement homomorphe dans $\mathbb{Z}_2$ (permettant de faire le XOR – OU Exclusif – logique entre deux bits) et multiplicativement homomorphe dans $\mathbb{Z}_2$ (permettant de faire le AND-ET-logique entre deux bits) peut évaluer n'importe quel circuit booléen sur les chiffrés. Mais les schémas ci-dessus présentent des contraintes sur la profondeur du circuit.

En 2009, Craig Gentry [146] a présenté la première construction garantissant la stabilité, et donc un nombre illimité d'additions et de multiplications, permettant ainsi l'évaluation de n'importe quel circuit sur des entrées chiffrées, avec le résultat chiffré sous la même clef : on parle de chiffrement complètement homomorphe[2].

Chiffrement complètement homomorphe

Bootstrapping. L'idée essentielle repose sur le *bootstrapping*. Mais avant de décrire cette idée, considérons la construction simple suivante de chiffrement à clef secrète :
– la clef secrète, de chiffrement et de déchiffrement, est un entier impair $p = 2m + 1$;
– le chiffrement d'un bit b consiste en $c = q \cdot p + 2 \cdot r + b$, où q est un entier aléatoire et r est choisi aléatoirement dans $\mathbb{Z}_m$;
– le déchiffrement de c s'effectue en deux étapes : tout d'abord, grâce à p, on retrouve l'entier $B = 2 \cdot r + b$ en calculant $c \bmod p$, tandis que b est le bit de parité de B.

On remarque donc qu'étant donnés $c_0 = q_0 \cdot p + 2 \cdot r_0 + b_0$ et $c_1 = q_1 \cdot p + 2 \cdot r_1 + b_1$,

$$c_0 + c_1 = (q_0 + q_1) \cdot p + 2 \cdot (r_0 + r_1) + (b_0 + b_1),$$

soit donc le chiffré de $b_0 + b_1 \bmod 2$, avec $q = q_0 + q_1$ et $r = r_0 + r_1 + (b_0 + b_1)/2$, pour peu que ce dernier reste inférieur à m. De même,

$$c_0 \cdot c_1 = (q_0 c_1 + q_1 c_0 - q_0 q_1\, p) \cdot p + 2 \cdot (2 r_0 r_1 + r_1 b_1 + r_1 b_0) + b_0 b_1,$$

2. *Fully Homomorphic Encryption.*

soit donc le chiffré de b_0b_1 mod 2, avec $q = q_0c_1 + q_1c_0 - q_0q_1\, p$ et $r = 2r_0r_1 + r_1b_1 + r_1b_0$, pour peu que ce dernier reste inférieur à m.

On appelle r le « bruit » dans le chiffrement de b, qui masque un multiple $q \cdot p$ de p. La sécurité repose sur la difficulté de retrouver p, le PGCD de tous les $q_i \cdot p$ bruités. Si le bruit est trop petit, ce problème est facile, si le bruit est trop grand (proche de m), aucune opération homomorphique n'est possible. Pour des paramètres bien choisis, un compromis peut être trouvé : la sécurité est assurée, et un nombre « assez » important d'opérations homomorphiques est possible. Nous allons voir ci-dessous le nombre nécessaire de telles opérations homomorphiques sur le système de base, pour obtenir un schéma de chiffrement complètement homomorphe stable.

Mais tout d'abord, avec la clef secrète sk = p, il est possible de publier une liste $x_i = q_i \cdot p + 2 \cdot r_i$, pour $i = 1, ..., t$, de chiffrés de 0. Ainsi, pour chiffrer un bit b, il suffit de calculer $c = \sum_{i \in A} x_i + 2 \cdot r + b$, où A est un sous-ensemble aléatoire de $\{1, ..., t\}$ et r un bruit supplémentaire. Avec un bon choix de paramètres, nous avons ainsi un schéma de chiffrement à clef publique, où pk = $(x_i)_i$, qui permet un nombre limité d'additions et de multiplications : sur des chiffrés c_i de bits b_i, sous la clef publique pk, il est possible d'évaluer le circuit $C\,((b_i)_i)$ pour obtenir le résultat chiffré sous pk.

Un problème se pose lorsque le « bruit » r devient trop important (plus grand que m) dans un chiffré c. D'où l'idée du *bootstrapping* proposée par Craig Gentry [146], sur un mécanisme de chiffrement comme ci-dessus, mais dans des réseaux euclidiens idéaux, où le bruit croît linéairement en le nombre d'additions et exponentiellement en le nombre de multiplications : en publiant le chiffrement de la clef de déchiffrement sk sous pk et en surchiffrant c sous pk, il est alors possible d'évaluer le circuit D (sk, c) qui déchiffre c sous sk, afin d'obtenir le résultat b, chiffré sous pk. Il s'agit ainsi d'une nouvelle version du chiffré c, mais avec un bruit plus faible. Pour cela, il suffit que le circuit D de déchiffrement ne fasse pas plus d'opérations homomorphiques que ne le tolère le schéma de chiffrement. Cela a été montré possible, en choisissant convenablement les paramètres. Par conséquent, en effectuant un *bootstrapping* après chaque opération homomorphique (ou après plusieurs), on retombe avec un chiffrement qui contient une erreur similaire à un chiffrement

« frais », d'où la stabilité illimitée du système : n'importe quel circuit peut alors être évalué.

Cependant, sans *bootstrapping*, selon les paramètres choisis, un certain nombre d'opérations sont faisables avant que le bruit ne détruise l'information, on parle de *Somewhat Homomorphic Encryption*. Cela peut être suffisant pour des circuits peu complexes.

Chiffrement complètement homomorphe de troisième génération

Rapidement après le premier schéma de Craig Gentry, de nombreuses améliorations ont été proposées, sur les réseaux euclidiens en reposant sur le problème LWE (*Learning with Errors*) (voir la section 9.2), ou sur les entiers en reposant sur le PGCD approché (comme ci-dessus). Mais l'erreur gardait le même type de croissance : linéaire en le nombre d'additions et exponentielle en le nombre de multiplications. Il s'agissait des schémas de seconde génération.

En 2013, Craig Gentry, Amit Sahai et Brent Waters [148] proposent une toute nouvelle construction qui exploite les vecteurs propres approchés : étant donné un vecteur secret $\mathbf{s} \in \mathbb{Z}_q^n$, un chiffré de $m \in \mathbb{Z}_q$ est une matrice $\mathbf{C}$ telle que $\mathbf{s}$ est « presque » un vecteur propre de $\mathbf{C}$, avec m comme valeur propre, soit donc $\mathbf{C} \times \mathbf{s} = m \times \mathbf{s} + \mathbf{e}$: étant donnés deux chiffrés $\mathbf{C}_0 \times \mathbf{s} = m_0 \times \mathbf{s} + \mathbf{e}_0$ et $\mathbf{C}_1 \times \mathbf{s} = m_1 \times \mathbf{s} + \mathbf{e}_1$, on peut remarquer que $(\mathbf{C}_0 + \mathbf{C}_1) \times \mathbf{s} = (m_0 + m_1) \times \mathbf{s} + (\mathbf{e}_0 + \mathbf{e}_1)$, ainsi que :

$\mathbf{C}_0\mathbf{C}_1 \times \mathbf{s} = \mathbf{C}_0 (m_1 \times \mathbf{s} + \mathbf{e}_1) = m_1\mathbf{C}_0 \times \mathbf{s} + \mathbf{C}_0 \times \mathbf{e}_1 = m_0 m_1 \times \mathbf{s} + m_1\mathbf{e}_0 + \mathbf{C}_0 \times \mathbf{e}_1$.

Dans le cas de l'addition, le bruit croît linéairement. Dans le cas de la multiplication, si on se limite à des messages dans $\mathbb{Z}_2$, en maîtrisant la norme des matrices qui constituent les chiffrés, le bruit peut croître linéairement également, mais de façon déséquilibrée, en devenant au plus $\mathbf{e}_0 + \mathbf{C}_0 \times \mathbf{e}_1$. Ainsi, en cas de chiffré « frais » avec un bruit faible, on a intérêt à le mettre à droite dans la multiplication.

Cette construction peut également être transposée à clef publique, ainsi que dans des anneaux de polynômes, comme dans [178], permettant une implémentation effective efficace. La combinaison de plusieurs modes de chiffrement a conduit récemment à des constructions très efficaces [69, 70].

Méthode hybride

Le problème qui subsiste est la quantité d'information à transmettre, car toutes les données doivent être émises chiffrées sous ce mécanisme de chiffrement homomorphe, afin de permettre l'évaluation d'une fonction. Et ces chiffrés ont un facteur d'expansion considérable (plusieurs milliers de fois plus grand).

Ainsi, l'idée du *bootstrapping* peut être utilisée à nouveau : les données sont chiffrées sous une clef k d'un chiffrement symétrique E, et la clef k est chiffrée sous la clef pk du chiffrement homomorphe. Il est alors possible d'évaluer le circuit $D\ (k, c)$ qui déchiffre c sous k, afin d'obtenir le résultat b, chiffré sous pk, soit donc sous le chiffrement homomorphe. Alors, aucun facteur d'expansion n'apparaît ici, puisque le chiffrement symétrique n'augmente pas la taille. On parle alors de méthode hybride, qui combine du chiffrement symétrique et du chiffrement complètement homomorphe à clef publique.

Pour permettre une bonne efficacité, pour le chiffrement symétrique, on peut utiliser un chiffrement par flots, dont la génération de la séquence pseudo-aléatoire est bien adaptée au chiffrement homomorphe, avec une faible profondeur multiplicative. Un article récent s'est concentré sur une telle construction [218].

Évaluation secrète

Outre la confidentialité des données, la fonction évaluée peut elle-même avoir une valeur économique et faire intervenir des paramètres sensibles. Ainsi peut-il être important de masquer toutes les étapes intermédiaires effectuées par le calcul homomorphe sur les chiffrés. Autant le clair final correspond exclusivement au calcul attendu, et est indépendant des étapes intermédiaires, autant le chiffré peut-il contenir un aléa qui, lui, dépend de ces étapes intermédiaires et peut révéler des informations critiques sur la manière dont la fonction a été évaluée. Avec une étape supplémentaire de randomisation, il est possible d'effacer toute information sur la manière d'effectuer le calcul [53].

10.4 Diffusion chiffrée

Le chiffrement complètement homomorphe permet d'externaliser des calculs, mais comme tout schéma de chiffrement classique (qu'il soit à clef secrète ou à clef publique) cible un déchiffreur spécifique : celui qui possède la clef de déchiffrement. Bien sûr, il est toujours possible de chiffrer sous des clefs multiples afin de cibler plusieurs destinataires. Mais demeure le doute que tous les destinataires n'aient pas le même message, et dans tous les cas, la taille du chiffré est linéaire en le nombre de destinataires, ce qui peut être rédhibitoire dans le cas d'un ensemble cible très large.

La diffusion chiffrée [128], ou chiffrement *broadcast*, permet de cibler un ensemble d'individus destinataires d'un message de façon à le partager efficacement, et notamment avec une taille de chiffré sous-linéaire en la taille de la cible, voire constante.

Différentes familles de chiffrement *broadcast*

Le but du chiffrement *broadcast* est de diffuser des chiffrés compacts, indépendamment du nombre de destinataires. Pour cela, deux familles de mécanismes ont vu le jour, en fonction du nombre de destinataires par rapport aux membres enregistrés dans le système : soit peu de personnes sont concernées par le message, soit peu de personnes sont exclues de la réception. La difficulté est accrue par le besoin de résistance aux collusions : plusieurs membres exclus de la cible ne doivent pas être en mesure, en réunissant les secrets, d'obtenir de l'information sur le message diffusé.

Dan Boneh, Craig Gentry et Brent Waters [48] ont proposé la première construction qui fournit un chiffré de taille constante, indépendamment de la taille de la cible, au prix des paramètres publics linéaires en le nombre de membres enregistrés dans le système et de l'utilisation des couplages sur courbes elliptiques. Le mécanisme le plus célèbre reste néanmoins NNL (Naor-Naor-Lotspiech) [232] dont la taille du chiffré est linéaire en le nombre de membres révoqués dans le système, mais en n'utilisant que des primitives classiques de chiffrement. Il repose sur une structure d'arbre et le recouvrement de sous-ensembles pour distribuer une clef parmi les membres non révoqués.

Traçage de traîtres

L'une des applications phares de la diffusion chiffrée est la télévision à péage. Bien entendu, l'objectif premier de sécurité est d'empêcher les personnes non légitimes d'accéder au contenu, mais il faut également dissuader les personnes légitimes, qui ont accès au contenu, de rediffuser *via* un second canal, et notamment en mettant leurs clefs à disposition ou en construisant un décodeur pirate à l'aide de leurs secrets. C'est alors tout l'objet des techniques de « traçage de traîtres » : si une personne avec un accès légitime, voire plusieurs personnes (appelées des « traîtres »), mettent en commun leurs secrets pour permettre à des personnes non légitimes de décoder le flux chiffré (fourniture d'un « décodeur pirate »), on souhaite pouvoir identifier les traîtres.

10.5 CHIFFREMENT FONCTIONNEL

Le chiffrement complètement homomorphe permet d'effectuer des calculs sur les chiffrés, mais ne permet pas la diffusion contrôlée de ces calculs, puisque toute personne en mesure de déchiffrer le résultat final est en mesure de déchiffrer les entrées du calcul ; le chiffrement *broadcast* permet la diffusion chiffrée, tout en contrôlant les destinataires, mais ne permet pas les calculs.

Le chiffrement fonctionnel [50] fournit la brique essentielle : il permet la diffusion de données, restreinte en fonction de la clef que possède l'utilisateur, et les contraintes choisies par l'émetteur des chiffrés. Bien sûr, la clef peut ne permettre le déchiffrement intégral que sous certaines conditions d'accès (chiffrement basé sur l'identité [47], sur les attributs [153], etc.), mais peut aussi restreindre le déchiffrement à certaines agrégations ou calculs sur les clairs.

De façon informelle, des clefs de déchiffrement fonctionnel dk f sont générées, spécifiquement à des fonctions f. Puis sur tout chiffré c de x, la clef dk f permettra d'obtenir $f(x)$ mais aucune autre information sur x. Ainsi, la fonction f peut tester une identité du destinataire ou des attributs, avant de retourner ou non le clair x, ce qui conduit à un simple contrôle d'accès. Mais la fonction f peut également faire des calculs plus complexes, et notamment ne donner accès qu'à certains types d'agrégations, en fonction des destinataires.

Agrégations de données

Le grand intérêt du chiffrement fonctionnel est justement de permettre de ne fournir qu'une information partielle sur la donnée en clair, par exemple une moyenne, des agrégations et toutes sortes de statistiques, sans jamais révéler d'information supplémentaire sur la donnée en clair.

Mais contrairement au chiffrement complètement homomorphe qui retourne le calcul sous forme chiffrée et nécessite donc de posséder la clef de déchiffrement qui permet non seulement de retrouver le résultat en clair mais également les données initiales en clair, la clef de déchiffrement fonctionnel effectue le calcul et fournit le résultat en clair. Cette dernière ne permet en revanche pas de déchiffrer les données initiales.

On peut donc imaginer une base de données chiffrée où chaque utilisateur a accès à des informations partielles ou agrégées selon sa clef de déchiffrement fonctionnel. Bien qu'il ait été montré possible (sous des hypothèses très fortes) de générer des clefs pour évaluer n'importe quel circuit sur des données chiffrées [143], la première construction effective a été donnée pour la famille des produits scalaires, ou moyennes pondérées [3].

Illustration sur les moyennes pondérées

Il s'agit certainement du cas d'usage le plus classique : une base de données contient des valeurs numériques $v_{i,j}$, et le propriétaire de ces données souhaite ne diffuser que des agrégations sous forme de combinaisons linéaires, soit donc des moyennes pondérées de chaque ligne i, $r_i = \sum_j a_j v_{i,j} = \mathbf{a} \cdot \mathbf{v_i}$, en fonction des destinataires. Ainsi, pour chaque vecteur de pondérations $\mathbf{a}$, une clef de déchiffrement fonctionnel peut être générée, permettant le déchiffrement agrégé fournissant r_i sur chaque ligne i, et rien de plus sur les valeurs $(\mathbf{v_i})_i$.

Il a été montré possible [6], et même efficace, de construire un schéma de chiffrement fonctionnel pour le produit scalaire à partir de tout schéma de chiffrement additivement homomorphe, tel que ElGamal [119], Paillier [244] ou Regev [261].

Évolutions

Néanmoins, ce chiffrement fonctionnel qui permet des agrégations présente des limitations assez fortes. Tout d'abord, même si les calculs linéaires sont suffisants pour un grand nombre de statistiques, et qu'il permet de mettre en œuvre de la classification de données avec la technique SVM (*Support Vector Machine*), de tels modèles linéaires ne sont pas très performants, et passer aux calculs quadratiques permettrait des statistiques plus riches, telles que la variance, mais également des modèles d'apprentissage plus efficaces [114, 144].

Les premières constructions imposaient que la totalité de la base de données soit générée par une même personne, et surtout que chaque vecteur soit généré intégralement au même moment par la même entité. Cela limite l'intérêt des agrégations, qui pourraient faire intervenir des données de sources différentes. Le chiffrement fonctionnel à entrées multiples ou clients multiples a été proposé [151], permettant ainsi des entrées chiffrées par des personnes différentes à des moments différents.

Enfin, pour appliquer la clef de déchiffrement fonctionnel il était nécessaire de connaître la fonction évaluée. Et pourtant, l'émetteur de la clef pourrait souhaiter garder la fonction secrète, telle que le modèle appliqué lors d'un apprentissage statistique. Du chiffrement fonctionnel à fonction cachée[3] a été proposé pour le produit scalaire [43], donnant ainsi accès à des agrégations inconnues.

Conclusion

Avec le Règlement général sur la protection des données (RGPD), la protection de la vie privée et des données personnelles est désormais une exigence pour toute entité qui stocke et traite des informations à caractère personnel. Ces outils de chiffrement complètement homomorphe et de chiffrement fonctionnel sont déjà opérationnels pour des traitements simples, tels que la recherche par mots-clefs parmi des données chiffrées ou l'analyse statistique. De récents travaux ont également montré la possibilité de classifier des données chiffrées [54, 114], ouvrant la voie à l'apprentissage statistique et la classification tout en garantissant la confidentialité des données.

Les travaux en cours visent alors à enrichir les fonctions qui peuvent être évaluées en homomorphe ou fonctionnel, et notamment pour aller au-delà du quadratique en chiffrement fonctionnel. Un autre enjeu de l'apprentissage et de la classification est la fuite d'information sur la base d'apprentissage et sur la donnée à classifier, qu'elles soient en clair ou en chiffré, en raison des résultats transmis qui révèlent parfois plus que juste la classe. Enfin, un problème récurrent en cryptographie est la clef secrète, qui permet le déchiffrement ou la génération de la clef fonctionnelle. Car elle est critique, et un des objectifs est également d'éliminer le besoin de confiance en une seule entité qui possède cette information, en la distribuant, tout en maintenant un usage efficace de cette clef distribuée.

---

3. *Function-hiding.*

11 – La preuve de protocoles cryptographiques

Hubert Comon-Lundh[1] *et Stéphanie Delaune*[2]

11.1 Introduction

Nous avons vu dans les chapitres 8 et 9 le concept de primitives cryptographiques. Qu'il s'agisse de chiffrement, de signature ou de hachage, ces primitives sont rarement utilisées de manière isolée : elles sont assemblées pour former une construction plus évoluée. Nous verrons dans ce chapitre comment un tel assemblage peut former un *protocole cryptographique*, et nous étudierons la faisabilité de prouver un tel protocole. Les preuves de protocoles, voilà une question scientifique ambitieuse, mais réaliste, tant les avancées scientifiques observées ces dernières années sont impressionnantes.

Les protocoles cryptographiques, nous les utilisons sans nous en apercevoir, par exemple lorsque nous effectuons un achat en ligne ou lors d'une connexion à un service de banque en ligne. Ils ont pour but de garantir la sécurité de nos communications. En effet, en leur absence, les communications entre un ordinateur individuel et le serveur d'un site Internet peuvent être interceptées. Quand la communication concerne des informations portant sur les derniers résultats du match de football, il n'y a pas à s'inquiéter. Cependant, quand il s'agit d'un échange réalisé lors d'un achat en ligne et pouvant contenir nos données

1. Hubert Comon-Lundh, LSV, CNRS & ENS Paris-Saclay.
2. Stéphanie Delaune, Univ Rennes, CNRS, IRISA.

bancaires, ou un bulletin de vote déposé dans l'urne *via* une procédure de vote électronique, toutes ces données peuvent constituer un véritable trésor de guerre.

Au quotidien, un internaute peut facilement identifier les connexions sécurisées par le protocole TLS (*Transport Layer Security*). Il lui suffit pour cela de vérifier le lien apparaissant dans la barre de son navigateur et de s'assurer que celui-ci commence bien par le mot clef « https ». Notez bien la présence de la lettre « s » qui indique que la connexion est sécurisée. Le plus souvent, un petit cadenas est également dessiné pour informer l'internaute qu'une connexion sécurisée a été établie. Le but d'un tel protocole est de protéger le transport de nos données. C'est un protocole largement reconnu pour renforcer la confidentialité, l'intégrité et l'authentification de nos données. En d'autres termes, grâce à ce protocole, les données transitent à l'intérieur d'un véritable fourgon blindé !

Ces protections – indispensables pour communiquer sur des réseaux ouverts comme Internet – ne sont malheureusement pas toujours déployées. D'autre part, la mise au point de ces mécanismes de protection n'est pas une chose aisée et il arrive souvent que ces derniers comportent des failles de sécurité, comme cela est illustré dans la section 8.4. Ces failles réduisent à néant les avantages que ces protocoles sont pourtant censés apporter. Internet est loin d'être le seul réseau sur lequel transitent nos données, et donc loin d'être le seul endroit où sont utilisés les protocoles cryptographiques. Par exemple, un volume considérable d'informations transite par les réseaux de téléphonie mobile. Les cartes sans contact, les cartes à puce et de nombreux objets comme les véhicules et les bornes d'accès aux immeubles utilisent également les protocoles cryptographiques.

Au vu des nombreuses applications qui voient le jour à l'heure actuelle et de la quantité de données personnelles que nous faisons transiter chaque jour sur ces réseaux, nous sommes en droit de nous interroger sur les moyens dont nous disposons pour nous assurer que nos données sont effectivement bien protégées.

11.2 QU'EST-CE QU'UN PROTOCOLE CRYPTOGRAPHIQUE ?

La sécurité d'un système informatique repose sur la robustesse des nombreux maillons qui le composent. À la manière d'un coffre-fort, de nombreuses étapes sont nécessaires à sa mise en œuvre : choisir le bon matériau n'est pas suffisant, il faut aussi veiller au bon assemblage des briques de base, et ne pas introduire de failles lors de la mise en place du système.

Les protocoles cryptographiques sont des programmes informatiques qui permettent d'expliciter comment les différentes entités vont communiquer. Afin de pouvoir garantir une certaine sécurité alors même que les communications peuvent être écoutées et interceptées par un agent malveillant, ces protocoles utilisent des mécanismes cryptographiques comme le chiffrement et la signature électronique.

Des primitives...

Les primitives cryptographiques ont été abordées dans les chapitres précédents. Nous allons ici rappeler quelques notions fondamentales sur lesquelles nous allons bâtir les protocoles.

Chiffrement. Le fait de coder un message de façon à le rendre secret s'appelle *chiffrement*. La méthode inverse consistant à retrouver le message est appelée *déchiffrement*. On distingue deux types d'algorithmes de chiffrement, le chiffrement dit *symétrique* (ou à clef secrète) qui utilise des clefs identiques pour chiffrer et pour déchiffrer, et le chiffrement dit *asymétrique* (ou à clef publique) qui utilise des clefs différentes pour chiffrer et pour déchiffrer.

En cryptographie asymétrique, la clef de chiffrement est publique (connue de tous), ce qui permet à tous de chiffrer ; tout le monde peut fermer le cadenas. En revanche, seul le détenteur de la clef dite *privée* de déchiffrement, peut effectuer l'opération inverse ; il faut cette clef pour ouvrir le cadenas.

Le principal avantage du chiffrement à clef publique est que les participants qui s'échangent des messages n'ont pas besoin de partager un secret *a priori*. Par contre, il est beaucoup plus coûteux que le chiffrement à clef secrète, comme cela a été expliqué dans la section 8.1. Pour cette raison, il existe de nombreux protocoles permettant d'établir une clef secrète *via* l'utilisation de cryptographie asymétrique. Cette clef secrète est alors utilisée dans la suite des échanges afin de privilégier le chiffrement symétrique pour des raisons évidentes d'efficacité.

Signature. Un mécanisme de signature repose également sur la cryptographie asymétrique. Le principe fondamental est que la clef privée est utilisée pour signer un message, alors que la clef publique permet de vérifier la signature, c'est-à-dire que le document a bien été signé par le propriétaire de la clef privée associée à la clef publique.

... au protocole

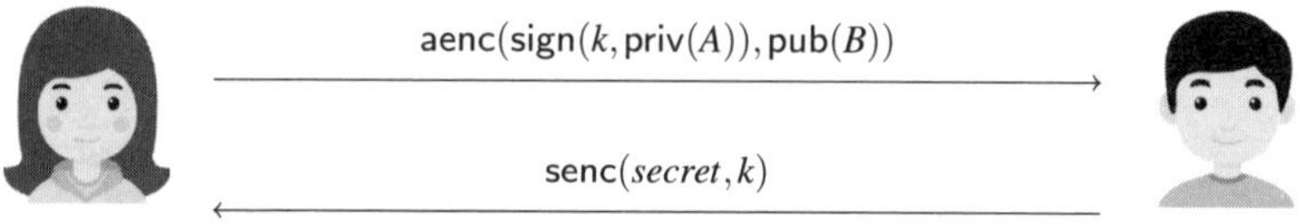

Fig. 11.1 : Version simplifiée du protocole Denning-Sacco [45]

Maintenant que nous disposons de quelques briques de base, nous allons pouvoir les assembler en vue de concevoir un protocole cryptographique. Il s'agira d'un protocole d'échange de clefs, le but étant d'établir une clef secrète partagée entre deux participants que l'on a coutume d'appeler Alice et Bob. Nous supposons dans la suite que ces participants disposent chacun d'une clef publique et d'une clef privée associée. Elles sont notées pub(A) et priv(A) pour Alice, et pub(B) et priv(B) pour ce qui concerne le participant Bob. La clef priv(A) n'est donc connue que de A et la clef priv(B) n'est connue que de B, alors que les clefs pub(A) et pub(B) sont publiques (publiées sur une page Web par exemple).

Le protocole est illustré sur la figure 11.1. Il est composé des deux envois de messages suivants :

Message 1. $A \rightarrow B$: aenc(sign(k, priv(A)), pub(B))
Message 2. $B \rightarrow A$: senc(*secret*, k)

Nous allons maintenant expliquer plus en détail le fonctionnement de ce protocole. Tout d'abord, Alice engendre une nouvelle clef de chiffrement, notée *k*. Si le protocole se déroule comme prévu, cette dernière sera utilisée par son interlocuteur, ici Bob, pour envoyer des données confidentielles à Alice. Ces données sont ici représentées par le message noté *secret* transmis dans le deuxième échange.

Le premier message stipule que cette clef *k* nouvellement engendrée par Alice est tout d'abord signée à l'aide de sa clef privée (c'est l'expression sign(*k*, priv(*A*))). Cette signature permet d'assurer que cette étape a été réalisée par Alice et sera nécessaire pour garantir à Bob que cette clef *k* a bien été engendrée par Alice. Ensuite, il n'est pas question d'envoyer cette signature sans mécanisme de protection sur le réseau de communication qui n'est pas sûr. En effet, sign(*k*, priv(*A*)) pourrait alors tomber dans les mains d'un agent malveillant, qui pourrait obtenir *k*. Afin d'assurer la confidentialité de la clef *k* (qui va par la suite être utilisée pour protéger le secret que Bob souhaite envoyer à Alice), cette signature est chiffrée avec la clef publique de Bob : c'est ce que représente l'expression aenc(sign(*k*, priv(*A*)), pub(*B*)). Ainsi, même si ce message tombe dans les mains d'un agent malveillant, celui-ci ne pourra en tirer aucune information intéressante, et surtout il ne pourra pas récupérer la clef *k*. En fait, seul Bob est en mesure d'ouvrir ce chiffré et d'extraire son contenu.

Lors de la réception de ce message, Bob ouvre donc le chiffrement à l'aide de sa clef privée, ici priv(*B*), et vérifie la signature du message qu'il vient de recevoir, à l'aide de la clef publique d'Alice pub(*A*). Il extrait ensuite la clef *k* du message qu'il vient de recevoir et l'utilise pour chiffrer les données confidentielles qu'il souhaite envoyer à Alice.

11.3 Attention aux attaques !

Même en présence d'algorithmes de chiffrement suffisamment sûrs qui remplissent parfaitement leurs rôles, il faut savoir que la sécurité n'est pas pour autant toujours au rendez-vous. Plusieurs exemples célèbres ont montré que les protocoles cryptographiques peuvent être attaqués. Pour ne citer que TLS (déjà mentionné plus haut), diverses attaques ont été publiées sur la version 1.2 du protocole [196], attaques qui permettent par exemple à une personne malveillante de se faire passer pour un autre (faille d'authentification). Si on souhaite poursuivre notre analogie avec le coffre-fort, le matériau utilisé peut être assimilé au choix des primitives cryptographiques, alors que le plan du coffre est l'analogue des spécifications du protocole cryptographique. Un mauvais choix de matériau peut mettre à mal la sécurité du coffre, et des plans défectueux peuvent également être à l'origine de nombreuses failles de sécurité.

Ainsi, aussi surprenant que cela puisse paraître, même en présence de primitives cryptographiques idéales et ne comportant aucune faiblesse, des failles de sécurité peuvent apparaître au niveau de la couche protocolaire. Les failles qui permettent de telles attaques sont qualifiées de failles logiques. Leur étude est complémentaire à la cryptanalyse, c'est-à-dire à l'étude des failles des mécanismes cryptographiques sous-jacents. On pourrait penser qu'il est aisé de s'assurer de la fiabilité d'un protocole, mais en réalité ces failles sont relativement subtiles et difficiles à déceler à la simple vue du texte du protocole.

Retour sur notre exemple

Pour illustrer cette notion de faille logique, reprenons le protocole décrit précédemment. Celui-ci est en effet sujet à une telle attaque logique à l'issue de laquelle un agent malveillant va pouvoir récupérer les données secrètes envoyées par Bob alors que Bob souhaitait uniquement les partager avec Alice. Mais comment cela est-il possible ?

Cette attaque, caractéristique des attaques dites « de l'homme du milieu », est illustrée sur la figure 11.2 et commentée ci-dessous. Tout d'abord, notre agent malveillant que l'on nommera Charlie va se mettre en relation avec Alice, et nous supposerons qu'Alice va initier le protocole avec Charlie. Le fait qu'Alice entre en contact avec un agent malveillant n'est pas à première vue une situation souhaitable. Cependant, cela ne devrait pas compromettre la confidentialité des données que Bob souhaite communiquer à Alice. Or, voici comment en 3 étapes, Charlie va apprendre le secret que Bob a envoyé à Alice :

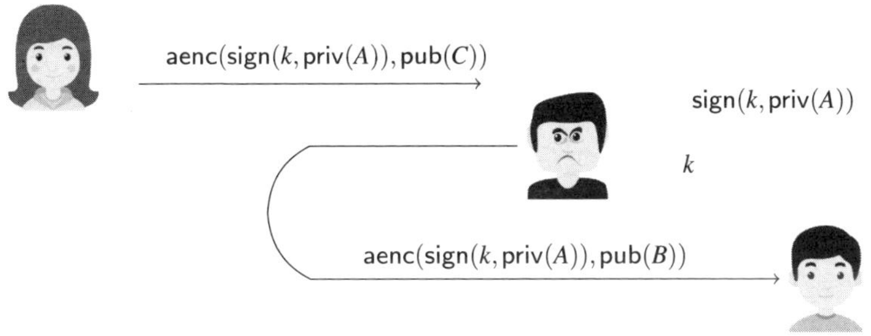

Fig. 11.2 : Attaque logique « de l'homme du milieu » sur le protocole DenningSacco

1. Lors du premier échange, Alice envoie à Charlie une clef secrète signée et chiffrée avec la clef publique de Charlie, qui doit permettre à Charlie de transmettre ses secrets de manière confidentielle. En déchiffrant, Charlie obtient alors sign(k, priv(A)), la clef k signée par Alice et aussi la clef k elle-même. Notre agent malveillant est donc en possession d'une signature qu'il n'aurait pas su forger lui-même, et ce message va s'avérer être très précieux.

2. Ensuite, Charlie chiffre cette signature sign(k, priv(A)) en utilisant la clef publique de Bob (qui par définition est connue de tous), et envoie le message résultant aenc(sign(k, priv(A)), pub(B)) à Bob.

3. Lors de la réception de ce message, Bob va tout d'abord le déchiffrer (à l'aide de sa clef privée), et vérifier la signature. Notez qu'il s'agit bien ici de la signature d'Alice. Bob va donc envoyer son secret chiffré avec cette clef k qu'il vient de recevoir. Il pense alors partager son secret avec Alice. Or, cette clef k est tombée aux mains de Charlie à l'étape 1 !

Chiffrer des données confidentielles avec une clef connue de l'attaquant, voilà quelque chose de bien curieux et surtout n'apportant aucune protection.

Que dire des protocoles utilisés à l'heure actuelle ?

Malheureusement, de telles failles de sécurité sont régulièrement découvertes sur des services grand public. On citera par exemple une ancienne version du protocole *Google Single Sign-on* qui permet à un utilisateur de se connecter automatiquement à toutes ses applications Google [17]. Le problème est que le message chiffré produit lors de l'authentification n'est pas spécifique à l'application visée, et peut donc être utilisé par un agent malveillant pour se connecter à une autre application de ce même utilisateur.

Le diable est dans les détails, et des fautes à première vue anodines ont parfois des conséquences sévères en matière de sécurité. Un autre exemple est celui du passeport électronique utilisé en France depuis 2006. Le passeport est tenu de répondre chaque fois qu'il est interrogé. Si cette conversation ne respecte pas le protocole de communication, il émet alors un message d'erreur pour signifier qu'il ne peut poursuivre la communication. Dans le cas de la mise en œuvre française du passeport, ces messages d'erreurs précisent la cause de l'échec de l'authentification. Cet effort de précision, louable *a priori*, est à l'origine d'une faille de sécurité qui a perduré jusqu'en 2010 et qui permettait de tracer le porteur d'un passeport français.

Plus récemment encore, une vulnérabilité basée sur une fonctionnalité datant des années 1990 a été découverte. Cette vulnérabilité – mentionnée dans la section 8.4 – baptisée FREAK (*Factoring RSA Export Attack Keys*) et révélée au public en 2015, permet de réduire la sécurité d'une connexion chiffrée entre un internaute et un serveur Web [41]. Il s'agit pour un agent malveillant de s'immiscer dans les échanges réalisés au début du protocole, *via* une attaque du même type que celle que nous avons montrée sur le protocole Denning-Sacco, attaque dite « de l'homme du milieu ». Cette intervention lui permet alors de forcer l'utilisation d'un vieux modèle de chiffrement devenu complètement obsolète.

Le paiement sans contact arrivé en France en 2015 a connu un bel essor. Bien que les Français semblent avoir adopté ce mode de paiement, celui-ci n'est pas sans risque. Ce moyen de paiement est vulnérable à l'attaque par relais. Il s'agit pour un agent malveillant de faire effectuer le paiement par une carte victime (par exemple la carte d'un client se trouvant au fond du restaurant) en relayant les messages entre le terminal et cette carte distante. Des protocoles cryptographiques particuliers, dédiés à la sécurité des systèmes sans contact, existent mais sont encore peu utilisés à l'heure actuelle.

11.4 Comment éviter ces attaques ?

L'histoire de l'utilisation des protocoles cryptographiques montre que l'immense majorité des protocoles comporte des failles. Une fois les attaques découvertes, les protocoles sont mis à jour... jusqu'à la prochaine attaque.

Du point de vue des utilisateurs que nous sommes, ce constat a pour conséquence certains conseils pratiques : mettre à jour les logiciels que nous utilisons pour bénéficier des dernières corrections et se protéger des attaques connues, opter pour des dispositifs du type cage de Faraday (une simple feuille d'aluminium pouvant faire l'affaire) pour éviter que notre carte bancaire sans contact et que notre passeport électronique soient utilisés à notre insu. Cependant, ce processus cyclique d'attaques et de mises à jour est sans fin. Les attaquants sont inventifs : chaque mise à jour ne fait généralement qu'empêcher une attaque connue, ce qui n'exclut pas d'autres attaques à venir. Comment briser ce cycle infernal ?

La mauvaise solution : sécurité par obscurité

Beaucoup de constructeurs ont choisi de cacher le protocole qu'ils utilisent. D'une part, la spécification, c'est-à-dire le « plan du coffre », n'est pas publique et, d'autre part, le programme qui réalise ce plan est brouillé par l'ajout d'instructions inutiles. Ils espèrent ainsi compliquer la tâche de l'attaquant, et empêcher ce dernier de détecter les failles. Cette méthode, si elle permet parfois de retarder l'attaquant, n'assure aucunement la sécurité. En effet, d'une part il faut supposer que le secret du procédé ne tombera jamais dans les mains de l'adversaire. D'autre part, il faut supposer qu'un adversaire ne puisse pas conduire une « rétro-ingénierie » du programme, et ainsi découvrir par lui-même le fonctionnement interne du protocole.

L'histoire montre que les procédés utilisés tombent tôt ou tard dans les mains de l'adversaire. La machine Enigma, utilisée par les Allemands durant la Seconde Guerre mondiale est un exemple de procédé caché. Mais, il a suffi de la capture d'un sous-marin contenant l'un des exemplaires de la machine pour connaître le procédé utilisé. Bien sûr, il fallait ensuite monter une attaque, ce qui est dans ce cas un résultat difficile, dû en grande partie à Alan Turing.

Donnons des exemples plus récents. On peut trouver dans le commerce des périphériques de sécurité (ressemblant à une clef « USB ») qui présentent des garanties contre les attaques physiques et qui permettent de stocker des secrets, typiquement des clefs ou mots de passe, qui vont être utilisés sur différentes machines. Les interfaces (protocoles cryptographiques) de ces périphériques sont décrites dans un standard, que nous avons étudié [101]. Les attaques trouvées sur le standard n'ont pas inquiété les constructeurs de périphériques, qui pensaient sans doute que, leurs programmes étant cachés, ils restaient protégés. Mais Graham Steel et ses collaborateurs italiens ont pris le temps d'effectuer une « rétro-ingénierie » de ces produits et donc de comprendre quelles fonctionnalités étaient réalisées dans les périphériques. Cela leur a permis de monter des attaques sur les périphériques de sécurité du commerce [52] : cacher le procédé ne constitue pas une garantie de sécurité. C'est aussi le fait de comprendre quelles fonctionnalités étaient réalisées qui a permis à Serge Humpich de monter dans les années 1990 sa fameuse attaque sur les cartes bancaires.

La rétro-ingénierie des programmes est ainsi souvent possible, pourvu qu'on s'en donne les moyens. La plupart des mécanismes de protection sont ainsi démontés et des contournements sont publiés en ligne. Supposer le procédé connu de l'adversaire est donc prudent : c'est le principe énoncé par Auguste Kerckhoffs dès le XIXe siècle. Nous allons même plus loin : il est souhaitable de publier le protocole, de manière à avoir un retour du plus grand nombre de spécialistes, ce qui permet de l'améliorer rapidement, voire de le prouver, ce qui est la seule manière d'assurer la sécurité à long terme.

La bonne solution : la preuve

Il est, en principe, possible de briser le cycle infernal des attaques/mises à jour : il suffirait de *démontrer* que le protocole ne puisse pas être attaqué. C'est une des tâches auxquelles s'attellent les chercheurs (et en particulier les auteurs de cet article).

Bien entendu, pour prouver un protocole, celui-ci doit être connu. La propriété de sécurité qu'il doit assurer doit aussi être formellement énoncée, ce qui n'est pas toujours si facile ; par exemple, comment formaliser qu'un bulletin de vote reste anonyme ? Il ne s'agit pas ici de secret du bulletin (tous les bulletins valides possibles sont connus), mais du secret du lien entre un bulletin et celui qui l'a déposé (voir le chapitre 12).

Pour prouver d'une façon rigoureuse qu'un protocole fonctionne correctement, il faut tout d'abord établir un modèle précis de ce dernier. En fait, dans le cas de la sécurité, cela ne concerne pas seulement le protocole et la propriété à démontrer, mais aussi le modèle d'attaquant. Plusieurs modèles ont été proposés, mais aucun n'est parfait. Un modèle d'attaquant trop faible ne permettra pas d'assurer un niveau de sécurité suffisant. Un modèle d'attaquant trop fort va nous amener à la découverte d'attaques peu réalistes, et *in fine* à écarter des protocoles pourtant sûrs en pratique. D'une manière générale, la grande majorité des modèles d'attaquant supposent que l'adversaire peut intercepter les communications, modifier les messages et envoyer ses propres messages, comme s'ils venaient d'une tierce personne. En revanche, on suppose que l'attaquant n'a pas accès aux données secrètes stockées chez l'émetteur et le destinataire. L'attaque donnée dans la figure 2 suit ce modèle. La question est ensuite de savoir ce que peut calculer l'adversaire à partir des messages interceptés. Le modèle le plus célèbre, dit « Dolev-Yao », à la suite d'un article fondateur de ces auteurs en 1981 [108], restreint les capacités de calcul d'un attaquant aux seules fonctionnalités utilisées par les primitives cryptographiques : chiffrer avec une clef connue, déchiffrer avec une clef de déchiffrement connue, vérifier une signature, etc. L'attaque de la figure 2 est construite dans ce modèle.

Mais, on peut objecter qu'un attaquant n'a aucune raison de se limiter à ce petit nombre d'opérations. Si une attaque est trouvée dans ce modèle, il s'agit bien d'une attaque réelle. Cependant, si on parvient à prouver le protocole dans le modèle Dolev-Yao, rien ne prouve qu'un autre attaquant ne pourrait pas, avec d'autres opérations, parvenir à casser la sécurité. C'est pourquoi un deuxième modèle, plus précis, ne restreint pas le type de programme mis en œuvre, mais seulement les ressources de calcul (typiquement : le temps probabiliste polynomial). Il s'agit alors de calculer une probabilité maximale de succès de l'attaquant, en fonction de la longueur des clefs et du temps de calcul. Bien entendu, ce type de preuve est plus difficile à mener à bien que dans le modèle Dolev-Yao. Ce n'est de toute façon pas encore une preuve absolue de sécurité, car l'adversaire pourrait effectuer des mesures supplémentaires, comme mesurer le temps de réponse, la longueur des messages, ou la consommation d'énergie (pour les cartes à puce par exemple). C'est ce qu'on appelle les attaques par canaux auxiliaires. Il faut alors généraliser le modèle avec bien sûr l'inconvénient de rendre les preuves de plus en plus difficiles. En conclusion : les preuves formelles permettent d'obtenir des garanties, en effectuant des hypothèses précises sur les capacités d'un adversaire. Il n'y a pas de preuve absolue de sécurité.

Quelques outils de preuve produits dans le monde académique

Le monde académique a produit de nombreux outils de preuve de protocoles cryptographiques, dans différents modèles. Nous n'allons pas les lister ici, mais donner seulement deux exemples d'outils développés par notre collègue Bruno Blanchet [45]. ProVerif est un démonstrateur automatique qui, étant données une spécification d'un protocole et une propriété de sécurité, répond si la propriété est vérifiée ou si une attaque semble possible, dans le modèle Dolev-Yao. L'algorithme peut ne pas terminer ou produire de fausses attaques mais, dans les nombreux exemples testés, ces deux situations se produisent rarement. L'attaque de la figure 2 est par exemple trouvée automatiquement par l'outil de vérification ProVerif. Un tel outil repose sur des techniques mathématiques et sur des outils issus de la logique. L'idée est de montrer – c'est-à-dire de faire une preuve mathématique – que les différents comportements de l'attaquant ne peuvent en aucun cas mener à une faille de sécurité. Bien entendu, il n'est pas question d'essayer d'énumérer ces comportements et de les tester un à un. Les possibilités offertes à l'attaquant sont infinies. Les techniques développées, issues de la démonstration automatique, permettent de raisonner sur cet univers des possibles sans jamais l'énumérer.

D'autres outils, comme CryptoVerif, utilisent le modèle plus élaboré des attaquants probabilistes polynomiaux et calculent explicitement une borne à la probabilité de succès d'un attaquant en fonction de divers paramètres, dont la longueur des clefs et les chances de succès d'une attaque sur les primitives elles-mêmes. En revanche, ce démonstrateur est tourné vers la preuve et ne propose pas d'attaque en cas d'échec de la recherche de preuve. Les preuves produites sont des suites de jeux, comme celles utilisées par les cryptographes lorsqu'ils effectuent des preuves manuelles. Une preuve par jeux consiste en une suite de jeux dont le premier correspond au protocole à prouver. Chaque jeu est obtenu à partir du précédent par des transformations simples pour lesquelles on sait que la sécurité est préservée. Dans le dernier jeu, l'attaquant a une probabilité négligeable de casser la propriété de sécurité à prouver, de par la forme même du jeu. On en déduit alors que l'attaquant a une probabilité négligeable de casser la propriété souhaitée dans le jeu initial, et donc que le protocole étudié est sûr. L'outil CryptoVerif permet donc d'obtenir des preuves dans un modèle plus réaliste que celles produites par l'outil ProVerif. Celles-ci sont en fait très proches des preuves écrites habituellement par les cryptographes, mais présentent des garanties supplémentaires car elles sont mécaniquement vérifiables.

Bien que très différents, des liens ont pu être établis entre ces deux modèles appelés respectivement *modèle symbolique* et *modèle calculatoire*. Ainsi, il est possible d'effectuer des preuves dans le modèle symbolique (à l'aide d'outils automatiques comme l'outil ProVerif) et d'obtenir, sous certaines hypothèses cryptographiques, des garanties dans le modèle calculatoire, c'est-à-dire le modèle utilisé par l'outil CryptoVerif et les cryptographes. Ce lien permet de tirer profit des avantages de ces deux modèles. On gagne d'une part la précision d'un modèle calculatoire, et d'autre part la possibilité d'automatiser la recherche de preuves et d'attaques en considérant des scénarios relativement complexes (grâce à l'approche offerte par les modèles symboliques). Le premier résultat à établir ce lien remonte à 2001 [2], et depuis de nombreux autres résultats ont suivi [80].

Les protocoles du futur

L'expérience acquise dans l'analyse des protocoles a permis de faire progresser la conception des protocoles. TLS est un standard pour les échanges sur Internet, qui est déjà ancien et pour lequel les versions successives ont été beaucoup étudiées (et attaquées). Ce protocole est utilisé à très large échelle, notamment pour toutes les connexions sécurisées (connexion « https »). La publication de la spécification du protocole a permis de le faire évoluer. Après 4 ans de travail et 28 *drafts*, TLS 1.3 a vu le jour en 2018. Ce protocole représente un bond en avant significatif pour la sécurité. En particulier, son développement s'est effectué en étroite collaboration avec les équipes de recherche spécialistes de la preuve de protocoles. Ainsi, des implémentations prouvées du protocole sont d'ores et déjà en partie réalisées [105]. Bien entendu, tout cela a exigé un effort considérable et a surtout demandé d'intégrer la preuve formelle dès la conception du protocole. La question n'était pas tant de concevoir un nouveau protocole mais de concevoir un protocole prouvé sûr. La conception de protocole sûr est un travail difficile et délicat, mais les enjeux économiques et sociétaux sont importants, et il y a beaucoup à gagner à se préoccuper de la mise en place d'une telle preuve au moment même de la conception du protocole.

11.5 Conclusion

La première leçon à retenir de ce chapitre est que la sécurité par obscurité du code est un leurre. Cacher le protocole permet d'obtenir un délai supplémentaire, mais certainement pas d'assurer la sécurité. Ensuite, utiliser de bonnes primitives cryptographiques est essentiel, mais cela ne suffit pas pour garantir la sécurité : il y a de très nombreux exemples d'attaques, y compris quand le chiffrement est parfait. Utiliser de bonnes primitives n'est en effet pas suffisant, il faut aussi que leur assemblage sous forme de protocole n'ouvre pas la porte à des failles. Les preuves de sécurité sont le seul espoir pour stopper le cycle infernal des attaques et des mises à jour. Une telle approche nécessite cependant beaucoup d'expertise, et il est préférable qu'elle soit intégrée lors de la conception du protocole. La preuve est la seule façon de garantir que le protocole résistera aux épreuves à venir !

12 – Le vote électronique

Steve Kremer[1]

12.1 Introduction

Une élection permet à un groupe d'électeurs de choisir une personne, ou un groupe de personnes parmi des candidats. L'utilisation d'élections remonte à l'Antiquité et s'est perpétuée tout au long du Moyen Âge. Par exemple, l'empereur du Saint Empire romain germanique fut élu à la majorité par les sept princes électeurs. De nos jours, les élections sont cependant souvent plus complexes : le corps électoral peut être très grand (une grande partie de la population adulte pour une élection politique nationale) et la méthode du choix plus ou moins compliqué (de la simple majorité à des systèmes avec vote préférentiel, ordonnant les candidats, et un système de transfert de vote pour le décompte). Le bon fonctionnement des méthodes d'élection est ainsi un des garants de notre démocratie moderne. Néanmoins, à côté des élections politiques, il existe également de nombreuses élections professionnelles.

Lorsque le nombre d'électeurs est grand, le calcul du résultat devient parfois un vrai défi, et il est presque impossible d'éviter des erreurs lors d'un décompte ou d'un calcul du résultat à la main. Les premières machines mécaniques pour enregistrer des votes et automatiser le décompte datent de la fin du XIXe siècle. De nos jours, ces machines mécaniques sont remplacées par des ordinateurs, et on parle alors de *vote électronique*. On peut distinguer deux grandes familles de vote électronique : les machines de

1. Steve Kremer, Inria Nancy Grand Est, LORIA.

vote placées dans les bureaux de vote, et le vote par Internet qui permet de voter sans besoin de se déplacer dans un bureau. Les machines de vote sont aujourd'hui utilisées couramment dans les élections aux États-Unis, alors que d'autres pays, tels que l'Allemagne ou les Pays-Bas, les ont bannies. Dans ce chapitre nous nous concentrerons particulièrement sur le vote à distance par Internet. Des systèmes de ce type sont utilisés par exemple en Estonie, depuis 2005, pour les élections parlementaires. Certaines régions en Suisse et en Australie ont également proposé des élections par Internet. En 2012, les Français de l'étranger avaient la possibilité de voter par Internet pour les élections législatives. Cependant, en 2017, cette offre n'a pas été renouvelée pour des raisons de sécurité.

En effet, une élection doit garantir deux propriétés de sécurité fondamentales :

– le secret du vote, c'est-à-dire qu'une personne ne peut savoir comment une personne en particulier a voté ;

– l'intégrité du résultat, c'est-à-dire que le résultat doit correspondre aux votes exprimés.

Non seulement, il faut garantir que les programmes ne contiennent pas d'erreur, mais en plus il faut se prémunir contre des personnes qui essaient d'« attaquer » ces systèmes, c'est-à-dire qui essaient activement de changer le résultat de l'élection ou de divulguer le vote d'une personne. C'est pour cela que les protocoles de vote électronique utilisent des mécanismes cryptographiques. Cependant, les protocoles cryptographiques sont difficiles à concevoir et déployer correctement. Il n'est donc pas étonnant que des failles dans ces protocoles aient été trouvées. Nous mentionnerons ici deux de ces attaques, mais il en existe de nombreuses autres.

En 2010, Washington D.C. a développé un système de vote pour des Américains de l'étranger. Ils ont organisé une élection test en invitant tout un chacun à tester et à attaquer le système. Un groupe mené par Alex Halderman a réussi à s'introduire dans le système informatique, à changer les votes et à divulguer les choix de tous les votants [295]. De plus, ces modifications n'ont pas été détectées. Cette attaque montre la nécessité de mécanismes de vérification permettant de détecter les modifications des votes, et la nécessité de ne pas stocker des votes en clair, c'est-à-dire sans protection cryptographique.

Lors des élections législatives françaises de 2012, les Français de l'étranger avaient la possibilité de voter par Internet. L'informaticien Laurent Grégoire a alors montré qu'il était possible d'écrire un logiciel malveillant permettant de modifier le choix d'un votant de façon non détectable [156]. Bien que le vote fût correctement chiffré avant d'être transmis à l'urne, le changement se faisait avant le chiffrement.

Dans ce chapitre, nous discuterons d'abord des propriétés de sécurité qu'un bon système de vote doit garantir. Ensuite nous présenterons le protocole Helios et discuterons sur cet exemple les propriétés identifiées auparavant. Nous expliquerons ensuite l'importance de l'utilisation de méthodes formelles pour améliorer la sécurité de ces protocoles et nous conclurons en présentant quelques perspectives de recherche.

12.2 Les bonnes propriétés d'un système de vote électronique

Comme déjà évoqué ci-dessus un protocole de vote électronique doit assurer deux principales garanties de sécurité : le secret du vote et l'intégrité du résultat.

Le secret du vote

Le secret du vote, ou parfois appelé l'anonymat, est une propriété fondamentale, car elle permet au votant de s'exprimer en toute liberté, sans subir de pression. C'est pour cela que les votes sont généralement chiffrés, afin que personne ne puisse connaître le choix d'un votant. Le fait de chiffrer les votes complique évidemment le dépouillement qui ne doit pas permettre – même pas aux autorités en charge du dépouillement – d'associer les votes aux votants.

Cependant, assurer le secret du vote n'est pas toujours suffisant. Pour des élections à fort enjeu, il peut être nécessaire de protéger le votant contre la coercition ou éviter l'achat de votes. Dans ce cas, il faut garantir qu'un votant n'ait pas moyen de convaincre un tiers de son vote. On parle dans ce cas d'une propriété plus forte, la *résistance à la coercition*. Un exemple de système de vote qui garantit cette propriété est Civitas [71].

Finalement, l'utilisation du chiffrement pour garantir le secret du vote peut être problématique, lorsqu'on veut garantir ce secret pour une longue durée. Bien qu'on sache faire des prévisions assez fiables sur la résistance des chiffrements à relativement court terme (environ les dix prochaines années), il est extrêmement difficile de prédire aujourd'hui la taille d'une clef pour garantir une sécurité à plus long terme, par exemple à 50 ans. Il existe cependant des solutions cryptographiques qui peuvent garantir que les données publiques (nécessaires pour garantir l'intégrité du vote, voir ci-dessous) ne dévoilent pas le secret du vote, et ceci de façon inconditionnelle. Cette propriété est parfois appelée le *secret de vote éternel* [16, 228].

Finalement, nous notons qu'un vote par Internet est un vote à distance. On ne bénéficie donc pas de l'intimité de l'isoloir et on ne peut pas se prémunir contre une personne qui vote avec, ou à la place d'un votant. Ceci est cependant un problème inhérent au vote à distance, et existe également dans des systèmes non électroniques comme le vote postal. Une façon qui permet de partiellement mitiger ce problème est le droit de revoter, c'est-à-dire de voter à nouveau afin de remplacer un vote précédent.

L'intégrité de l'élection

La deuxième propriété fondamentale qu'un système de vote doit satisfaire est l'intégrité du résultat de l'élection : est-ce que le résultat affiché est le résultat correct ? Cette propriété est cependant difficile à garantir. S'assurer que les différents programmes exécutés lors d'une élection ne contiennent aucun *bug* semble hors de portée, vu la complexité de ces logiciels. De plus, un développeur malveillant pourrait avoir caché une porte dérobée dans le logiciel, qui permettrait de changer le résultat. Finalement, même si on pouvait s'assurer que le logiciel est entièrement correct, il faudrait également garantir que le logiciel ainsi certifié est celui exécuté et non modifié lors de l'élection.

C'est pour cela que beaucoup de systèmes ne visent pas à montrer la correction du code, mais exigent que l'élection soit *vérifiable* de bout en bout : l'élection doit publier des preuves (mathématiques) qui permettent de vérifier que le résultat correspond aux votes envoyés par les électeurs. Souvent la vérifiabilité de bout en bout est assurée en permettant (1) à chaque votant de vérifier que son vote ait bien été enregistré (la *vérifiabilité individuelle*), (2) à toute personne de vérifier que le résultat affiché corresponde au dépouillement des votes enregistrés (la *vérifiabilité universelle*), et (3) que tous les votes enregistrés correspondent à des votants éligibles, afin d'éviter le « bourrage d'urne » (la *vérifiabilité d'éligibilité*) [183].

On peut noter que les notions de secret de vote et de vérifiabilité sont antagonistes. Il faut en même temps qu'un votant puisse s'assurer que son vote a bien été enregistré (vérifiabilité individuelle) sans pour autant révéler son vote, ni lui donner la possibilité de convaincre un tiers de ce fait (résistance à la coercition). Par exemple, un vote à main levée est parfaitement vérifiable mais ne garantit pas du tout le secret du vote. Réconcilier les deux objectifs est souvent délicat.

À qui faire confiance ?

Lorsque l'on se pose la question de savoir si un système de vote vérifie le secret et la vérifiabilité, il est également important de questionner les hypothèses selon lesquelles ces propriétés sont satisfaites. Par exemple, il est important que le secret du vote soit satisfait même envers les organisateurs de l'élection, c'est-à-dire même si le serveur qui enregistre les bulletins de vote ou qui est en charge du dépouillement est sous l'emprise de l'attaquant.

Le secret du vote et l'intégrité sont également beaucoup plus difficiles à garantir si la machine sur laquelle le choix est entré est compromise, par exemple par un logiciel malveillant. Il est souvent facile de permettre à ce logiciel de divulguer le vote ou de le modifier avant de le chiffrer et de l'envoyer à l'urne.

L'utilisabilité et la transparence

Finalement, il faut aussi veiller à l'utilisabilité du système. Souvent, des propriétés fortes, comme la résistance à la coercition ou la prise en compte d'une plate-forme de vote compromise, peuvent être satisfaites mais demandent la mise en œuvre de mécanismes complexes, qui nuisent fortement à la simplicité d'utilisation du système.

De même, la transparence est une propriété qui peut être cruciale : il faut que le fonctionnement de l'élection soit assez simple et transparent pour être compris par des non-spécialistes. Ainsi, le vote électronique en l'état a été jugé anticonstitutionnel en Allemagne, car la correction du système ne peut pas être vérifiée par des non-spécialistes.

Cette notion de transparence demande aussi que le système soit *ouvert*, c'est-à-dire, que les spécifications soient publiques. Comme discuté dans le chapitre 11, le fait de cacher le fonctionnement du système n'augmente pas la sécurité, mais au contraire rend les analyses de sécurité plus compliquées.

12.3 Le protocole Helios

Dans cette section nous présenterons le protocole Helios proposé par Ben Adida en 2008 [5, 162]. Il s'agit d'un système de vote électronique relativement simple, qui a pour but le secret du vote et la vérifiabilité. Nous illustrons ici ce protocole sur une élection très simple avec un choix binaire (0 ou 1).

Le protocole se déroule en deux étapes principales, que nous détaillerons ci-dessous :

– Durant la phase de vote, chaque votant construit son bulletin, en chiffrant son vote. Ce bulletin est ensuite envoyé à un serveur qui fait office d'urne et qui affiche les bulletins (chiffrés) sur un tableau d'affichage.

– Durant la phase de dépouillement, des autorités vont combiner les bulletins individuels pour obtenir un chiffrement du résultat. Cette opération de combinaison est possible grâce à un chiffrement *homomorphe* (voir la section 10.3). Dans le cas d'une élection binaire, il suffit que les votes soient additionnés. Ensuite, les autorités procèdent au déchiffrement du résultat qui est alors publié.

Ces deux étapes sont généralement précédées par une étape de préparation que nous détaillerons peu car certains éléments dépendent du contexte de l'élection. Lors de cette étape, les organisateurs créent une paire de clef (*pk*, *sk*) pour un chiffrement à clef publique. La clef *pk* est rendue publique et sert à chiffrer les votes, alors que la clef *sk* est gardée secrète par les autorités de dépouillement. Les votants éligibles obtiennent également leur matériel de vote, leur permettant de se connecter à l'urne publique. Ce matériel consiste généralement en un *login* et mot de passe. S'il s'agit d'une élection professionnelle, des comptes informatiques existants peuvent parfois être réutilisés, ou l'identification peut dans certains contextes être externalisée, utilisant par exemple un compte Facebook ou Google.

La phase de vote

Le votant, que nous appelons Alice, sélectionne son choix (0 ou 1), que nous notons v_A. Le vote v_A est ensuite chiffré avec la clef de l'élection *pk*, résultant dans le bulletin enc (v_A, *pk*).

Il faut cependant s'assurer que le bulletin est bien formé, c'est-à-dire que le chiffrement est bien de 0 ou de 1. Un votant malhonnête pourrait sinon chiffrer une autre valeur, par exemple 100. Comme les votes seront additionnés avant d'être déchiffrés, cela ne serait pas détecté, et le votant aurait ajouté de façon frauduleuse 99 votes supplémentaires pour 1. On utilise pour cela un outil cryptographique appelé *preuve à divulgation nulle de connaissance*[2] : ce type de preuve permet de prouver la véracité d'un fait sans divulguer aucune information en plus. Dans ce cas, la preuve pour un bulletin *b* prouvera le fait que « *b* est un chiffrement de 0 ou de 1 » sans donner aucune information permettant de savoir laquelle de ces deux valeurs a été chiffrée.

Alice s'authentifie avec ses identifiants auprès de l'urne et envoie son bulletin et une preuve de bonne formation de son

2. *Zero-knowledge proof.*

bulletin *zkpA* qui seront publiés sur le tableau d'affichage public. Le tableau d'affichage résultat est présenté sur la figure 12.1. Alice pourra ainsi vérifier que son bulletin a bien été enregistré correctement. Tout observateur peut également vérifier que tous les bulletins sont bien formés en vérifiant la validité des preuves à divulgation nulle.

Alice	(enc(v_A, pk),zkp_A)
Bob	(enc(v_B, pk),zkp_B)
Charlie	(enc(v_C, pk),zkp_C)
⋮	⋮

Fig. 12.1 : Tableau d'affichage

La phase de dépouillement

À une échéance fixée à l'avance, on arrête la phase de vote et on commence la phase de dépouillement. Comme évoqué ci-dessus le dépouillement utilise une propriété homomorphe du chiffrement, dans le cas présent :

$$\text{enc}(v_1, pk) \times \text{enc}(v_2, pk) = \text{enc}(v_1 + v_2, pk)$$

Il suffit donc de multiplier tous les bulletins pour obtenir le chiffrement de la somme des votes enc ($v_A + v_B + v_C + ..., pk$), c'est-à-dire le chiffrement du résultat.

L'autorité en charge du dépouillement, qui possède la clef secrète *sk* correspondant à la clef publique *pk* peut ensuite déchiffrer le chiffrement du résultat et publier le résultat. Il y a cependant deux problèmes, si cette autorité est malhonnête. Tout d'abord, comme elle est la seule à pouvoir effectuer le déchiffrement elle peut simplement annoncer un résultat différent. À nouveau, ceci peut être évité grâce à une preuve à divulgation nulle qui assure que le résultat annoncé est bien le résultat du chiffré. Le deuxième problème est lié au secret du vote : connaissant la clef secrète *sk* et, comme tous les bulletins sont affichés publiquement, l'autorité peut déchiffrer les bulletins individuels et savoir par exemple comment Alice a voté. Pour éviter ce problème, nous utiliserons un *déchiffrement distribué*. Plutôt que d'avoir une seule autorité en charge du dépouillement, nous en utilisons *n* et la clef secrète sera partagée en *n* clefs partielles sk_1 ..., sk_n. Aucune de ces clefs partielles ne permet de déchiffrer le résultat ou un bulletin, car tout déchiffrement nécessite la coopération des *n* autorités. Ainsi, si au moins une de ces autorités est honnête, le secret des votes individuels ne peut pas être compromis de cette façon.

Une première analyse de sécurité

Nous pouvons maintenant poser la question de savoir si Helios vérifie les propriétés voulues.

Le raisonnement montrant le secret du vote est le suivant : le vote est envoyé et affiché seulement de façon chiffrée. En supposant que le chiffrement est sûr, il n'est pas faisable (de façon efficace) de connaître le contenu du chiffré, à moins d'avoir accès à la clef *sk*. Cette clef est cependant partagée entre les autorités en charge du dépouillement et nous avons supposé qu'au moins une de ces autorités est honnête. On peut d'ores et déjà remarquer que le secret du vote n'est pas garanti si l'ordinateur utilisé pour voter est compromis par un logiciel malveillant : comme le vote est entré en clair dans l'ordinateur afin d'être chiffré, il peut être intercepté et révélé. De même, Helios n'est pas conçu pour résister à la coercition : si le logiciel de vote enregistre l'aléa utilisé pour produire le chiffrement[3], on peut vérifier qu'un chiffré affiché sur l'urne correspond au chiffrement de 0 ou de 1.

Quant à la vérifiabilité, un votant peut vérifier que son bulletin a bien été enregistré correctement, car il est affiché publiquement. De plus, un observateur peut vérifier que tous les votes

---

3. Rappelons que le chiffrement est nécessairement un algorithme *randomisé*, c'est-à-dire avec un aléa : si ce n'était pas le cas, il serait suffisant de chiffrer les valeurs 0 et 1 avec la clef publique et de comparer les chiffrés à ceux affichés.

sont valides, grâce à la preuve à divulgation nulle accompagnant chaque bulletin. De même, l'opération de combinaison (multiplier tous les bulletins) est vérifiable publiquement, et la correction du déchiffrement est garantie à nouveau par une preuve à divulgation nulle.

12.4 DES PREUVES FORMELLES POUR LES PROTOCOLES DE VOTE ÉLECTRONIQUE

Comme déjà discuté dans le chapitre 11, la conception de protocoles cryptographiques est extrêmement difficile et beaucoup de protocoles contiennent des failles. Le vote électronique n'est évidemment pas une exception. C'est pour cela que nous préconisons l'utilisation de preuves formelles : ces méthodes permettent de prouver qu'un modèle mathématique du protocole vérifie une propriété précise en présence d'un attaquant dont les capacités sont également modélisées. L'utilité de ces techniques de preuve dans le cadre du vote électronique est aujourd'hui reconnue. Par exemple, les exigences techniques applicables au vote électronique de la chancellerie fédérale suisse demandent qu'« il doit exister une preuve cryptographique et une preuve symbolique » [138]. Cela a mené à une analyse formelle détaillée du protocole déployé à Neuchatel [79]. Nous soulignons cependant que ces preuves ne donnent pas une sécurité absolue, car les modèles peuvent ne pas prendre en compte certains types d'attaques et les propriétés de sécurité sont parfois difficiles à définir précisément.

Il n'est pas aisé de définir précisément le secret du vote. Le vote en lui-même n'est pas une valeur secrète (typiquement « 0 » ou « 1 »). De plus le résultat peut divulguer des informations sur le choix d'un votant donné. Par exemple, si le résultat ne contient aucun vote pour un candidat donné, on peut déduire qu'Alice, en particulier, n'a pas voté pour ce candidat. Dans le cas d'un vote unanime, on peut même connaître le choix de chaque votant. Ces cas ne mettent évidemment pas en question la sécurité du protocole de vote. Une façon de définir le secret du vote est d'exiger que le protocole cache *le lien* entre un votant et un vote donné, et cela peut s'exprimer comme une *équivalence observationnelle* entre deux modèles de programmes [100] :

$$VE_{(A,v_A),(B,v_B)} \approx VE_{(A,v_B),(B,v_A)}$$

$VE_{(A,v_A),(B,v_B)}$ est le modèle du système de vote électronique dans lequel le votant A vote v_A, et le votant B vote v_B. De façon similaire $VE_{(A,v_B),(B,v_A)}$ modélise la situation où A et B ont « échangé » leur vote. L'équivalence observationnelle ($\approx$) exprime qu'aucun adversaire ne peut différencier ces deux situations. En particulier, on peut noter que cette définition :
– impose le même résultat dans les deux situations – sinon l'adversaire pourrait de façon triviale distinguer les deux situations ;
– demande le secret de vote pour deux votants A et B (en plus d'un nombre potentiellement arbitraire d'autres votants) – à nouveau le secret du vote ne peut pas être garanti s'il n'y a qu'un seul votant (honnête), car le résultat révèle trivialement ce vote.

En essayant de prouver que le protocole Helios satisfait cette propriété, l'existence d'une faille dans ce protocole a été révélée [81]. Un votant malhonnête C peut simplement copier le bulletin du votant A (qui est affiché) et le soumettre comme son propre vote sans pour autant savoir quelle est la valeur du vote. Les deux situations donneront lieu aux tableaux d'affichage de la figure 12.2, avec les résultats correspondants.

A	$(enc(v_A, pk), zkp_A)$
B	$(enc(v_B, pk), zkp_B)$
C	$(enc(v_A, pk), zkp_A)$
Résultat : v_A : 2, v_B : 1	

A	$(enc(v_B, pk), zkp_A)$
B	$(enc(v_A, pk), zkp_B)$
C	$(enc(v_B, pk), zkp_A)$
Résultat : v_A : 1, v_B : 2	

Fig. 12.2 : Tableaux d'affichage

Il suffit donc de regarder le vote gagnant pour connaître le choix de *A*. Cette faille peut sembler mineure au premier regard, car elle nécessite qu'il n'y ait que trois votants. Mais, elle illustre que même s'il y a plus de votants, il est possible d'introduire un biais dans le résultat. Ce biais sera d'autant plus important que le corps électoral est petit, et peut être amplifié en augmentant le nombre de « copieurs ».

Les modèles des protocoles mettent aussi en avant les hypothèses de confiance nécessaires pour effectuer une preuve. Le fait de connaître les composantes du système dont le fonctionnement doit être correct pour effectuer la preuve de sécurité du protocole, permet de mettre en place des procédures supplémentaires sur ces composantes, comme des mécanismes d'audit. Revenons sur la vérifiabilité du protocole Helios. Nous avons déjà mentionné la nécessité de faire confiance à la plate-forme utilisée pour voter, car le vote peut être changé avant d'être chiffré. Helios prévoit un mécanisme d'audit qui mitige partiellement ce problème. De façon plus surprenante, il est également nécessaire de faire confiance à l'urne, car la vérifiabilité d'éligibilité a été négligée : une urne malhonnête peut en effet ajouter des bulletins pour des votants n'ayant pas voté. Afin d'éviter ce problème un système d'autorisation supplémentaire a été ajouté dans le protocole Helios-C [77], une variante de Helios, implémentée dans le système Belenios[4].

Ci-dessus nous avons surtout décrit l'approche symbolique pour vérifier les protocoles. Notons qu'il existe également des travaux dans le modèle calculatoire [38, 78], qui représentent une approche complémentaire que nous ne présenterons pas ici.

12.5 Conclusion

Nous disposons aujourd'hui de protocoles de vote qui satisfont les propriétés les plus importantes : le secret du vote et la vérifiabilité de l'élection. On peut par exemple citer les protocoles

4. Le système de vote Belenios : http://www.belenios.org/.

Helios [5, 162], sElect[5] [184] ou encore le système Belenios, développé en France. Le système Belenios est une variante de Helios[6], qui garantit le secret du vote, la vérifiabilité et évite les problèmes de bourrage d'urne même si l'urne est malhonnête. Comme Helios, il s'agit d'un système « open source » qui permet à tout un chacun d'organiser facilement une élection en ligne.

Cependant il faut garder à l'esprit que le vote à distance, que ce soit électronique ou papier, a des limites intrinsèques, car le vote ne se déroule pas dans un environnement contrôlé. De plus, ces systèmes de vote ne défendent pas contre la coercition. Bien que certains protocoles, tels que Civitas [71], mettent en place des mécanismes afin de garantir la résistance à la coercition, ces protocoles sont extrêmement complexes à comprendre et à utiliser en cas de coercition.

L'utilisation de méthodes formelles a permis de révéler des failles dans des protocoles, et aussi de mieux comprendre les limites actuelles de ces protocoles, et les hypothèses selon lesquelles certaines propriétés sont assurées. Les exigences de fournir des garanties formelles, telles que celles de la chancellerie suisse [138], soulignent leur importance et motivent plus de recherche dans ce domaine. Des outils capables de vérifier des équivalences observationnelles, nécessaires pour les propriétés de secret de vote, manquent encore de maturité et d'efficacité. Un autre sujet de recherche important est la définition de propriétés avancées telles que la résistance à la coercition ainsi que des modèles d'attaquant qui prennent en compte des plateformes compromises. De même, la mise au point de protocoles sûrs lorsque la plate-forme utilisée pour voter est compromise est encore un sujet de recherche actif.

En conclusion, il semble prématuré d'utiliser le vote électronique par Internet pour des élections à fort enjeu, telles que des élections politiques. Cependant, le vote électronique peut parfois être une alternative avantageuse à des systèmes de vote par correspondance papier. Ces systèmes papier souffrent également de failles de sécurité et sont souvent vulnérables au bourrage d'urnes

5. Le système de vote sElect : https://select.sec.uni-stuttgart.de/.
6. Le système de vote Helios : https://heliosvoting.org/.

[76]. En fin de compte, on ne peut pas préconiser un seul système, électronique ou non, car le choix du système à utiliser dépend fortement de l'élection en question, des enjeux et des attaquants potentiels contre lesquels il faut se prémunir.

13 – Les bitcoins et la blockchain

Jean-Guillaume Dumas[1] *et Pascal Lafourcade*[2]

13.1 Introduction

La création de bitcoin en 2009 [231], première monnaie dématérialisée et décentralisée, marque clairement une révolution dans la manière de gérer l'information. Cette invention est remarquable et visionnaire à plusieurs titres. Les chercheurs se sont intéressés à la dématérialisation de la monnaie dès les années 1980 avec une première cryptomonnaie proposée par David Chaum [67]. Cette monnaie numérique reposait comme toutes les suivantes sur une autorité de confiance qui crée des pièces dématérialisées et assure les échanges entre les utilisateurs. À l'inverse, l'innovation majeure de bitcoin est la possibilité de créer et d'utiliser de manière décentralisée et distribuée une monnaie sans autorité de confiance. Pour cela, chacun peut vérifier la création monétaire et s'assurer que les échanges sont correctement effectués entre les participants.

L'autre grande innovation est le mécanisme de la *blockchain*[3] qui est au cœur de bitcoin. Ce mécanisme permet d'enregistrer de manière distribuée des informations dans un registre ineffaçable et vérifiable par tout le monde. Ainsi, en observant la *blockchain*, chacun peut vérifier quel numéro de compte a créé des bitcoins. Ce mécanisme accentue la confiance des utilisateurs dans ce système que personne ne contrôle vraiment totalement.

---

1. Jean-Guillaume Dumas, université Grenoble Alpes, Laboratoire Jean Kuntzmann.

2. Pascal Lafourcade, université Clermont Auvergne, CNRS, LIMOS.

3. Une chaîne de blocs.

Par ailleurs, l'utilisation de la *blockchain* a permis de faciliter les échanges de bitcoins entre les utilisateurs sans autorité centrale de confiance. Ce changement de paradigme rend le bitcoin utilisable sur smartphone *via* Internet. De plus, cela le rend aussi incoercible, tant que des personnes consacreront de l'énergie pour valider les transactions effectuées avec la *blockchain*.

Après l'avènement de la cryptomonnaie bitcoin et son essor extraordinaire, de nombreuses autres applications utilisant le principe des *blockchains* voient le jour et vont révolutionner le monde de demain [115].

Dans la suite, l'exemple historique de bitcoin est présenté afin de comprendre les origines des *blockchains*. Le fonctionnement des *blockchains* est alors décrit, avant d'aborder le potentiel novateur des *blockchains* en tant que technologie de rupture et d'expliquer comment ces innovations peuvent apporter de nouvelles perspectives à ce monde dématérialisé dans lequel la sécurité et la confiance sont des éléments essentiels. Enfin, les principales attaques et mesures de sécurité afférentes sont présentées.

13.2 BITCOIN, LA PREMIÈRE CRYPTOMONNAIE DÉCENTRALISÉE

Le bitcoin a été créé en 2008 par Satoshi Nakamoto [231]. Bitcoin est une unité de compte stockée sur support numérique qui permet de faire des transactions sans autorité centrale. Le satoshi est la plus petite division possible d'un bitcoin. Un *bitcoin* (BTC) vaut 10^8 satoshis, comme indiqué dans le tableau 13.1.

Unité	**Valeur**
1 BTC	1 bitcoin
0, 01 BTC	1 cBTC = 1 centibitcoin (ou bitcent)
0, 001 BTC	1 mBTC = 1 millibitcoin
0, 000001 BTC	1 μBTC = 1 microbitcoin
0, 00000001 BTC	1 satoshi

Tableau 13.1 : Les divisions du bitcoin

Le bitcoin remplit les trois fonctions traditionnelles de la monnaie :
– Il représente une *unité de compte,* c'est-à-dire une unité standardisée qui permet de mesurer la valeur des flux et des stocks de biens, de services ou d'actifs.
– Il facilite les *transactions.*
– Il permet de *stocker* une valeur pouvant être utilisée dans le futur.

Le bitcoin n'est cependant pas une monnaie légale dans la mesure où il est possible de le refuser en paiement sans contrevenir aux dispositions de loi de la plupart des pays du monde, et où il n'est pas assorti d'une garantie légale de remboursement à tout moment et à la valeur nominale. Sa valeur repose aujourd'hui sur le bon vouloir des acteurs qui acceptent les bitcoins en paiement.

Les principales caractéristiques du bitcoin sont les suivantes :
– toutes les transactions sont publiques ;
– les transactions se font au travers de clefs publiques. Sans lien entre une identité et une clef publique, ces transactions sont anonymes, même s'il peut être possible de déduire de tels liens, par exemple lors d'échanges avec une monnaie classique ;
– la validité des transactions en bitcoin n'est pas garantie par une autorité centrale (comme une banque), mais par un système pair-à-pair[4] (P2P) (la validation est faite par certains des utilisateurs appelés *mineurs*) ;
– la sécurité des transactions s'adapte automatiquement en fonction de la puissance de calcul mondiale des mineurs ;
– il est impossible de modifier les transactions validées ;
– toutes les transactions validées sont liées entre elles.

13.3 Fonctionnement technique de bitcoin

Des transactions publiques

Chaque participant du système possède un compte, appelé *adresse bitcoin* qui est dérivée d'une clef publique. Pour prouver la

4. *Peer-to-peer.*

possession de bitcoins sur un compte, il suffit de posséder la clef privée associée à cette clef publique. Grâce à ce mécanisme, il est possible d'échanger des bitcoins en effectuant des transactions entre différents comptes bitcoin. Par exemple, Alice veut envoyer 42 satoshis à l'adresse bitcoin de Bob. Pour cela elle va utiliser de précédentes transactions à son adresse (d'au moins 42 satoshis), et les signer électroniquement, prouvant ainsi qu'elle possède les 42 satoshis : elle signe avec sa clef privée une transaction contenant le destinataire, Bob, le montant, 42 satoshis, et une liste de transactions à son égard totalisant au moins 42 satoshis (voir la figure 13.1).

Ces opérations sont numériques et donc facilement recopiables. Afin d'éviter les doubles dépenses et de garantir la sécurité du système, les transactions doivent être validées par les mineurs. Les mineurs s'assurent que les transactions sont valides et que les comptes sont positifs. Le fait qu'il ne soit pas possible de déterminer en avance quel mineur va valider une transaction rend la corruption des mineurs impossible, assurant ainsi une partie de la confiance du système. De plus, le résultat de la validation d'un mineur est lui aussi publiquement vérifiable par tout le monde, rendant le système auditable et transparent. Pour inciter les mineurs à faire fonctionner le système, ils sont récompensés par de nouveaux bitcoins, créés à chaque fois qu'ils valident une transaction *via* une preuve de travail, à l'image des chercheurs d'or de l'époque du *Far West*, qui extrayaient de nouvelles quantités d'or par leur travail.

Le minage

Un mineur crée des bitcoins lorsqu'il est capable de résoudre, plus rapidement que les autres mineurs, un challenge mathématique appelé *cible de hachage*. Pour cela, il doit utiliser une fonction de hachage cryptographique, c'est-à-dire une fonction qui, à une chaîne de caractères de taille quelconque associe une image, de taille fixe (appelée empreinte de hachage), *a priori* impossible à prévoir. C'est-à-dire que, bien que l'image d'une chaîne soit rapide à calculer, la sortie ressemble à un aléa uniformément tiré dans l'ensemble des images binaires de cette taille

fixe, et il est en pratique quasiment impossible de retrouver un antécédent à une empreinte donnée ou de trouver des chaînes distinctes ayant la même empreinte (voir également le chapitre 8). Le travail des mineurs est alors de trouver des antécédents qui donnent, non pas une empreinte totale prédéfinie, mais seulement une partie d'empreinte prédéfinie. Plus précisément, les mineurs forment un bloc contenant une liste de transactions à valider, l'empreinte du bloc précédent et un nombre particulier, le *nonce*. Ce nombre est trouvé par essais et erreurs successifs et doit être tel que l'empreinte du bloc commence par un nombre de zéros fixés par le système (la cible de hachage) :
$SHA256$ ($SHA256$ (transactions||précédente empreinte||nonce)) < Cible

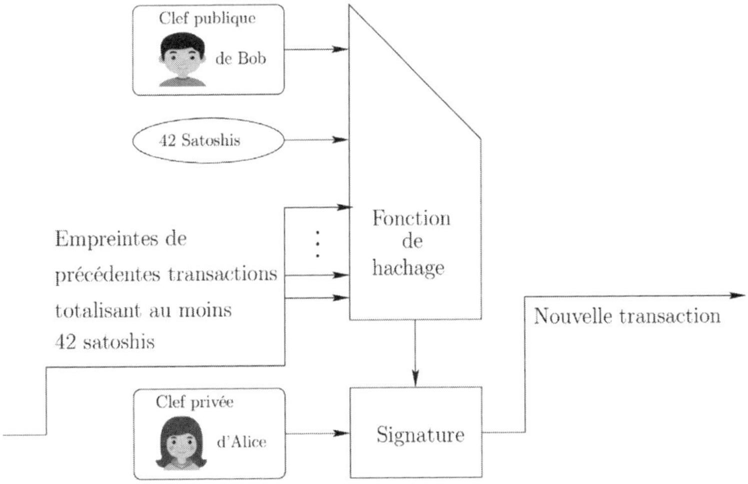

Fig. 13.1 : Contenu d'une transaction en bitcoin

Trouver ce nombre n'est donc pas facile et demande de grandes ressources de calcul pour tester de nombreux candidats parmi l'ensemble des valeurs possibles. Le premier mineur trouvant un *nonce* valide remporte le challenge et valide les transactions listées. D'une certaine manière, ce système permet donc de choisir aléatoirement le valideur des prochaines transactions.

À chaque fois qu'un mineur valide un bloc en résolvant un nouveau challenge mathématique, il produit des bitcoins. Au début, il créait 50 BTC à chaque validation. Tous les 210 000 blocs validés la récompense est divisée par 2. Ainsi il n'y aura que 21 millions de bitcoins qui seront créés. Afin de continuer à inciter les mineurs à faire fonctionner le système, des frais de transactions peuvent également être demandés pour chaque transaction. En pratique, en raison du succès de cette cryptomonnaie, il est dorénavant conseillé d'ajouter systématiquement des frais à une demande de validation de transaction, afin d'accélérer le traitement de cette transaction par le réseau.

Pile de transactions

En effet, les mineurs maintiennent une pile distribuée de transactions à traiter, la *mempool*. Lorsqu'un utilisateur créé une transaction, il utilise un logiciel client (un *portefeuille* de cryptomonnaie) qui transmet la transaction à des nœuds voisins, qui eux-mêmes l'ajoutent à leur pile locale de transactions, et la retransmettent éventuellement à leurs voisins, etc. Par ailleurs les nœuds peuvent accéder aux piles de leurs propres voisins et donc synchroniser leur pile locale (en cas de redémarrage par exemple). Lorsqu'un nœud récupère un bloc valide, toutes les transactions traitées qui étaient stockées dans la pile sont retirées. Les nœuds synchronisent donc leur pile (en RAM), tout comme ils synchronisent la *blockchain*. Toutefois, en raison des limites de la capacité de la RAM, le nombre de transactions pouvant être dans la pile distribuée est limité à tout moment. Les mineurs incluent donc généralement les transactions avec les frais les plus élevés en premier. Les clients de portefeuille font alors des recommandations de frais à ajouter aux transactions, en fonction de la rapidité avec laquelle l'utilisateur a besoin d'une validation.

Concurrence de minage

Il n'est pas possible de prévoir exactement à quel instant et quel mineur trouvera un nonce validant un bloc donné. Ainsi, même si cela est peu probable, il peut arriver que deux mineurs valident deux blocs distincts[5] quasiment simultanément. Dans ce cas il y a une scission[6] : deux chaînes distinctes valides coexistent, Par la suite, tous les mineurs continuent leur travail en essayant d'ajouter un bloc à l'une de ces deux chaînes concurrentes. Il est alors encore moins probable que deux mineurs distincts arrivent encore quasiment simultanément à miner chacun un bloc à la suite des deux chaînes. Dans tous les cas, il arrivera un moment où de ces deux chaînes concurrentes, l'une sera plus longue que l'autre. C'est la plus longue chaîne qui est décrétée correcte. Ainsi tous les prochains mineurs repartent toujours de la plus longue chaîne et au final une seule persiste, comme indiqué sur la figure 13.2.

Double dépense

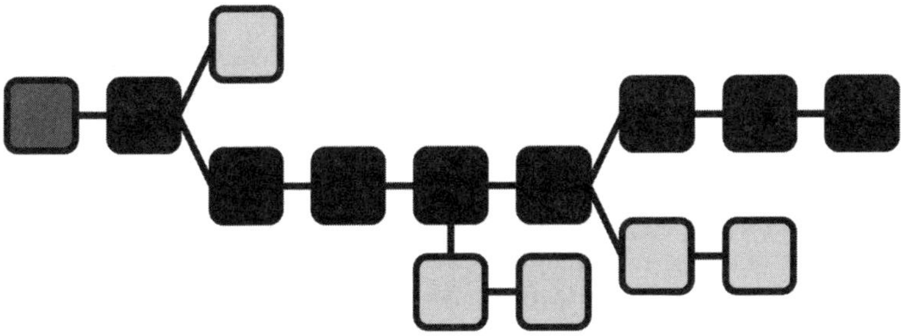

Fig. 13.2 : Seule la plus longue chaîne persiste

Il reste à traiter le problème de la double dépense. En effet, si deux transactions distinctes sont toutes deux valides séparément mais pas ensemble (Ève a un seul bitcoin et essaie de le dépenser vers Alice dans une transaction et vers Bob dans l'autre), alors Ève pourrait tenter de faire passer ces deux transactions simultanément par deux mineurs distincts. Ces deux mineurs n'étant pas au courant de l'autre transaction pourraient valider une transaction chacun de leur côté. Ainsi, il ne suffit en général pas pour un

5. Pour deux mineurs différents, les deux blocs sont forcément distincts, car au moins l'adresse d'attribution de la récompense de minage est différente.

6. *Blockchain fork*.

vendeur de savoir si le bloc contenant la transaction qui l'intéresse a été validé, il est recommandé d'attendre six validations de blocs (ou plus), pour être plus serein. En effet, en pratique cette situation (deux transactions mutuellement exclusives validées quasi simultanément par des valideurs distincts) ne peut arriver que très rarement, par exemple si des valideurs éloignés ne synchronisent pas exactement simultanément leurs piles de transactions, mais donc d'autant plus rarement six fois de suite.

13.4 LES *BLOCKCHAINS*, TECHNOLOGIE DE REGISTRES DISTRIBUÉS

L'idée révolutionnaire qui est derrière le bitcoin est la notion de *blockchain*. Cette structure de données est aussi appelée un registre distribué. Elle permet de lier les nouvelles transactions à l'ensemble des anciennes transactions déjà validées. Ainsi les transactions validées font partie de tous les nouveaux blocs. Chaque bloc a un identifiant unique qui dépend de son contenu et de la signature de l'empreinte cryptographique du bloc précédent de la chaîne. Le fait de lier le dernier bloc à l'ensemble des blocs passés permet de garantir l'intégrité de l'ensemble des enregistrements et des données de la *blockchain* depuis le premier bloc, appelé bloc « Genesis ». Cela assure que personne n'a modifié les blocs précédents, le moindre changement ne serait-ce que d'un bit dans un bloc modifie le résultat de la fonction de hachage et rend le bloc invalide.

Le point clef dans cette technologie est le mécanisme d'ajout de transactions valides dans un registre commun, distribué. Il demande d'obtenir un « accord » de l'ensemble des utilisateurs d'où l'appellation de *consensus* pour ce mécanisme.

Ainsi, fondamentalement, une *blockchain* est donc la combinaison des trois technologies suivantes :
– un **registre distribué**, dont tous les participants ont une copie ;
– un **protocole de consensus**, qui permet de décider, à un instant donné, quelle est la version officielle du registre ;
– une **crypto-monnaie**, qui permet l'incitation à participer au fonctionnement de cette *blockchain*.

Différents consensus distribués

Il existe plusieurs algorithmes de consensus, les deux plus connus sont la preuve de travail[7] et la preuve de participation[8].

Preuve de travail. Il s'agit du mécanisme utilisé par bitcoin, où les mineurs doivent trouver un nombre pour résoudre une cible de hachage. Ce nombre constitue une preuve de leurs efforts pour valider les transactions.

Preuve de participation. Le modèle par preuve de participation (ou *preuve d'enjeu* ou encore *preuve de possession*) consiste à considérer qu'un utilisateur ayant beaucoup d'intérêt dans le système (par exemple en matière de participation active et financière), ne fera rien *a priori* pour mettre en péril cet enjeu, puisque cela reviendrait à en diminuer la valeur. Pensé également comme une alternative écologique et démocratique à la preuve de travail, la preuve de participation demande de prouver la possession d'une certaine quantité de cryptomonnaie (ou plus généralement d'une participation à la *blockchain*) pour prétendre pouvoir valider et ajouter des blocs supplémentaires. En pratique, un certain nombre de possesseurs de cryptomonnaies les mettent en dépôt et deviennent ainsi des *valideurs*. Ensuite, en fonction de l'état courant de la *blockchain* et donc du dernier bloc, un valideur est sélectionné aléatoirement et se voit ainsi attribuer le droit de créer le prochain bloc. S'il ne le fait pas dans un intervalle de temps donné, un deuxième valideur est sélectionné, et ainsi de suite.

Par exemple, Peercoin[9] est une monnaie qui a été inventée afin de diminuer les calculs nécessaires pour chaque mineur en utilisant un consensus différent. L'idée est de rendre la recherche de la cible de hachage d'autant plus facile que les mineurs ont conservé longtemps des pièces. Cela limite la consommation électrique de chaque mineur et assure la sécurité du système.

7. *Proof of Work.*
8. *Proof of Stake.*
9. https://peercoin.net/.

Une autre idée originale de consensus proposée par la cryptomonnaie Zilliqa[10] est d'accélérer le nombre de transactions traitées par seconde. Pour cela les mineurs se répartissent l'espace de recherche des nombres pour atteindre l'objectif de hachage[11]. Il existe de nombreux autres mécanismes de consensus plus ou moins énergivores et assurant plus ou moins la sécurité des transactions (voir [115] pour plus de détails).

Avantages des *blockchains* et contrats intelligents

La technologie *blockchain* offre de multiples avantages. Le premier est l'aspect distribué des données sur plusieurs nœuds. Le second est le caractère décentralisé : il n'y a pas d'autorité centrale contrôlant l'ensemble du système, mais chaque participant contribue au bon fonctionnement global. Un autre avantage est l'utilisation de fonctions cryptographiques qui assurent l'intégrité des données et la validité des transactions. Enfin, les aspects de vérifiabilité et de transparence sont aussi des éléments qui assurent la confiance dans cette technologie.

C'est pourquoi les contrats intelligents[12] constituent l'une des utilisations les plus prometteuses des technologies de *blockchain*. Il s'agit de protocoles informatiques et de programmes autonomes qui facilitent, vérifient et exécutent la négociation ou l'exécution d'un contrat. Une fois démarrés, ils exécutent automatiquement des conditions définies au préalable et inscrites dans la *blockchain*. L'objectif est de générer la confiance et la sécurité nécessaires pour automatiser les phases déclaratives sans avoir recours à un tiers de confiance. En effet, les instructions d'un programme qui constitue le contrat intelligent sont nécessairement respectées, car cette approche par *blockchain* offre la garantie que les termes du contrat ne pourront pas être modifiés et que personne ne peut empêcher son fonctionnement : ce qui est prévu s'exécute toujours. En pratique, un contrat intelligent est programmé à l'aide d'un langage dédié comme Solidity dans la

10. https://zilliqa.com/.
11. *Sharding*.
12. *Smart contracts*.

blockchain Ethereum[13]. L'objectif est de définir comment et quand un accord sera appliqué. Une fois que le contrat intelligent est mis en place, toute interaction est enregistrée comme une transaction sur la *blockchain*.

Par exemple, un contrat entre deux entités Alice et Bob sera une nouvelle entité de type contrat (instance d'une classe de règles opérationnelles, les méthodes) recevant une mise en gage d'un montant par Alice (sur la *blockchain*), ce qui donne l'assurance à Bob de la disponibilité des fonds. Ensuite, le contrat est compilé et déployé et ses changements d'état sont déclenchés automatiquement en fonction des transactions/événements d'autres contrats/comptes, et plus généralement de tout ce qui peut être validé par les mineurs.

13.5 LA SÉCURITÉ DES *BLOCKCHAINS*

Panorama des attaques sur les protocoles de *blockchains*

Au niveau des cryptomonnaies, l'attaque principale sur la *blockchain* vise à effectuer une double dépense : une monnaie dématérialisée étant plus facile à dupliquer, il faut interdire la possibilité de dépenser plusieurs fois la même unité. Sur une *blockchain* quelconque, il s'agit en fait d'éviter de manière similaire que des blocs incompatibles soient validés. De manière générale, il faut donc se protéger d'un certain nombre d'attaques clairement identifiées.

Attaque par devancement. Le premier objectif de sécurité à atteindre pour une *blockchain* est de se prémunir contre les attaques par devancement[14], qui permettraient, dans le cas des cryptomonnaies, une double dépense. En effet, la façon la plus simple de réaliser une double dépense est de prendre de vitesse une transaction : l'attaquant envoie deux transactions incompatibles, l'une à un honnête récipiendaire, l'autre à lui-même. Si le réci-

13. https://www.ethereum.org.

14. *Race attack*.

piendaire n'attend pas que sa transaction soit minée dans un bloc (ou mieux, que ce bloc soit suivi de plusieurs autres blocs dans la chaîne), l'autre transaction pourrait être minée d'abord et la première transaction jamais incluse dans la *blockchain*.

Attaque majoritaire, ou attaque à 51 %. Dans une attaque majoritaire, le but est de créer intentionnellement deux transactions incompatibles, l'une dans laquelle Ève envoie de l'argent à un marchand et une autre dans laquelle Ève envoie le même montant à une adresse qu'elle contrôle. Pour cela, dans le cas de validation par preuve de travail, si Ève contrôle plus de la moitié de la puissance de traitement du réseau, alors elle peut décider quel bloc est finalement accepté comme véridique ; il s'agit d'une attaque dite à 51 %.

Bien sûr, plus Ève veut retourner en arrière pour créer l'embranchement, plus elle doit ajouter de blocs en fin de la chaîne frauduleuse avant que d'autres l'acceptent comme valide. Ève est donc très limitée sur la façon dont elle peut réviser l'histoire, et plus elle veut rendre crédible la chaîne, plus cela lui coûte cher. Pour bitcoin, c'est ce raisonnement qui induit la règle de bon sens évoquée précédemment qui considère une transaction complète uniquement après au moins six confirmations (comme un bloc bitcoin est miné environ toutes les dix minutes, avec six confirmations, en environ une heure donc, un attaquant possédant jusqu'à 10 % de la puissance mondiale aurait moins d'une chance sur mille de réussir à fabriquer une plus longue chaîne que le reste du réseau [231, § 11]).

Attaque Sybil. L'attaque *Sybil* a été énoncée pour la première fois par John Douceur en 2002 [110] dans le cadre de réseaux P2P ouverts, c'est-à-dire des réseaux que tout le monde peut rejoindre. Cette attaque s'applique aux *blockchains* publiques ne nécessitant pas d'autorisation pour participer[15].

Cette attaque consiste pour un attaquant à contrôler plusieurs nœuds du réseau de façon à se présenter aux autres avec un grand nombre d'identités, toutes différentes. Sur un réseau

15. *Permissionless blockchain.*

P2P distribué et ouvert, il n'y a en effet aucun moyen (*a priori* en tout cas) de se rendre compte de la supercherie et du fait que ces nœuds sont en fait contrôlés par un seul et même adversaire. Une fois ces identités acceptées au sein du réseau, l'attaquant est libre de les faire agir à sa guise pour acquérir une influence disproportionnée. Cela lui permet de corrompre le système de l'intérieur, par exemple au cours d'un vote de consensus. Cette attaque permet donc de contourner tout système de réputation mis en place sur un réseau P2P pour caractériser le comportement (bon ou mauvais) de chaque pair. Ainsi, toute communication au sein du réseau (comme lors de la propagation de nouveaux blocs) a de grandes chances de croiser à un moment donné la route d'un de ces nœuds *marionnettes*. L'attaquant peut se servir de cela pour effectuer les actions suivantes :
– refuser de relayer les blocs et les transactions reçues, permettant ainsi d'isoler et de déconnecter les nœuds honnêtes du réseau en créant une scission dans le réseau ;
– ne relayer que les blocs qu'il a lui-même créés, permettant ainsi de contrôler l'évolution de la *blockchain*, au moins dans un sous-réseau à part qu'il contrôle et où il est majoritaire ; dans ce sous-réseau l'attaquant isole (on parle alors également d'*attaques eclipse*) des nœuds honnêtes et les laisse ainsi vulnérables aux attaques par double dépense à son bénéfice.

En rendant la production de nouveaux blocs difficile et proportionnelle à sa capacité de calcul, la preuve de travail limite la possibilité de l'attaquant de propager ses propres blocs, fournissant ainsi une protection cryptographique fiable contre les attaques Sybil. Comme bitcoin, les autres *blockchains* offrent une résistance aux attaques Sybil plus ou moins poussée selon le modèle de consensus considéré.

Attaque rien à perdre. Dans le cas de preuve de participation, il est courant d'avoir des scissions[16] dans la *blockchain* : deux blocs sont générés dans un petit intervalle de temps et les mineurs doivent choisir quelle chaîne étendre. L'attaque rien à perdre consiste à miner les deux blocs et faire deux chaînes concurrentes. Dans le cas de la preuve de travail, tenter de miner les deux blocs

16. *Fork.*

simultanément n'est pas rentable, cela nécessite de doubler sa puissance de calcul, pour qu'en définitive potentiellement une seule chaîne reste valide. Dans le cas de la preuve de participation au contraire, il est gratuit de ne pas choisir. Pour éviter cela, la version Casper d'Ethereum[17], ou la *blockchain* Tezos[18], proposent par exemple que les valideurs mettent en gage un dépôt de garantie et que ceux qui sont convaincus de fraude perdent ce dépôt de garantie.

Attaque par broyage. Pour choisir quel utilisateur va frapper un bloc (dans les *blockchains* à preuve de participation les mineurs sont souvent appelés des frappeurs de monnaie), certains protocoles utilisent du pseudo-aléa contenu dans la *blockchain* elle-même. En fait, obtenir de l'aléa d'une manière distribuée est hautement non trivial, et de nombreuses cryptomonnaies ne génèrent pas de pseudo-aléa de bonne qualité. Dans ce cas un attaquant par broyage[19] pourrait affecter la *blockchain* en insérant des transactions particulières qui amélioreraient ses chances d'être choisi comme frappeur.

Attaque sur les incitations. Au contraire, la *blockchain* Algorand [224] utilise une bonne génération distribuée d'aléa pour sélectionner un comité parmi les utilisateurs qui aura la charge de s'accorder sur le prochain bloc. L'agrément est toujours obtenu : si aucune majorité n'émerge alors un bloc vide est ajouté et un nouveau comité est sélectionné aléatoirement. Aucune scission n'est possible car un seul comité peut ajouter des blocs à la chaîne. Toutefois ce protocole manque d'incitation : les utilisateurs doivent être en ligne quand ils sont sélectionnés afin que le protocole de consensus reste sûr. Distribuer des récompenses pour pallier ce défaut, tout en conservant la sécurité n'est pas une mince affaire : il pourrait alors être plus intéressant d'agir malicieusement afin d'augmenter des récompenses...

---

17. https://github.com/cbc-casper/cbc-casper-paper/blob/master/cbc-casper-paper-draft.pdf.
18. https://tezos.com/.
19. *Grinding attack.*

Attaques réentrantes. Les contrats intelligents sont des programmes concurrents massivement parallèles. Ainsi il ne faut pas oublier de protéger l'accès à la ressource partagée principale, la *blockchain*. De manière usuelle, l'ajout d'un point de synchronisation comme une exclusion mutuelle ou un sémaphore est indispensable. L'exploit sur *The DAO* par exemple[20], est une bonne illustration de ce qu'il ne faut pas faire [163] !

Par ailleurs, comme indiqué sur la figure 13.3 obtenue à partir des données de *Blockchain Graveyard*[21], moins de 9 % des attaques sur les *blockchains* sont effectuées sur le protocole lui-même. La plupart le sont en fait sur les portefeuilles qui gèrent les clefs des cryptomonnaies ou des adresses *blockchains*. Il s'agit en général de malveillance interne (par un initié[22]), d'intrusions au niveau des serveurs de gestion des portefeuilles[23], ou au niveau des comptes utilisateurs sur le *cloud*[24], ou enfin de vulnérabilités dans la programmation ou la conception des applications[25].

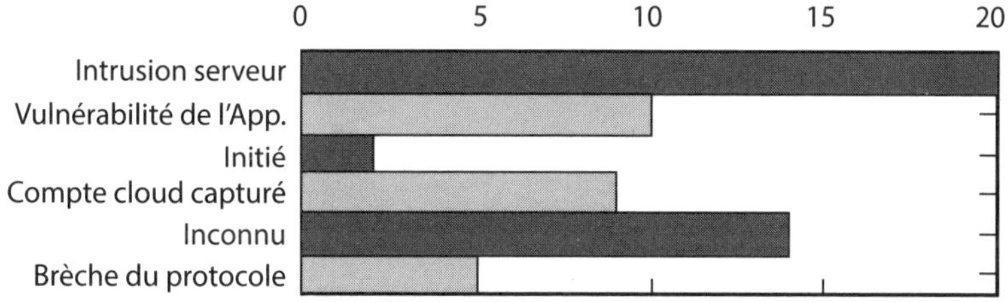

Fig. 13.3 : Origine des principales attaques répertoriées sur les *blockchains* par l'auteur de *Blockchain Graveyard*

20. Le 17 juin 2016, 150 millions de dollars étaient volés en modifiant une fonction récursive d'envoi d'argent où l'accès au solde des comptes Ethereum n'était pas protégé par un point de synchronisation.

21. https://magoo.github.io/Blockchain-Graveyard/.

22. Exemple : https://news.bitcoin.com/looting-fox-sabotage-shapeshift/.

23. Exemple : http://www.coindesk.com/bter-nxt-bitcoin-exchange-hack/.

24. Exemple : https://web.archive.org/web/20191108035833/https://vircurex.com/Reports/2013-05.pdf.

25. Exemple : https://www.zdnet.com/article/bitcoin-exchange-cryptoine-hacked/.

Mesures de sécurité des principales plateformes d'échanges mondiales sur les *blockchains*

Le tableau 13.2, tiré de [254], montre les principales mesures de sécurité implémentées par les plus grandes plateformes d'échanges mondiales (implémentation de portefeuilles de clefs et d'adresses *blockchains*). La sécurité s'organise autour des différents aspects d'une *blockchain* et des menaces associées : le stockage de la monnaie elle-même, la sécurité du système, la sécurité des comptes utilisateurs et la sécurité juridique associée. Parmi les mesures classiques de protection réseau, il est à noter que lorsque les plateformes stockent des clefs, plusieurs modes de stockage sont possibles :

– un stockage *chaud :* le serveur gérant les clefs est connecté à Internet ;

– un stockage *froid :* le serveur gérant les données sensibles est déconnecté d'Internet (idéalement, seule une intrusion physique permettrait d'accéder aux données, mais en pratique sur les plateformes, cela signifie plutôt que la connexion à distance au serveur est extrêmement ardue).

Protection	Menace contrée
Stockage de la monnaie	
Chiffrement des portefeuilles (clefs privées)	Utilisation de clefs volées
Stockage froid des clefs privées	Vol de fonds et de clefs privées
Sauvegardes des données et des clefs privées	Corruption des données ; perte des données ; destruction des données
Chiffrement des sauvegardes	Utilisation de sauvegardes volées
Stockage distribué des sauvegardes	Vol de sauvegardes complètes
Utilisation de portefeuilles chauds	Lenteur du service
Stockage semi-chaud	Vol de fonds ; lenteur du service
Utilisation de portefeuilles multi-signatures et de clefs partagées	Vol de fonds

Protection	Menace contrée
Sécurité du Système	
Utilisation de certificats	*Phishing*, vol de données
Utilisation de filtres contre injections	Injections SQL (*Structured Query Language*)...
Limitation d'actions	Déni de service...
Chiffrement des disques durs	Vol de données
Locaux sécurisés des serveurs	Vol de données ; intrusion physique ; attaques par canaux auxiliaires
Isolation des réseaux et systèmes	Intrusion à distance
Sécurité du compte utilisateur	
Politique de mots de passe	Vol d'identifiants ; cassage de mots de passe ; réutilisation de mot de passe
Authentification à double facteur	Connexion et utilisation d'un compte volé
Utilisation d'une clef maître	Utilisation d'un compte volé
Protection contre une fuite de données utilisateur	Vol de compte
Système de verrouillage général des paramètres	Utilisation d'un compte volé
Stockage froid des données	Vol de données personnelles
Système de privilèges	Utilisation d'un compte volé
Sécurité juridique	
Vérification du casier judiciaire	Vol de l'intérieur
Assurance	Faillite

Tableau 13.2 : Mesures de sécurité des principales plateformes d'échanges mondiales [254]

13.6 Conclusion

Les premières avancées techniques des cryptomonnaies ont contribué à l'explosion des applications des *blockchains*. Ces solutions ne sont pas parfaites et possèdent des limitations, ce qui laisse de nombreuses perspectives d'amélioration possibles, notamment en matière d'énergie, de vitesse et de protection de la vie privée.

– Un des reproches fait aux *blockchains* utilisant la preuve de travail à la bitcoin est que la validation des transactions est concurrentielle mais surtout très gourmande en énergie pour résoudre des challenges mathématiques souvent inutiles. Pour éviter cela, plusieurs pistes ont émergé. Certaines *blockchains* utilisent des consensus remplaçant la preuve de travail par de la preuve de stockage ou du commérage[26], diminuant ainsi la puissance de calcul nécessaire pour leur fonctionnement. D'autres demandent de réaliser des calculs utiles pour assurer la validation des transactions, comme Primecoin (découverte de nombres premiers) ou Foldingcoin (calcul sur les protéines). Enfin certains protocoles proposent de diminuer drastiquement le nombre de transactions. Par exemple *Lightning Network* met en place des canaux d'échange pair-à-pair rapides et ne nécessitant que deux validations, une lors de la création du canal et l'autre lors de la fermeture du canal. Cela permet d'effectuer de nombreuses transactions sans validations intermédiaires. Il reste encore de nombreux problèmes techniques à résoudre pour avoir des *blockchains* consommant moins d'énergie tout en assurant un niveau de sécurité satisfaisant.

– Dans les *blockchains*, il est souvent nécessaire de faire des calculs mathématiques complexes et spécifiques pour valider une transaction, voire parfois seulement pour réaliser une transaction. Il est ainsi difficile de concevoir des *blockchains* adaptées aux objets connectés. Il existe quelques propositions, comme IOTA[27], qui utilisent le commérage local et une autre structure de données appelée *Tangle*. Néanmoins, il reste encore de nombreux chal-

26. *Gossiping*.
27. https://www.iota.org/.

lenges à résoudre pour que la *blockchain* soit une réalité dans le monde de l'IoT (*Internet of Things*).

– La taille de la *blockchain* est potentiellement également un problème puisque son caractère infalsifiable est garanti par le fait qu'elle doit être recopiée par tous les nœuds du réseau. La *blockchain* de bitcoin a dépassé les 200 Go début 2019, mais par construction, sa vitesse de croissance est linéaire et stable. La *blockchain* d'Ethereum, incluant des contrats, est plus complexe et donc moins stable. Cependant, la capacité de la *blockchain* Ethereum de former des partitions[28], tout en conservant la cohérence des nœuds, semble être une innovation utile. De nombreuses innovations comme celle-ci restent encore à faire.

– Dans bitcoin, les transactions sont traçables, ce qui est dû à la conception même de cette monnaie. Il est donc possible de suivre les échanges de compte en compte, ce qui divulgue des informations sur la vie privée des utilisateurs. Pour pallier ce problème, des cryptomonnaies comme Monero ou ZCash offrent des mécanismes cryptographiques assurant également le respect de la vie privée des utilisateurs.

– Les *blockchains* permettant d'identifier un individu (*via* une clef publique par exemple) doivent être en conformité, en Europe, avec le Règlement général sur la protection des données (RGPD). De nombreuses questions se posent dans ce contexte : le caractère indélébile et immuable des *blockchains* semble contradictoire avec le principe de droit de rectification ou encore avec le droit à l'oubli ; la responsabilité des traitements incombe-t-elle aux personnes qui valident les blocs ? La décentralisation des *blockchains* requiert-elle de demander aux utilisateurs leurs consentements pour une utilisation des données dans le monde entier ? La Commission nationale de l'informatique et des libertés (CNIL) propose ainsi une grille d'analyse et de premières recommandations aux acteurs qui souhaitent y recourir lorsqu'ils mettent en œuvre un traitement de données personnelles[29].

Les *blockchains* sont clairement une innovation révolutionnaire. L'idée d'utiliser un réseau pair-à-pair pour stocker l'infor-

28. *Database sharding.*
29. https://www.cnil.fr/sites/default/files/atoms/files/la_blockchain.pdf.

mation n'est pas nouvelle, mais d'arriver à se passer d'une autorité centrale pour assurer sa sécurité est un changement de paradigme qui offre de nombreuses perspectives, pour développer de nouveaux usages, mais aussi pour construire des mécanismes cryptographiques permettant de répondre à ces nouvelles attentes. Pour cela, un défi scientifique majeur sera de respecter les cadres juridiques existants, comme le RGPD ou les régulations à venir, tout en combinant la sécurité et la décentralisation avec le passage à l'échelle, nécessaire pour gérer des transactions et des contrats au niveau planétaire.

Acronymes

AES	Advanced Encryption Standard
AIPD	Analyse d'impact relative à la protection des données
ANSSI	Agence nationale de la sécurité des systèmes d'information
ARPANET	Advanced Research Projects Agency Network
BGN	Boneh-Goh-Nissim
BTC	Bitcoin
CAN	Controller Area Network
C&C	Command & Control
CCPA	California Consumer Privacy Act
CMA	Constant Message Attack
CNIL	Commission nationale de l'informatique et des libertés
CPP	Code de procédure pénale
DdoS	Distributed Denial of Service
DGA	Domain Name Generation
ECDSA	Elliptic Curve Digital Signature Algorithm
EDPB	European Data Protection Board
EDR	Event Data Recorder
EMV	Europay Mastercard Visa
FREAK	Factoring RSA Export Attack Keys
GGH	Goldreich-Goldwasser-Halevi
HFE	Hidden Field Equations
IoT	Internet of Things
KMA	Known Message Attack
KOA	Known Original Attack
LLL	Lenstra-Lenstra-Lovász
LWE	Learning With Errors
MDPC	Moderate-Density Parity Check
MlaaS	Machine-learning as a Service
NIST	National Institute of Standards and Technology
NNL	Naor-Naor-Lotspiech
NTRU	Number Theory Research Unit
OIV	Opérateurs d'importance vitale
OSAC	Organization of Scientific Area Committees for Forensic Science
P2P	Peer-to-peer
PARAFE	Passage automatisé rapide aux frontières extérieures

PATE	Private Aggregation of Teacher Ensembles
PbD	Privacy by Design
PETS	Privacy Enhancing Technologies Symposium
PIN	Personal Identification Number
PRIAM	Privacy Risk Analysis Methodology
RGPD	Règlement général sur la protection des données
RSA	Rivest-Shamir-Adleman
SCADA	Supervisory Control and Data Acquisition
SIM	Subscriber Identity Module
SIS	Short Integer Solution
SMB	Server Message Block
SQL	Structured Query Language
SVM	Support Vector Machine
TLS	Transport Layer Security
TPM	Trusted Platform Module
WOA	Watermarked contents Only Attack

Littérature

1. Martín Abadi, Paul Barham, Jianmin Chen, Zhifeng Chen, Andy Davis, Jeffrey Dean, Matthieu Devin, Sanjay Ghemawat, Geoffrey Irving, Michael Isard, *et al.* Tensorflow : a system for large-scale machine learning. In *OSDI*, volume 16, pages 265-283, 2016.
2. Martín Abadi and Phillip Rogaway. Reconciling two views of cryptography (the computational soundness of formal encryption). *J. Cryptology*, 20 (3) :395, 2007.
3. Michel Abdalla, Florian Bourse, Angelo De Caro, and David Pointcheval. Simple functional encryption schemes for inner products. In Jonathan Katz, editor, *PKC 2015 : 18th International Conference on Theory and Practice of Public Key Cryptography*, volume 9020 of *Lecture Notes in Computer Science*, pages 733-751, Gaithersburg, MD, USA, March 30 – April 1, 2015. Springer, Heidelberg, Germany.
4. Alessandro Acquisti, Idris Adjerid, Rebecca Balebako, Laura Brandimarte, Lorrie Faith Cranor, Saranga Komanduri, Pedro Giovanni Leon, Norman M. Sadeh, Florian Schaub, Manya Sleeper, Yang Wang, and Shomir Wilson. Nudges for privacy and security : Understanding and assisting users' choices online. *ACM Comput. Surv.*, 50 (3) :44 :1-44 :41, 2017.
5. Ben Adida. Helios : Web-based open-audit voting. In *Proc. 17th USENIX Security Symposium (USENIX'08)*, pages 335-348, 2008.
6. Shweta Agrawal, Benoît Libert, and Damien Stehlé. Fully secure functional encryption for inner products, from standard assumptions. In Matthew Robshaw and Jonathan Katz, editors, *Advances in Cryptology – CRYPTO 2016, Part III*, volume 9816 of *Lecture Notes in Computer Science*, pages 333-362, Santa Barbara, CA, USA, August 14-18, 2016. Springer, Heidelberg, Germany.
7. Ulrich Aïvodji, Hiromi Arai, Olivier Fortineau, Sébastien Gambs, Satoshi Hara, and Alain Tapp. Fairwashing : the risk of rationalization. *arXiv preprint arXiv :1901.09749*, 2019.
8. Miklós Ajtai. Generating Hard Instances of Lattice Problems (Extended Abstract). In *STOC*, pages 99-108. ACM, 1996.

9. Nadhem J. AlFardan, Daniel J. Bernstein, Kenneth G. Paterson, Bertram Poettering, and Jacob C. N. Schuldt. On the security of RC4 in TLS. In Samuel T. King, editor, *Proceedings of the 22th USENIX Security Symposium, Washington, DC, USA, August 14-16, 2013,* pages 305-320. USENIX Association, 2013.
10. Hazim Almuhimedi, Florian Schaub, Norman M. Sadeh, Idris Adjerid, Alessandro Acquisti, Joshua Gluck, Lorrie Faith Cranor, and Yuvraj Agarwal. Your location has been shared 5, 398 times ! : A field study on mobile app privacy nudging. In *Proceedings of the 33rd Annual ACM Conference on Human Factors in Computing Systems, CHI 2015, Seoul, Republic of Korea, April 18-23, 2015,* pages 787-796, 2015.
11. Arnaud Anciaux, Joëlle Farchy, and Cécile Méadel. L'instauration de droits de propriété sur les données personnelles : une légitimité économique contestable. *Revue d'économie industrielle,* 158 (2) :9-41, 2017.
12. Elaine Angelino, Nicholas Larus-Stone, Daniel Alabi, Margo Seltzer, and Cynthia Rudin. Learning certifiably optimal rule lists for categorical data. *Journal of Machine Learning Research,* 18 (234) :1-78, 2018.
13. ANSSI. Recommandations pour la mise en place de cloisonnement système. http://www.ssi.gouv.fr/administration/guide/recommandations-pour-la-mise-en-place-de-cloisonnement-systeme/.
14. Thibaud Antignac and Daniel Le Métayer. Privacy architectures : Reasoning about data minimisation and integrity. In *Security and Trust Management (STM),* pages 17-32, 2014.
15. Thibaud Antignac and Daniel Le Métayer. Trust driven strategies for privacy by design. In *Trust Management IX – 9th IFIP WG 11.11 International Conference, IFIPTM 2015, Hamburg, Germany, May 26-28, 2015, Proceedings,* pages 60-75, 2015.
16. Myrto Arapinis, Véronique Cortier, Steve Kremer, and Mark D. Ryan. Practical Everlasting Privacy. In David Basin and John Mitchell, editors, *Proc. 2nd Conference on Principles of Security and Trust (POST'13),* volume 7796 of *Lecture Notes in Computer Science,* pages 21-40. Springer, March 2013.
17. Alessandro Armando, Roberto Carbone, Luca Compagna, Jorge Cuellar, and Llanos Tobarra. Formal analysis of SAML 2.0 web browser single sign-on : breaking the SAML-based single sign-on for Google apps. In *Proc. 6th ACM Workshop on Formal Methods in Security Engineering (FMSE'08),* pages 1-10. ACM, 2008.

18. Giuseppe Ateniese, Giovanni Felici, Luigi V Mancini, Angelo Spognardi, Antonio Villani, and Domenico Vitali. Hacking smart machines with smarter ones : How to extract meaningful data from machine learning classifiers. *arXiv preprint arXiv :1306.4447*, 2013.
19. Gildas Avoine and Marc-Olivier Killijian. Cybersécurité. *Bulletin 1024 de la Société informatique de France*, 2017 (11) :25-37, septembre 2017.
20. Razvan Barbulescu, Pierrick Gaudry, Antoine Joux, and Emmanuel Thomé. A heuristic quasi-polynomial algorithm for discrete logarithm in finite fields of small characteristic. In Phong Q. Nguyen and Elisabeth Oswald, editors, *Advances in Cryptology – EUROCRYPT 2014 – 33rd Annual International Conference on the Theory and Applications of Cryptographic Techniques, Copenhagen, Denmark, May 11-15, 2014. Proceedings*, volume 8441 of *Lecture Notes in Computer Science*, pages 1-16. Springer, 2014.
21. Sébastien Bardin, Robin David, and Jean-Yves Marion. Backward-bounded DSE : targeting infeasibility questions on obfuscated codes. In *IEEE Symposium on Security and Privacy, SP*, pages 633-651, 2017.
22. Elise Barelli and Alain Couvreur. An efficient structural attack on NIST submission DAGS. *IACR Cryptology ePrint Archive*, 2018 :456, 2018.
23. Solon Barocas and Andrew D Selbst. Big data's disparate impact. *Cal. L. Rev.*, 104 :671, 2016.
24. Patrick Bas. Informed secure watermarking using optimal transport. In *IEEE Proc. Int. Conf. Acoust, Speech, Signal Processing*, 2011.
25. Patrick Bas and François Cayre. Achieving subspace or key security for woa using natural or circular watermarking. In *Proceedings of the 8th Workshop on Multimedia and Security*, pages 80-88, New York, NY, USA, 2006. ACM.
26. Patrick Bas and Gwenaël Doërr. Practical security analysis of dirty paper trellis watermarking. In Teddy Furon, François Cayre, Gwenaël J. Doërr, and Patrick Bas, editors, *Information Hiding, 9th International Workshop, IH 2007, Saint-Malo, France, June 11-13, 2007, Revised Selected Papers*, volume 4567 of *Lecture Notes in Computer Science*, pages 174-188. Springer, 2007.
27. Patrick Bas and Gwenaël Doërr. Evaluation of an optimal watermark tampering attack against dirty paper trellis schemes. In *ACM Multimedia and Security Workshop*, Oxford, UK, Sept 2008.

28. Patrick Bas and Teddy Furon. Key length estimation of zero-bit watermarking schemes. In *2012 Proceedings of the 20th European Signal Processing Conference (EUSIPCO)*, pages 1693-1697. IEEE, 2012.
29. Patrick Bas and Teddy Furon. A new measure of watermarking security : The effective key length. *IEEE Transactions on Information Forensics and Security*, 8 (8) :1306-1317, 2013.
30. Patrick Bas, Teddy Furon, and François Cayre. Practical key length of watermarking systems. In *2012 IEEE International Conference on Acoustics, Speech and Signal Processing (ICASSP)*, pages 1769-1772. IEEE, 2012.
31. Patrick Bas and Jarmo Hurri. Vulnerability of DM watermarking of non-iid host signals to attacks utilising the statistics of independent components. *IEE proceeding, Transaction on Information Security*, 153 :127-139, 2006.
32. Patrick Bas, Furon Teddy, François Cayre, Gwenaël Doërr, and Benjamin Mathon. *Watermarking Security : Fundamentals, Secure Design and Attacks.* Springer, January 2016.
33. Patrick Bas and Andreas Westfeld. Two key estimation techniques for the Broken Arrows watermarking scheme. In *MM&Sec '09 : Proceedings of the 11th ACM workshop on Multimedia and security*, pages 1-8, New York, NY, USA, 2009. ACM.
34. Pierre Bellanger. Principes et pratiques des données personnelles en réseau. Technical report, Contribution à l'étude du Conseil d'État Technologies numériques, libertés et droits fondamentaux, 2014.
35. Mihir Bellare, Anand Desai, Eric Jokipii, and Phillip Rogaway. A concrete security treatment of symmetric encryption. In *38th Annual Symposium on Foundations of Computer Science*, pages 394-403, Miami Beach, Florida, October 19-22, 1997. IEEE Computer Society Press.
36. Mihir Bellare, Anand Desai, David Pointcheval, and Phillip Rogaway. Relations among notions of security for public-key encryption schemes. In Hugo Krawczyk, editor, *Advances in Cryptology – CRYPTO'98*, volume 1462 of *Lecture Notes in Computer Science*, pages 26-45, Santa Barbara, CA, USA, August 23-27, 1998. Springer, Heidelberg, Germany.
37. Charles Bennett and Gilles Brassard. Quantum cryptography : Public key distribution and coin tossing. In *Proceedings of IEEE International Conference on Computers, Systems, and Signal Processing*, pages 175-179, December 1984.
38. David Bernhard, Véronique Cortier, David Galindo, Olivier Pereira, and Bogdan Warinschi. SoK : A comprehensive analysis

of game-based ballot privacy definitions. In *Proc. 2015 IEEE Symposium on Security and Privacy (S& P'15)*, pages 499-516. IEEE Computer Society, 2015.

39. Daniel J. Bernstein, Daira Hopwood, Andreas Hülsing, Tanja Lange, Ruben Niederhagen, Louiza Papachristodoulou, Michael Schneider, Peter Schwabe, and Zooko Wilcox-O'Hearn. SPHINCS : Practical Stateless Hash-Based Signatures. In *EUROCRYPT*, pages 368-397, 2015.
40. Elisa Bertino and Kenji Takahashi. *Identity Management : Concepts, Technologies, and Systems.* Artech House, Inc., Norwood, MA, USA, 2010.
41. Benjamin Beurdouche, Karthikeyan Bhargavan, Antoine Delignat-Lavaud, Cédric Fournet, Markulf Kohlweiss, Alfredo Pironti, Pierre-Yves Strub, and Jean Karim Zinzindohoue. A messy state of the union : Taming the composite state machines of TLS. In *2015 IEEE Symposium on Security and Privacy, SP 2015, San Jose, CA, USA, May 17-21, 2015*, pages 535-552. IEEE Computer Society, 2015.
42. Karthikeyan Bhargavan and Gaëtan Leurent. Transcript collision attacks : Breaking authentication in tls, IKE and SSH. In *23rd Annual Network and Distributed System Security Symposium, NDSS 2016, San Diego, California, USA, February 21-24, 2016.* The Internet Society, 2016.
43. Allison Bishop, Abhishek Jain, and Lucas Kowalczyk. Function-hiding inner product encryption. In Tetsu Iwata and Jung Hee Cheon, editors, *Advances in Cryptology – ASIA – CRYPT 2015, Part I*, volume 9452 of *Lecture Notes in Computer Science*, pages 470-491, Auckland, New Zealand, November 30 – December 3, 2015. Springer, Heidelberg, Germany.
44. Christopher M. Bishop. *Pattern recognition and machine learning, 5th Edition.* Information science and statistics. Springer, 2007.
45. Bruno Blanchet. *Vérification automatique de protocoles cryptographiques : modèle formel et modèle calculatoire. Automatic verification of security protocols : formal model and computational model.* Mémoire d'habilitation, université Paris-Dauphine, November 2008.
46. Andrey Bogdanov, Dmitry Khovratovich, and Christian Rechberger. Biclique cryptanalysis of the full AES. In Dong Hoon Lee and Xiaoyun Wang, editors, *Advances in Cryptology – ASIACRYPT 2011 – 17th International Conference on the Theory and Application of Cryptology and Information Security, Seoul, South Korea, December 4-8, 2011. Proceedings*, volume 7073 of *Lecture Notes in Computer Science*, pages 344-371. Springer, 2011.

47. Dan Boneh and Matthew K. Franklin. Identity-based encryption from the Weil pairing. In Joe Kilian, editor, *Advances in Cryptology – CRYPTO 2001*, volume 2139 of *Lecture Notes in Computer Science*, pages 213-229, Santa Barbara, CA, USA, August 19-23, 2001. Springer, Heidelberg, Germany.
48. Dan Boneh, Craig Gentry, and Brent Waters. Collusion resistant broadcast encryption with short ciphertexts and private keys. In Victor Shoup, editor, *Advances in Cryptology – CRYPTO 2005*, volume 3621 of *Lecture Notes in Computer Science*, pages 258-275, Santa Barbara, CA, USA, August 14-18, 2005. Springer, Heidelberg, Germany.
49. Dan Boneh, Eu-Jin Goh, and Kobbi Nissim. Evaluating 2-DNF formulas on ciphertexts. In Joe Kilian, editor, *TCC 2005 : 2nd Theory of Cryptography Conference*, volume 3378 of *Lecture Notes in Computer Science*, pages 325-341, Cambridge, MA, USA, February 10-12, 2005. Springer, Heidelberg, Germany.
50. Dan Boneh, Amit Sahai, and Brent Waters. Functional encryption : Definitions and challenges. In Yuval Ishai, editor, *TCC 2011 : 8th Theory of Cryptography Conference*, volume 6597 of *Lecture Notes in Computer Science*, pages 253-273, Providence, RI, USA, March 28-30, 2011. Springer, Heidelberg, Germany.
51. Mikhail A Borodin and Ivan V Chizhov. Effective attack on the McEliece cryptosystem based on Reed-Muller codes. *Discrete Mathematics and Applications*, 24 (5) :273-280, 2014.
52. Matteo Bortolozzo, Matteo Centenaro, Riccardo Focardi, and Graham Steel. Attacking and fixing PKCS#11 security tokens. In *Proceedings of the 17th ACM Conference on Computer and Communications Security, CCS 2010, Chicago, Illinois, USA, October 4-8, 2010*, pages 260-269, 2010.
53. Florian Bourse, Rafaël del Pino, Michele Minelli, and Hoeteck Wee. FHE circuit privacy almost for free. In Matthew Robshaw and Jonathan Katz, editors, *Advances in Cryptology – CRYPTO 2016, Part II*, volume 9815 of *Lecture Notes in Computer Science*, pages 62-89, Santa Barbara, CA, USA, August 14-18, 2016. Springer, Heidelberg, Germany.
54. Florian Bourse, Michele Minelli, Matthias Minihold, and Pascal Paillier. Fast homomorphic evaluation of deep discretized neural networks. In Hovav Shacham and Alexandra Boldyreva, editors, *Advances in Cryptology – CRYPTO 2018, Part III*, volume 10993 of *Lecture Notes in Computer Science*, pages 483-512, Santa Barbara, CA, USA, August 19-23, 2018. Springer, Heidelberg, Germany.

55. Marcel Breeuwsma, Martien De Jongh, Coert Klaver, Ronald Van Der Knijff, and Mark Roeloffs. Forensic data recovery from flash memory. *Small Scale Digital Device Forensics Journal*, 1 *(1)* :1-17, 2007.

56. Leo Breiman. *Classification and regression trees*. Routledge, 2017.

57. Julien Bringer, Hervé Chabanne, Malika Izabachène, David Pointcheval, Qiang Tang, and Sébastien Zimmer. An application of the goldwasser-micali cryptosystem to biometric authentication. In Josef Pieprzyk, Hossein Ghodosi, and Ed Dawson, editors, *Information Security and Privacy, 12th Australasian Conference, ACISP 2007, Townsville, Australia, July 2-4, 2007, Proceedings*, volume 4586 of *Lecture Notes in Computer Science*, pages 96-106. Springer, 2007.

58. Julien Bringer, HervéChabanne, Daniel Le Métayer, and Roch Lescuyer. Privacy by design in practice : Reasoning about privacy properties of biometric system architectures. In *FM 2015 : Formal Methods – 20th International Symposium, Oslo, Norway, June 24-26, 2015, Proceedings*, pages 90-107, 2015.

59. Sean Brooks, Michael Garcia, Naomi Lefkovitz, Suzanne Lightman, and Ellen Nadeau. An Introduction to Privacy Engineering and Risk Management in Federal Information Systems. Technical report, NIST, 2017.

60. Christian Cachin. An information-theoretic model for steganography. In *International Workshop on Information Hiding*, pages 306-318. Springer, 1998.

61. Rich Caruana, Yin Lou, Johannes Gehrke, Paul Koch, Marc Sturm, and Noemie Elhadad. Intelligible models for healthcare : Predicting pneumonia risk and hospital 30-day readmission. In *Proceedings of the 21th ACM SIGKDD International Conference on Knowledge Discovery and Data Mining*, pages 1721-1730. ACM, 2015.

62. Eoghan Casey and Benjamin Turnbull. Digital evidence on mobile devices. *Eoghan Casey, Digital Evidence and Computer Crime. Third Edition. Forensic Science, Computers, and the Internet, Academic Pres*, 2011.

63. Claude Castelluccia, Mathieu Cunche, Daniel Le Métayer, and Victor Morel. Enhancing transparency and consent in the IoT. In *2018 IEEE European Symposium on Security and Privacy Workshops, EuroS&P Workshops 2018, London, United Kingdom, April 23-27, 2018*, pages 116-119, 2018.

64. Claude Castelluccia and Daniel Le Métayer. Understanding algorithmic decision making : Opportunities and challenges.

Technical report, European Parliament, Scientific Foresight Unit (STOA), 2018.

65. Francois Cayre and Patrick Bas. Kerckhoffs-based embedding security classes for WOA data hiding. *IEEE Transactions on Information Forensics and Security*, 3 (1) :1-15, 2008.
66. François Cayre, Caroline Fontaine, and Teddy Furon. Watermarking security : theory and practice. *IEEE Transactions on Signal Processing*, 53 (10) :3976-3987, 2005.
67. David Chaum. Blind signatures for untraceable payments. In David Chaum, Ronald L. Rivest, and Alan T. Sherman, editors, *Advances in Cryptology : Proceedings of CRYPTO '82, Santa Barbara, California, USA, August 23-25, 1982*, pages 199-203. Plenum Press, New York, 1982.
68. Yuanmi Chen and Phong Q. Nguyen. BKZ 2.0 : Better Lattice Security Estimates. In *ASIA-CRYPT*, volume 7073 of *Lecture Notes in Computer Science*, pages 1-20. Springer, 2011.
69. Ilaria Chillotti, Nicolas Gama, Mariya Georgieva, and Malika Izabachène. Faster fully homomorphic encryption : Bootstrapping in less than 0.1 seconds. In Jung Hee Cheon and Tsuyoshi Takagi, editors, *Advances in Cryptology – ASIACRYPT 2016, Part I*, volume 10031 of *Lecture Notes in Computer Science*, pages 3-33, Hanoi, Vietnam, December 4-8, 2016. Springer, Heidelberg, Germany.
70. Ilaria Chillotti, Nicolas Gama, Mariya Georgieva, and Malika Izabachène. Faster packed homomorphic operations and efficient circuit bootstrapping for TFHE. In Tsuyoshi Takagi and Thomas Peyrin, editors, *Advances in Cryptology – ASIACRYPT 2017, Part I*, volume 10624 of *Lecture Notes in Computer Science*, pages 377-408, Hong Kong, China, December 3-7, 2017. Springer, Heidelberg, Germany.
71. Michael R. Clarkson, Stephen Chong, and Andrew C. Myers. Civitas : Toward a secure voting system. In *Proc. IEEE Symposium on Security and Privacy (S&P'08)*, pages 354-368, 2008.
72. Frederick B. Cohen. *A Short Course on Computer Viruses (2Nd Ed.)*. John Wiley & Sons, Inc., New York, NY, USA, 1994.
73. Michael Colesky, Jaap-Henk Hoepman, and Christiaan Hillen. A critical analysis of privacy design strategies. In *2016 IEEE Security and Privacy Workshops, SP Workshops 2016, San Jose, CA, USA, May 22-26, 2016*, pages 33-40, 2016.
74. Pedro Comesana, Luis Pérez-Freire, and Fernando Pérez-González. Blind newton sensitivity attack. *IEE Proceedings-Information Security*, 153 (3) :115-125, 2006.

75. Conseil national du Numérique. La libre circulation des données dans l'Union européenne. Technical Report 14, Conseil national du Numérique, 2017.
76. Véronique Cortier, Jérémie Detrey, Pierrick Gaudry, Frédéric Sur, Emmanuel Thomé, Mathieu Turuani, and Paul Zimmermann. Ballot stuffing in a postal voting system. In *Revote 2011 – International Workshop on Requirements Engineering for Electronic Voting Systems*, Trento, Italie, 2011. IEEE.
77. Véronique Cortier, David Galindo, Stéphane Glondu, and Malika Izabachène. Election verifiability for Helios under weaker trust assumptions. In *Proc. 19th European Symposium on Research in Computer Security (ESORICS'14), Part II*, pages 327-344, 2014.
78. Véronique Cortier, David Galindo, Ralf Küsters, Johannes Müller, and Tomasz Truderung. Sok : Verifiability notions for e-voting protocols. In *Proc. 2016 IEEE Symposium on Security and Privacy, (SP'16)*, pages 779-798. IEEE Computer Society, 2016.
79. Véronique Cortier, David Galindo, and Mathieu Turuani. A formal analysis of the neuchatel e-voting protocol. In *Proc. 2018 IEEE European Symposium on Security and Privacy (EuroS&P'18)*, pages 430-442. IEEE, 2018.
80. Véronique Cortier, Steve Kremer, and Bogdan Warinschi. A survey of symbolic methods in computational analysis of cryptographic systems. *J. Autom. Reasoning*, 46 (3-4) :225-259, 2011.
81. Véronique Cortier and Ben Smyth. Attacking and fixing Helios : An analysis of ballot secrecy. *Journal of Computer Security*, 21 (1) :89-148, 2013.
82. Nicolas Courtois, Alexander Klimov, Jacques Patarin, and Adi Shamir. Efficient Algorithms for Solving Overdefined Systems of Multivariate Polynomial Equations. In *EUROCRYPT*, volume 1807 of *Lecture Notes in Computer Science*, pages 392-407. Springer, 2000.
83. Jean-Marc Couveignes. Hard Homogeneous Spaces. *IACR Cryptology ePrint Archive*, 2006 :291, 2006.
84. Mark Craven and Jude W Shavlik. Extracting tree-structured representations of trained networks. In *Advances in neural information processing systems*, pages 24-30, 1996.
85. Joan Daemen and Vincent Rijmen. Rijndael for AES. In *AES Candidate Conference*, pages 343-348, 2000.
86. Joan Daemen and Vincent Rijmen. *The Design of Rijndael : AES – The Advanced Encryption Standard*. Information Security and Cryptography. Springer, 2002.

87. George Danezis, Josep Domingo-Ferrer, Marit Hansen, Jaap-Henk Hoepman, Daniel Le Métayer, Rodica Tirtea, and Stefan Schiffner. Privacy and data protection by design – from policy to engineering. *CoRR*, abs/1501.03726, 2015.
88. Anupam Das, Martin Degeling, Daniel Smullen, and Norman Sadeh. Personalized privacy assistants for the internet of things. *IEEE Pervasive Computing : Special Issue – Securing the IoT*, 12 (1), 2015.
89. Sourya Joyee De and Daniel Le Métayer. PRIAM : A Privacy Risk Analysis Methodology. In *11th International Workshop on Data Privacy Management (DPM)*. IEEE, 2016.
90. Sourya Joyee De and Daniel Le Métayer. Privacy Harm Analysis : A Case Study on Smart Grids. In *International Workshop on Privacy Engineering (IWPE)*. IEEE, 2016.
91. Sourya Joyee De and Daniel Le Métayer. Privacy Risk Analysis. In *Synthesis Series*. Morgan & Claypool Publishers, 2016.
92. Sourya Joyee De and Daniel Le Métayer. Privacy risk analysis to enable informed privacy settings. In *2018 IEEE European Symposium on Security and Privacy Workshops, EuroS&P Workshops 2018, London, United Kingdom, April 23-27, 2018*, pages 95-102, 2018.
93. Paul de Hert and Vagelis Papakonstantinou. The new general data protection regulation : Still a sound system for the protection of individuals ? *Computer Law & Security Review*, 32, 03 2016.
94. L'Argus de l'assurance. L'enrichissement du rapport de l'expert automobile par les enregistreurs de données collectées. https://www.argusdelassurance.com/reglementation/jurisprudence/l-enrichissement-du-rapport-de-l-expert-automobile-par-les-enregistreurs-de-donnees-collectees.118886, 2017. [Online ; accessed 28-September-2018].
95. Commission nationale de l'Informatique et des Libertés. Analyse d'impact relative à la protection des données – la méthode. https://www.cnil.fr/sites/default/files/atoms/files/cnil-pia-1-fr-methode.pdf, 2018.
96. Commission nationale de l'informatique et des libertés. Analyse d'impact relative à la protection des données – les bases de connaissance. https://www.cnil.fr/sites/default/files/atoms/files/cnil-pia-3-fr-basesdeconnaissances.pdf, 2018.
97. Commission nationale de l'Informatique et des Libertés. Analyse d'impact relative à la protection des données – les modèles. https://www.cnil.fr/sites/default/files/atoms/files/cnil-pia-2-fr-modeles.pdf, 2018.

98. LINC (Commission nationale de l'Informatique et des Libertés). la plateforme d'une ville. les données personnelles au cœur de la fabrique de la smart city. *Cahier Innovation et Prospective*, 5 :54, 2017.
99. Thomas Debris-Alazard and Jean-Pierre Tillich. A polynomial attack on a NIST proposal : RankSign, a code-based signature in rank metric. *IACR Cryptology ePrint Archive*, 2018 :339, 2018.
100. Stéphanie Delaune, Steve Kremer, and Mark Ryan. Verifying privacy-type properties of electronic voting protocols. *Journal of Computer Security*, 17 (4) :435-487, 2009.
101. Stéphanie Delaune, Steve Kremer, and Graham Steel. Formal analysis of PKCS#11. In *Proceedings of the 21st IEEE Computer Security Foundations Symposium, CSF 2008, Pittsburgh, Pennsylvania, USA*, pages 331-344, 2008.
102. Mina Deng, Kim Wuyts, Riccardo Scandariato, Bart Preneel, and Wouter Joosen. A privacy threat analysis framework : supporting the elicitation and fulfilment of privacy requirements. *Requirements Engineering*, 16 (1) :3-32, 2011.
103. Patrick Derbez, Pierre-Alain Fouque, and Jérémy Jean. Improved key recovery attacks on reduced-round AES in the single-key setting. In Thomas Johansson and Phong Q. Nguyen, editors, *Advances in Cryptology – EUROCRYPT 2013, 32nd Annual International Conference on the Theory and Applications of Cryptographic Techniques, Athens, Greece, May 26-30, 2013. Proceedings*, volume 7881 of *Lecture Notes in Computer Science*, pages 371-387. Springer, 2013.
104. Cour européenne des droits de l'homme. Arrêt Libert v. France, no. 588/13, 22 february 2018. http://hudoc.echr.coe.int/fre?i=001-181074, 2018. [Online ; accessed 28-September2018].
105. Tim Dierks and Christopher Allen. *RFC 2246 – The TLS Protocol Version 1.0*. Internet Activities Board, January 1999.
106. Whitfield Diffie and Martin E. Hellman. New directions in cryptography. *IEEE Transactions on Information Theory*, 22 (6) :644-654, 1976.
107. Itai Dinur, Orr Dunkelman, and Adi Shamir. Improved attacks on full gost. In Anne Canteaut, editor, *Fast Software Encryption*, pages 9-28, Berlin, Heidelberg, 2012. Springer Berlin Heidelberg.
108. Danny Dolev and Andrew Chi-Chih Yao. On the security of public key protocols. *IEEE Trans. Information Theory*, 29 (2) : 198-207, 1983.
109. Finale Doshi-Velez and Been Kim. Towards a rigorous science of interpretable machine learning. *arXiv preprint arXiv :1702. 08608*, 2017.

110. John R. Douceur. The Sybil attack. In *The First International Workshop on Peer-to-Peer Systems (IPTPS'02)*, pages 251-260. Springer-Verlag, 2002.
111. Vivien Dubois, Pierre-Alain Fouque, Adi Shamir, and Jacques Stern. Practical Cryptanalysis of SFLASH. In *CRYPTO*, pages 1-12, 2007.
112. Léo Ducas, Alain Durmus, Tancrède Lepoint, and Vadim Lyubashevsky. Lattice Signatures and Bimodal Gaussians. In *CRYPTO (1)*, volume 8042 of *Lecture Notes in Computer Science*, pages 40-56. Springer, 2013.
113. Léo Ducas, Vadim Lyubashevsky, and Thomas Prest. Efficient Identity-Based Encryption over NTRU Lattices. In *ASIACRYPT (2)*, volume 8874 of *Lecture Notes in Computer Science*, pages 22-41. Springer, 2014.
114. Edouard Dufour Sans, Romain Gay, and David Pointcheval. Reading in the dark : Classifying encrypted digits with functional encryption. Cryptology ePrint Archive, Report 2018/206, 2018. https://eprint.iacr.org/2018/206.
115. Jean-Guillaume Dumas, Pascal Lafourcade, Ariane Tichit, and Sébastien Varette. *Les blockchains en 50 Questions, comprendre le fonctionnement et les enjeux de cette technologie innovante*. Dunod, 2018.
116. Cynthia Dwork, Moritz Hardt, Toniann Pitassi, Omer Reingold, and Richard S. Zemel. Fairness through awareness. In *Innovations in Theoretical Computer Science 2012, Cambridge, MA, USA, January 8-10, 2012*, pages 214-226, 2012.
117. Cynthia Dwork and Aaron Roth. The algorithmic foundations of differential privacy. *Foundations and Trends in Theoretical Computer Science*, 9 (3-4) :211-407, 2014.
118. Harrison Edwards and Amos J. Storkey. Censoring representations with an adversary. *CoRR*, abs/1511.05897, 2015.
119. Taher ElGamal. A public key cryptosystem and a signature scheme based on discrete logarithms. In G. R. Blakley and David Chaum, editors, *Advances in Cryptology – CRYPTO'84*, volume 196 of *Lecture Notes in Computer Science*, pages 10-18, Santa Barbara, CA, USA, August 19-23, 1984. Springer, Heidelberg, Germany.
120. Taher ElGamal. A public key cryptosystem and a signature scheme based on discrete logarithms. *IEEE Transactions on Information Theory*, 31 :469-472, 1985.
121. ENISA. Recommendations on european data protection regulation. Technical report, European Union Agency For Network and Information Security, 2017.

122. Europol. Internet organised crime threat assessment. https://www.europol.europa.eu/internet-organised-crime-threat-assessment-2018, 2018.
123. Evanthia Faliagka, Athanasios Tsakalidis, and Giannis Tzimas. An integrated e-recruitment system for automated personality mining and applicant ranking. *Internet research*, 22 (5) :551-568, 2012.
124. Jean-Charles Faugère and Antoine Joux. Algebraic Cryptanalysis of Hidden Field Equation (HFE) Cryptosystems Using Gröbner Bases. In *CRYPTO*, volume 2729 of *Lecture Notes in Computer Science*, pages 44-60. Springer, 2003.
125. Jean-Charles Faugère and Ludovic Perret. Cryptanalysis of 2R-Schemes. In *CRYPTO*, volume 4117 of *Lecture Notes in Computer Science*, pages 357-372. Springer, 2006.
126. Michael Feldman, Sorelle A. Friedler, John Moeller, Carlos Scheidegger, and Suresh Venkatasubramanian. Certifying and removing disparate impact. In Longbing Cao, Chengqi Zhang, Thorsten Joachims, Geoffrey I. Webb, Dragos D. Margineantu, and Graham Williams, editors, *Proceedings of the 21th ACM SIGKDD International Conference on Knowledge Discovery and Data Mining, Sydney, NSW, Australia, August 10-13, 2015*, pages 259-268. ACM, 2015.
127. Houda Ferradi, Rémi Géraud, David Naccache, and Assia Tria. When organized crime applies academic results : a forensic analysis of an in-card listening device. *Journal of Cryptographic Engineering*, 6 (1) :49-59, 2016.
128. Amos Fiat and Moni Naor. Broadcast encryption. In Douglas R. Stinson, editor, *Advances in Cryptology – CRYPTO'93*, volume 773 of *Lecture Notes in Computer Science*, pages 480-491, Santa Barbara, CA, USA, August 22-26, 1994. Springer, Heidelberg, Germany.
129. FIREEYE. Apt28 : A window into Russia's cyber espionage operations ? https://www2.fireeye.com/rs/fireye/images/rpt-apt28.pdf.
130. Scott R. Fluhrer, Itsik Mantin, and Adi Shamir. Weaknesses in the key scheduling algorithm of rc4. In *Revised Papers from the 8th Annual International Workshop on Selected Areas in Cryptography*, SAC '01, pages 1-24, London, UK, UK, 2001. Springer-Verlag.
131. Organisation for Economic Co-operation and Development. *Exploring the Economics of Personal Data : A Survey of Methodologies for Measuring Monetary Value*. OECD Publishing, 2013.

132. Matt Fredrikson, Somesh Jha, and Thomas Ristenpart. Model inversion attacks that exploit confidence information and basic countermeasures. In *Proceedings of the 22nd ACM SIGSAC Conference on Computer and Communications Security*, pages 1322-1333. ACM, 2015.
133. Matthew Fredrikson, Eric Lantz, Somesh Jha, Simon Lin, David Page, and Thomas Ristenpart. Privacy in pharmacogenetics : An end-to-end case study of personalized warfarin dosing. In *USENIX Security Symposium*, pages 17-32, 2014.
134. Bruno S Frey and Felix Oberholzer-Gee. The cost of price incentives : An empirical analysis of motivation crowding-out. *The American economic review*, 87 (4) :746-755, 1997.
135. Sorelle A. Friedler, Carlos Scheidegger, Suresh Venkatasubramanian, Sonam Choudhary, Evan P. Hamilton, and Derek Roth. A comparative study of fairness-enhancing interventions in machine learning. *CoRR*, abs/1802.04422, 2018.
136. Teddy Furon and Patrick Bas. Broken Arrows. *EURASIP Journal on Information Security*, 2008 :1-13, 2008.
137. Teddy Furon and Patrick Bas. A New Measure of Watermarking Security Applied on DC – DM QIM. In *Information Hiding 2012*, page TBA, Berkeley, United States, May 2012.
138. Chancellerie fédérale ChF. Exigences techniques et administratives applicables au vote électronique –, 2013. Annexe à l'ordonnance de la ChF du 13 décembre 2013 sur le vote électronique (OVotE, RS 161.116).
139. Philippe Gaborit and Gilles Zémor. On the Hardness of the Decoding and the Minimum Distance Problems for Rank Codes. *IEEE Trans. Information Theory*, 62 (12) :7245-7252, 2016.
140. Steven D. Galbraith and Frederik Vercauteren. Computational problems in supersingular elliptic curve isogenies. *Quantum Information Processing*, 17 (10) :265, 2018.
141. Nicolas Gama, Phong Q. Nguyen, and Oded Regev. Lattice Enumeration Using Extreme Pruning. In *EUROCRYPT*, volume 6110 of *Lecture Notes in Computer Science*, pages 257-278. Springer, 2010.
142. Karan Ganju, Qi Wang, Wei Yang, Carl A Gunter, and Nikita Borisov. Property inference attacks on fully connected neural networks using permutation invariant representations. In *Proceedings of the 2018 ACM SIGSAC Conference on Computer and Communications Security*, pages 619-633. ACM, 2018.
143. Sanjam Garg, Craig Gentry, Shai Halevi, Mariana Raykova, Amit Sahai, and Brent Waters. Candidate indistinguishability

obfuscation and functional encryption for all circuits. In *54th Annual Symposium on Foundations of Computer Science*, pages 40-49, Berkeley, CA, USA, October 26-29, 2013. IEEE Computer Society Press.

144. Romain Gay. Functional encryption for quadratic functions, and applications to predicate encryption. Cryptology ePrint Archive, Report 2016/1106, 2016. http://eprint.iacr.org/2016/1106.
145. Sengelen Gaëtan. Le vol de véhicules perpétré par boîtier électronique – nouvelles perspectives d'enquête par l'utilisation des traces numériques. Master's thesis, université de Lausanne, juillet 2017.
146. Craig Gentry. Fully homomorphic encryption using ideal lattices. In Michael Mitzenmacher, editor, *41st Annual ACM Symposium on Theory of Computing*, pages 169-178, Bethesda, MD, USA, May 31 – June 2, 2009. ACM Press.
147. Craig Gentry, Chris Peikert, and Vinod Vaikuntanathan. Trapdoors for hard lattices and new cryptographic constructions. In *STOC*, pages 197-206. ACM, 2008.
148. Craig Gentry, Amit Sahai, and Brent Waters. Homomorphic encryption from learning with errors : Conceptually-simpler, asymptotically-faster, attribute-based. In Ran Canetti and Juan A. Garay, editors, *Advances in Cryptology – CRYPTO 2013, Part I*, volume 8042 of *Lecture Notes in Computer Science*, pages 75-92, Santa Barbara, CA, USA, August 18-22, 2013. Springer, Heidelberg, Germany.
149. Henri Gilbert and Marine Minier. A collision attack on 7 rounds of rijndael. In *In AES Candidate Conference*, pages 230-241, 2000.
150. Oded Goldreich. Two Remarks Concerning the Goldwasser-Micali-Rivest Signature Scheme. In *CRYPTO '86*, pages 104-110, 1986.
151. Shafi Goldwasser, S. Dov Gordon, Vipul Goyal, Abhishek Jain, Jonathan Katz, Feng-Hao Liu, Amit Sahai, Elaine Shi, and Hong-Sheng Zhou. Multi-input functional encryption. In Phong Q. Nguyen and Elisabeth Oswald, editors, *Advances in Cryptology – EURO – CRYPT 2014*, volume 8441 of *Lecture Notes in Computer Science*, pages 578-602, Copenhagen, Denmark, May 11-15, 2014. Springer, Heidelberg, Germany.
152. Shafi Goldwasser and Silvio Micali. Probabilistic encryption. *Journal of Computer and System Sciences*, 28 (2) :270-299, 1984.
153. Vipul Goyal, Omkant Pandey, Amit Sahai, and Brent Waters. Attribute-based encryption for fine-grained access control of

encrypted data. In Ari Juels, Rebecca N. Wright, and Sabrina De Capitani di Vimercati, editors, *ACM CCS 06 : 13th Conference on Computer and Communications Security*, pages 89-98, Alexandria, Virginia, USA, October 30 – November 3, 2006. ACM Press. Available as Cryptology ePrint Archive Report 2006/309.

154. Louis Granboulan, Antoine Joux, and Jacques Stern. Inverting HFE Is Quasipolynomial. In *CRYPTO*, volume 4117 of *Lecture Notes in Computer Science*, pages 345-356. Springer, 2006.
155. Andy Greenberg. The untold story of notpetya, the most devastating cyberattack in history. https://www.wired.com/story/notpetya-cyberattack-ukraine-russia-code-crashed-the-world/amp.
156. Laurent Grégoire. Comment mon ordinateur a voté à ma place. http://www.scribd.com/doc/94990325/Comment-mon-ordinateur-a-vote-a-ma-place-et-a-mon-insu, 2012.
157. Lov K. Grover. A Fast Quantum Mechanical Algorithm for Database Search. In *STOC*, pages 212-219. ACM, 1996.
158. Riccardo Guidotti, Anna Monreale, Salvatore Ruggieri, Franco Turini, Fosca Giannotti, and Dino Pedreschi. A survey of methods for explaining black box models. *ACM Computing Surveys (CSUR)*, 51 (5) :93, 2018.
159. Seda Gürses, Carmela Troncoso, and Claudia Diaz. Engineering privacy by design reloaded. In *Amsterdam Privacy Conference*, 2015.
160. Moritz Hardt, Eric Price, and Nati Srebro. Equality of opportunity in supervised learning. In Daniel D. Lee, Masashi Sugiyama, Ulrike von Luxburg, Isabelle Guyon, and Roman Garnett, editors, *Advances in Neural Information Processing Systems 29: Annual Conference on Neural Information Processing Systems 2016, December 5-10, 2016, Barcelona, Spain*, pages 3315-3323, 2016.
161. Thomas Heckmann, Konstantinos Markantonakis, David Naccache, and Thomas Souvignet. Forensic smartphone analysis using adhesives : Transplantation of package on package components. *Digital Investigation*, 26 :29 – 39, 2018.
162. Le système de vote helios. https://heliosvoting.org/.
163. Maurice Herlihy. Blockchains from a distributed computing perspective. *Commun. ACM*, 62 (2) :78-85, January 2019.
164. Jaap-Henk Hoepman. Privacy design strategies – (extended abstract). In *ICT Systems Security and Privacy Protection – 29th IFIP TC 11 International Conference, SEC 2014, Marrakech, Morocco, June 2-4, 2014. Proceedings*, pages 446-459, 2014.

165. Jeffrey Hoffstein, Jill Pipher, and Joseph H. Silverman. NTRU : A Ring-Based Public Key Cryptosystem. In *ANTS*, pages 267-288, 1998.
166. Francis Hoogendijk. Finding traces in brakes electronics. Master's thesis, University of Technology de Heindoven, 2016.
167. Vant Bèf Info. Économie : fermeture d'un bureau dominicain de programmation des matériels de vente de borlette. https://www.vantbefinfo.com/economie-fermeture-dun-bureau-dominicain-de-programmation-des-materiels-de-vente-de-borlette/, 2018. [Online ; accessed 28-September-2018].
168. ISO. Technologies de l'information – Techniques de sécurité – Lignes directrices pour l'identification, la collecte, l'acquisition et la préservation de preuves numériques. Standard, International Organization for Standardization, Geneva, CH, October 2012.
169. ISO. Technologies de l'information – Techniques de sécurité – Gestion des risques liés à la sécurité de l'information. Standard, International Organization for Standardization, Geneva, CH, juillet 2018.
170. David Jao and Luca De Feo. Towards Quantum-Resistant Cryptosystems from Supersingular Elliptic Curve Isogenies. In *PQCrypto*, pages 19-34, 2011.
171. Andrew Teoh Beng Jin, David Ngo Chek Ling, and Alwyn Goh. Biohashing : two factor authentication featuring fingerprint data and tokenised random number. *Pattern Recognition*, 37 (11) :2245-2255, 2004.
172. H. Jin and J. Lotspiech. Renewable traitor tracing : A trace-revoke-trace system for anonymous attack. *Computer Security-ESORICS 2007*, pages 563-577, 2008.
173. Audun Jøsang, Christophe Rosenberger, Laurent Miralabé, Henning Klevjer, Kent A. Varmedal, Jérôme Daveau, Knut Eilif Husa, and Petter Taugbøl. Local user-centric identity management. *Journal of Trust Management*, 2 (1) :1, Jan 2015.
174. Ari Juels and Martin Wattenberg. A fuzzy commitment scheme. In Juzar Motiwalla and Gene Tsudik, editors, *CCS '99, Proceedings of the 6th ACM Conference on Computer and Communications Security, Singapore, November 1-4, 1999.*, pages 28-36. ACM, 1999.
175. Surya Mattu Julia Angwin, Jeff Larson and Lauren Kirchner. Machine Bias. https://www.propublica.org/article/machine-bias-risk-assessments-in-criminal-sentencing, 2016.
176. Faisal Kamiran, Toon Calders, and Mykola Pechenizkiy. Discrimination aware decision tree learning. In Geoffrey I. Webb,

Bing Liu, Chengqi Zhang, Dimitrios Gunopulos, and Xindong Wu, editors, *ICDM 2010, The 10th IEEE International Conference on Data Mining, Sydney, Australia, 14-17 December 2010*, pages 869-874. IEEE Computer Society, 2010.

177. Toshihiro Kamishima, Shotaro Akaho, Hideki Asoh, and Jun Sakuma. Fairness-aware classifier with prejudice remover regularizer. In Peter A. Flach, Tijl De Bie, and Nello Cristianini, editors, *Machine Learning and Knowledge Discovery in Databases – European Conference, ECML PKDD 2012, Bristol, UK, September 24-28, 2012. Proceedings, Part II*, volume 7524 of *Lecture Notes in Computer Science*, pages 35-50. Springer, 2012.
178. Alhassan Khedr, Glenn Gulak, and Vinod Vaikuntanathan. SHIELD : Scalable homomorphic implementation of encrypted data-classifiers. Cryptology ePrint Archive, Report 2014/838, 2014. http://eprint.iacr.org/2014/838.
179. Paul Kocher, Daniel Genkin, Daniel Gruss, Werner Haas, Mike Hamburg, Moritz Lipp, Stefan Mangard, Thomas Prescher, Michael Schwarz, and Yuval Yarom. Spectre attacks : Exploiting speculative execution. *arXiv preprint arXiv :1801.01203*, 2018.
180. Paul Kocher, Joshua Jaffe, Benjamin Jun, and Pankaj Rohatgi. Introduction to differential power analysis. *Journal of Cryptographic Engineering*, 1 (1) :5-27, 2011.
181. Karl Koscher, Alexei Czeskis, Franziska Roesner, Shwetak Patel, Tadayoshi Kohno, Stephen Checkoway, Damon McCoy, Brian Kantor, Danny Anderson, Hovav Shacham, *et al.* Experimental security analysis of a modern automobile. In *Security and Privacy (SP), 2010 IEEE Symposium on*, pages 447-462. IEEE, 2010.
182. Josua Krause, Adam Perer, and Kenney Ng. Interacting with predictions : Visual inspection of black-box machine learning models. In *Proceedings of the 2016 CHI Conference on Human Factors in Computing Systems*, pages 5686-5697. ACM, 2016.
183. Steve Kremer, Mark D. Ryan, and Ben Smyth. Election verifiability in electronic voting protocols. In *Proc. 15th European Symposium on Research in Computer Security (ESO-RICS'10)*, volume 6345 of *Lecture Notes in Computer Science*, pages 389-404. Springer, September 2010.
184. Ralf Küsters, Johannes Müller, Enrico Scapin, and Tomasz Truderung. select : A lightweight verifiable remote voting system. In *Proc. 29th IEEE Computer Security Foundations Symposium, CSF*, pages 341-354. IEEE Computer Society, 2016.
185. Marc Langheinrich. A privacy awareness system for ubiquitous computing environments. In *Proceedings of the Ubicomp Conference*, volume 2498, pages 237-245. Springer Verlag, LNCS, 2002.

186. Adeline Langlois and Damien Stehlé. Worst-case to average-case reductions for module lattices. *Des. Codes Cryptography*, 75 (3) :565-599, 2015.
187. Sébastien Larinier and Alexandra Toussaint. How does dridex hide friends ? https://www.youtube.com/watch ?v=-SDVuJ-foXbM.
188. Christophe Lazaro and Daniel Le Métayer. The control over personal data : True remedy or fairy tale ? *SCRIPTed*, 12 (1), 2015.
189. Daniel Le Métayer. A formal privacy management framework. In *Proceedings of the Formal Aspects in Security and Trust Conference (FAST)*, volume 5491, pages 162-176. Springer Verlag, LNCS, 2009.
190. Daniel Le Métayer. Whom to trust ? using technology to enforce privacy. In *Enforcing Privacy (eds. David Wright and Paul de Hert)*. Springer, 2016.
191. Yann LeCun, Yoshua Bengio, and Geoffrey E. Hinton. Deep learning. *Nature*, 521 (7553) :436-444, 2015.
192. Mathias Lécuyer, Guillaume Ducoffe, Francis Lan, Andrei Papancea, Theofilos Petsios, Riley Spahn, Augustin Chaintreau, and Roxana Geambasu. Xray : Enhancing the web's transparency with differential correlation. In *USENIX Security Symposium*, pages 49-64, 2014.
193. Mathias Lécuyer, Riley Spahn, Yannis Spiliopolous, Augustin Chaintreau, Roxana Geambasu, and Daniel Hsu. Sunlight : Fine-grained targeting detection at scale with statistical confidence. In *Proceedings of the 22nd ACM SIGSAC Conference on Computer and Communications Security*, pages 554-566. ACM, 2015.
194. Arjen Klaas Lenstra, Hendrik Willem Lenstra, and László Lovász. Factoring polynomials with rational coefficients. *Mathematische Annalen*, 261 (4) :515-534, 1982.
195. Benjamin Letham, Cynthia Rudin, Tyler H McCormick, David Madigan, *et al.* Interpretable classifiers using rules and bayesian analysis : Building a better stroke prediction model. *The Annals of Applied Statistics*, 9 (3) :1350-1371, 2015.
196. Olivier Levillain. *A study of the TLS ecosystem. (Une étude de l'écosystème TLS)*. PhD thesis, Telecom & Management Sud-Paris, France, 2016.
197. Jiuyong Li, Hong Shen, and Rodney Topor. Mining the optimal class association rule set. *Knowledge-Based Systems*, 15 (7) :399-405, 2002.

198. Ninghui Li, Tiancheng Li, and Suresh Venkatasubramanian. t-closeness : Privacy beyond kanonymity and l-diversity. In Rada Chirkova, Asuman Dogac, M. Tamer Özsu, and Timos K. Sellis, editors, *Proceedings of the 23rd International Conference on Data Engineering, ICDE 2007, The Marmara Hotel, Istanbul, Turkey, April 15-20, 2007*, pages 106-115. IEEE Computer Society, 2007.
199. Génération Libre. Mes data sont à moi. pour une patrimonialité des données personnelles. https://www.generationlibre.eu/wp-content/uploads/2018/01/2018-01-generationlibre-patrimonialite-des-donnees.pdf, 2018.
200. Rolf Lindemann, Davit Baghdasaryan, and Eric Tiffany. Fido universal authentication framework protocol., 2014.
201. Jean-Paul MG Linnartz and Marten Van Dijk. Analysis of the sensitivity attack against electronic watermarks in images. In *International Workshop on Information Hiding*, pages 258-272. Springer, 1998.
202. Moritz Lipp, Michael Schwarz, Daniel Gruss, Thomas Prescher, Werner Haas, Anders Fogh, Jann Horn, Stefan Mangard, Paul Kocher, Daniel Genkin, *et al.* Meltdown : Reading kernel memory from user space. In *27th {USENIX} Security Symposium ({USENIX} Security 18)*, pages 973-990, 2018.
203. Bin Liu, Mads Schaarup Andersen, Florian Schaub, Hazim Almuhimedi, Shikun Zhang, Norman M. Sadeh, Yuvraj Agarwal, and Alessandro Acquisti. Follow my recommendations : A personalized privacy assistant for mobile app permissions. In *Twelfth Symposium on Usable Privacy and Security, SOUPS 2016, Denver, CO, USA, June 22-24, 2016*, pages 27-41, 2016.
204. Edmond Locard. *L'enquête criminelle et les méthodes scientifiques*. E. Flammarion, 1920.
205. Daniel Lokshtanov, Ramamohan Paturi, Suguru Tamaki, R. Ryan Williams, and Huacheng Yu. Beating Brute Force for Systems of Polynomial Equations over Finite Fields. In *SODA*, pages 2190-2202, 2017.
206. Scott M Lundberg and Su-In Lee. A unified approach to interpreting model predictions. In *Advances in Neural Information Processing Systems*, pages 4765-4774, 2017.
207. Vadim Lyubashevsky, Chris Peikert, and Oded Regev. On ideal lattices and learning with errors over rings. In Henri Gilbert, editor, *Advances in Cryptology – EUROCRYPT 2010*, volume 6110 of *Lecture Notes in Computer Science*, pages 1-23, French Riviera, May 30 – June 3, 2010. Springer, Heidelberg, Germany.

208. Ashwin Machanavajjhala, Daniel Kifer, Johannes Gehrke, and Muthuramakrishnan Venkitasubramaniam. *L*-diversity : Privacy beyond *k*-anonymity. *TKDD*, 1 (1) :3, 2007.
209. Mostafa Mahmoud, N Algadi, and Ahmed Ali. Expert system for banking credit decision, 10 2008.
210. Gianclaudio Malgieri and Giovanni Comandé. Why a right to legibility of automated decision-making exists in the general data protection regulation. *International Data Privacy Law*, 7 (4) :243-265, 2017.
211. Gary Malinas and John Bigelow. Simpson's paradox. In Edward N. Zalta, editor, *The Stanford Encyclopedia of Philosophy*. Metaphysics Research Lab, Stanford University, fall 2016 edition, 2016.
212. Stefan Mangard, Elisabeth Oswald, and Thomas Popp. *Power analysis attacks : Revealing the secrets of smart cards*, volume 31. Springer Science & Business Media, 2008.
213. Jean-Yves Marion. From turing machines to computer viruses. *Phil. Trans. R. Soc. A*, 370 :3319-3339, 2012.
214. Benjamin Mathon, Patrick Bas, François Cayre, and Benoît Macq. Comparison of secure spread-spectrum modulations applied to still image watermarking. *Annals of Telecommunication*, 64 (11-12) :801-813, December 2009.
215. Benjamin Mathon, Patrick Bas, François Cayre, and Benoît Macq. Optimization of natural watermarking using transportation theory. In *Proceedings of the 11th ACM workshop on Multimedia and security*, pages 33-38. ACM, 2009.
216. Lionel Maurel. Données personnelles et recherche scientifique : quelle articulation dans le RGPD ? Technical report, Blog S.I. Lex, 2018.
217. Robert J McEliece. A public-key cryptosystem based on algebraic. *Coding Thv*, 4244 :114-116, 1978.
218. Pierrick Méaux, Anthony Journault, François-Xavier Standaert, and Claude Carlet. Towards stream ciphers for efficient FHE with low-noise ciphertexts. In Marc Fischlin and Jean-Sébastien Coron, editors, *Advances in Cryptology – EUROCRYPT 2016, Part I*, volume 9665 of *Lecture Notes in Computer Science*, pages 311-343, Vienna, Austria, May 8-12, 2016. Springer, Heidelberg, Germany.
219. Carlos Aguilar Melchor, Olivier Blazy, Jean-Christophe Deneuville, Philippe Gaborit, and Gilles Zémor. Efficient Encryption From Random Quasi-Cyclic Codes. *IEEE Trans. Information Theory*, 64 (5) :3927-3943, 2018.

220. Ralph C. Merkle. A Digital Signature Based on a Conventional Encryption Function. In *CRYPTO*, pages 369-378, 1987.
221. Ralph C. Merkle. A Certified Digital Signature. In *CRYPTO*, pages 218-238, 1989.
222. Daniel Le Métayer and Shara Monteleone. Automated consent through privacy agents : Legal requirements and technical architecture. *Computer Law & Security Review*, 25 (2) :136-144, 2009.
223. Daniel Le Métayer and Pablo Rauzy. Capacity : an abstract model of control over personal data. In *Proceedings of the Eighth ACM Conference on Data and Application Security and Privacy, CODASPY 2018, Tempe, AZ, USA, March 19-21, 2018*, pages 64-75, 2018.
224. Silvio Micali. ALGORAND : the efficient and democratic ledger. *CoRR*, abs/1607.01341, 2016.
225. Charlie Miller and Chris Valasek. A survey of remote automotive attack surfaces. *black hat USA*, 2014 :94, 2014.
226. Charlie Miller and Chris Valasek. Remote exploitation of an unaltered passenger vehicle. *Black Hat USA*, 2015 :91, 2015.
227. Smitha Milli, Ludwig Schmidt, Anca D Dragan, and Moritz Hardt. Model reconstruction from model explanations. *arXiv preprint arXiv :1807.05185*, 2018.
228. Tal Moran and Moni Naor. Receipt-free universally-verifiable voting with everlasting privacy. In Cynthia Dwork, editor, *Advances in Cryptology – CRYPTO 2006*, volume 4117 of *Lecture Notes in Computer Science*, pages 373-392, Santa Barbara, CA, USA, August 20-24, 2006. Springer, Heidelberg, Germany.
229. Steven J Murdoch, Saar Drimer, Ross Anderson, and Mike Bond. Chip and pin is broken. In *Security and Privacy (SP), 2010 IEEE Symposium on*, pages 433-446. IEEE, 2010.
230. David Naccache. De la puce au cloud, comment fonctionne l'expertise judiciaire ? Colloque du CNRS sur la sécurité informatique : mythes ou réalité (http://gdr-securite.irisa.fr/colloque.html), décembre 2016.
231. Satoshi Nakamoto. Bitcoin : A peer-to-peer electronic cash system, 2009.
232. Dalit Naor, Moni Naor, and Jeffery Lotspiech. Revocation and tracing schemes for stateless receivers. In Joe Kilian, editor, *Advances in Cryptology – CRYPTO 2001*, volume 2139 of *Lecture Notes in Computer Science*, pages 41-62, Santa Barbara, CA, USA, August 19-23, 2001. Springer, Heidelberg, Germany.
233. Mark Needleman. The shibboleth authentication/authorization system. *Serials Review*, 30 (3) :252 – 253, 2004.

234. Benjamin Nguyen. Techniques d'anonymisation. *Statistique et Société*, 2 (4) :43-50, 2014.
235. Phong Q. Nguyen. Cryptanalysis of the goldreich-goldwasser-halevi cryptosystem from crypto '97. In Michael J. Wiener, editor, *Advances in Cryptology – CRYPTO '99, 19th Annual International Cryptology Conference, Santa Barbara, California, USA, August 15-19, 1999, Proceedings*, volume 1666 of *Lecture Notes in Computer Science*, pages 288-304. Springer, 1999.
236. Phong Q. Nguyen and Oded Regev. Learning a parallelepiped : Cryptanalysis of GGH and NTRU signatures. *J. Cryptology*, 22 (2) :139-160, 2009.
237. Phong Q. Nguyen and Jacques Stern. The Two Faces of Lattices in Cryptology. In *CaLC*, volume 2146 of *Lecture Notes in Computer Science*, pages 146-180. Springer, 2001.
238. Alexandre Ninassi, Sylvain Vernois, and Christophe Rosenberger. Authentification multibiométrique sur mobile respectueuse de la vie privée. In *19e Colloque Compression et Representation des Signaux Audiovisuels (CORESA 2017)*, Caen, France, November 2017.
239. Miguel Nunez del Prado Cortez and Jesús Frignal. Geo-Location Inference Attacks : From Modelling to Privacy Risk Assessment (Short Paper). In *Dependable Computing Conference (EDCC), 2014 Tenth European*, pages 222-225. IEEE, 2014.
240. H. Ong, Claus-Peter Schnorr, and Adi Shamir. Efficient signature schemes based on polynomial equations. In G. R. Blakley and David Chaum, editors, *Advances in Cryptology, Proceedings of CRYPTO '84, Santa Barbara, California, USA, August 19-22, 1984, Proceedings*, volume 196 of *Lecture Notes in Computer Science*, pages 37-46. Springer, 1984.
241. Elinor Ostrom. *Governing the Commons : The Evolution of Institutions for Common Actions*. Cambridge : Cambridge University Press, 1990.
242. Elinor Ostrom. Beyond markets and states : Polycentrice governance of complex economic systems, nobel prize lecture, stockholm. https://www.nobelprize.org/uploads/2018/06/ostrom_lecture.pdf, 2009.
243. Pierluigi Paganini. Swedish transport agencies targeted in ddos cyber attacks. https://securityaffairs.co/wordpress/64317/cyber-warfare-2/swedish-transport-agenciesddos.html.
244. Pascal Paillier. Public-key cryptosystems based on composite degree residuosity classes. In Jacques Stern, editor, *Advances in Cryptology – EUROCRYPT'99*, volume 1592 of *Lecture Notes in*

Computer Science, pages 223-238, Prague, Czech Republic, May 2-6, 1999. Springer, Heidelberg, Germany.

245. Nicolas Papernot, Martín Abadi, Ulfar Erlingsson, Ian Goodfellow, and Kunal Talwar. Semisupervised knowledge transfer for deep learning from private training data. *ICLR 2017*, 2016.
246. Nicolas Papernot and Ian Goodfellow. Illustration of PATE. https://www.cleverhans.io/privacy/2018/04/29/privacy-and-machine-learning.html. Accessed : 2017-10-15.
247. Nicolas Papernot, Shuang Song, Ilya Mironov, Ananth Raghunathan, Kunal Talwar, and Úlfar Erlingsson. Scalable private learning with pate. *arXiv preprint arXiv :1802.08908*, 2018.
248. Jacques Patarin. Hidden Fields Equations (HFE) and Isomorphisms of Polynomials (IP) : Two New Families of Asymmetric Algorithms. In *EUROCRYPT*, volume 1070 of *Lecture Notes in Computer Science*, pages 33-48. Springer, 1996.
249. Jacques Patarin, Nicolas Courtois, and Louis Goubin. FLASH, a Fast Multivariate Signature Algorithm. In *CT-RSA*, volume 2020 of *Lecture Notes in Computer Science*, pages 298-307. Springer, 2001.
250. Alex Pentland, David Shrier, and Thomas Hardjono Irving Wladawsky-Berger. Towards an internet of trusted data : A new framework for identity and data sharing. *Massaschusetts Institute of Technology. Input to he Commission on Enhancing National Cybersecurity*, 2016.
251. Luis Pérez-Freire and Fernando Pérez-González. Spread-spectrum watermarking security. *IEEE Transactions on Information Forensics and Security*, 4 (1) :2-24, 2009.
252. Luis Pérez-Freire, Fernando Pérez-González, and Teddy Furon. On achievable security levels for lattice data hiding in the known message attack scenario. In *Proceedings of the 8th workshop on Multimedia and security*, pages 68-79. ACM, 2006.
253. Valérie Peugeot. Données personnelles : sortir des injonctions contradictoires. *vecam.org*, 13, 2014.
254. Benjamin Pilia and Christophe Charles. Gestion des clés dans une plateforme d'échange de cryptomonnaies. Technical report, Octo Technology, September 2018.
255. John M. Pollard. A monte carlo method for factorization. *BIT Numerical Mathematics*, 15 (3) :331-334, Sep 1975.
256. Mark Pollitt, Eoghan Casey, David-Olivier Jaquet-Chiffelle, and Pavel Gladyshev. A framework for harmonizing forensic science practices and digital/multimedia evidence. Technical report, OSAC/NIST, 2018.

257. Nicolas Prigent, Mohamed Karroumi, Mathieu Chauvin, Marc Eluard, Yves Maetz, and Thomson R&D France. Aacs, nouveau standard de protection des contenus pré-enregistrés haute-définition, 2007.

258. Radiflow. Radiflow reveals first documented cryptocurrency malware attack on a scada network. https://www.prnewswire.com/news-releases/radiflow-reveals-first-documented-cryptocurrency-malware-attack-on-a-scada-network-300595714.html.

259. Steve Ragan. Equifax says website vulnerability exposed 143 million us consumers. https://www.csoonline.com/article/3223229/security/equifax-says-website-vulnerability-exposed-143-million-us-consumers.html.

260. Edith Ramirez, Julie Brill, Maureen K Ohlhausen, Joshua D Wright, and Terrell McSweeny. Data brokers : A call for transparency and accountability. *Federal Trade Commission*, pages 97-100, 2014.

261. Oded Regev. On lattices, learning with errors, random linear codes, and cryptography. In Harold N. Gabow and Ronald Fagin, editors, *37th Annual ACM Symposium on Theory of Computing*, pages 84-93, Baltimore, MA, USA, May 22-24, 2005. ACM Press.

262. Olivier Ribaux. *Police scientifique : le renseignement par la trace.* PPUR Presses polytechniques, 2014.

263. Marco Tulio Ribeiro, Sameer Singh, and Carlos Guestrin. Why should i trust you ? : Explaining the predictions of any classifier. In *Proceedings of the 22nd ACM SIGKDD international conference on knowledge discovery and data mining*, pages 1135-1144. ACM, 2016.

264. Ronald L Rivest. Learning decision lists. *Machine learning*, 2 (3) :229-246, 1987.

265. Ronald L. Rivest, Adi Shamir, and Leonard M. Adleman. A method for obtaining digital signature and public-key cryptosystems. *Communications of the Association for Computing Machinery*, 21 (2) :120-126, 1978.

266. Judith Rochfeld. Les géants de l'internet et l'appropriation des données personnelles : plaidoyer contre la reconnaissance de leur « propriété ». In AndréTunc, editor, *L'effectivité du droit face à la puissance des géants de l'Internet*, pages 73-87. Éditions IRJS, 2015.

267. John Rompel. One-Way Functions are Necessary and Sufficient for Secure Signatures. In *STOC*, pages 387-394, 1990.

268. William Rosenbluth and ASTM International. *Black box data from accident vehicles*. ASTM International, 2009. ASTM Stock Number : MONO5.
269. Salvatore Ruggieri. Using t-closeness anonymity to control for non-discrimination. *Trans. Data Privacy*, 7 (2) :99-129, 2014.
270. Tomas Sander, Adam Young, and Moti Yung. Non-interactive cryptocomputing for NC1. In *40th Annual Symposium on Foundations of Computer Science*, pages 554-567, New York, NY, USA, October 17-19, 1999. IEEE Computer Society Press.
271. Florian Schaub, Rebecca Balebako, and Lorrie Faith Cranor. Designing effective privacy notices and controls. *IEEE Internet Computing*, 21 (3) :70-77, 2017.
272. Tal Shahar. Get smarter with cellebrite's smart adb to unlock encrypted android devices, 2018. [Online ; accessed 28-September-2018].
273. Reza Shokri, Marco Stronati, Congzheng Song, and Vitaly Shmatikov. Membership inference attacks against machine learning models. In *Security and Privacy (SP), 2017 IEEE Symposium on*, pages 3-18. IEEE, 2017.
274. Peter W. Shor. Algorithms for Quantum Computation : Discrete Logarithms and Factoring. In *FOCS*, pages 124-134, 1994.
275. Vladimir M Sidelnikov and Sergey O Shestakov. On insecurity of cryptosystems based on generalized Reed-Solomon codes. *Discrete Mathematics and Applications*, 2 (4) :439-444, 1992.
276. T. Souvignet and J. Frinken. Differential power analysis as a digital forensic tool. *Forensic Science International*, 230 (1) :127 – 136, 2013. EAFS 2012 6th European Academy of Forensic Science Conference The Hague, 20-24 August 2012.
277. Thomas Souvignet. Digital forensics : Introducing the 'extract-analyse'model. *Science & Justice*, 50 (1) :43, 2010.
278. Thomas Souvignet. *L'expertise et la lutte contre la fraude monétique*. PhD thesis, Paris 2, 2014.
279. Damien Stehlé, Ron Steinfeld, Keisuke Tanaka, and Keita Xagawa. Efficient public key encryption based on ideal lattices. In Mitsuru Matsui, editor, *Advances in Cryptology – ASIACRYPT 2009*, volume 5912 of *Lecture Notes in Computer Science*, pages 617-635, Tokyo, Japan, December 6-10, 2009. Springer, Heidelberg, Germany.
280. Marc Stevens. Cwi cryptanalyst discovers new cryptographic attack variant in flame spy malware. https://web.archive.org/web/20170228155805/http://www.cwi.nl/news/2012/cwi-cryptanalist-discovers-new-cryptographic-attack-variant-in-flame-spy-malware, 2012.

281. Marc Stevens, Elie Bursztein, Pierre Karpman, Ange Albertini, and Yarik Markov. The first collision for full SHA-1. In Jonathan Katz and Hovav Shacham, editors, *Advances in Cryptology – CRYPTO 2017 – 37th Annual International Cryptology Conference, Santa Barbara, CA, USA, August 20-24, 2017, Proceedings, Part I*, volume 10401 of *Lecture Notes in Computer Science*, pages 570-596. Springer, 2017.
282. Melanie Swan. *Blockchain : blueprint for a new economy*. O'Reilly Media, Sebastopol, Calif., 2015.
283. Latanya Sweeney. k-anonymity : A model for protecting privacy. *International Journal of Uncertainty, Fuzziness and Knowledge-Based Systems*, 10 (5) :557-570, 2002.
284. Alan Szepieniec, Ward Beullens, and Bart Preneel. MQ Signatures for PKI. In *PQCrypto*, pages 224-240, 2017.
285. Florian Tramèr, Fan Zhang, Ari Juels, Michael K Reiter, and Thomas Ristenpart. Stealing machine learning models *via* prediction apis. In *USENIX Security Symposium*, pages 601-618, 2016.
286. Sahil Verma and Julia Rubin. Fairness definitions explained. In *Proceedings of the International Workshop on Software Fairness, FairWare@ICSE 2018, Gothenburg, Sweden, May 29, 2018*, pages 1-7, 2018.
287. J. E. Vila-Forcen, S. Voloshynovskiy, O. Koval, F. Perez-Gonzalez, and T. Pun. Quantizationbased methods : Additive attacks performance analysis. *IEEE Transactions on Signal Processing*, 2005. Submitted.
288. Cedric Villani. Donner un sens à l'intelligence artificielle. Pour une stratégie nationale et européenne. Technical report, Mission Parlementaire, 2018.
289. Sandra Wachter, Brent Mittelstadt, and Luciano Floridi. Why a right to explanation of automated decision-making does not exist in the general data protection regulation. *International Data Privacy Law*, 7 (2) :76-99, 2017.
290. Binghui Wang and Neil Zhenqiang Gong. Stealing hyperparameters in machine learning. *arXiv preprint arXiv :1802.05351*, 2018.
291. Xiaoyun Wang, Yiqun Lisa Yin, and Hongbo Yu. Finding collisions in the full SHA-1. In Victor Shoup, editor, *Advances in Cryptology – CRYPTO 2005 : 25th Annual International Cryptology Conference, Santa Barbara, California, USA, August 14-18, 2005, Proceedings*, volume 3621 of *Lecture Notes in Computer Science*, pages 17-36. Springer, 2005.

292. Xiaoyun Wang and Hongbo Yu. How to break MD5 and other hash functions. In Ronald Cramer, editor, *Advances in Cryptology – EUROCRYPT 2005, 24th Annual International Conference on the Theory and Applications of Cryptographic Techniques, Aarhus, Denmark, May 22-26, 2005, Proceedings*, volume 3494 of *Lecture Notes in Computer Science*, pages 19-35. Springer, 2005.
293. Rebecca Wexler. When a computer program keeps you in jail : How computers are harming criminal justice. *New York Times*, 2017.
294. Wikipedia. Fbi-apple encryption dispute – Wikipedia, the free encyclopedia, 2016. [Online ; accessed 28-September-2018].
295. Scott Wolchok, Eric Wustrow, Dawn Isabel, and J. Alex Halderman. Attacking the Washington, D.C. internet voting system. In *Proc. 16th International Conference on Financial Cryptography and Data Security (FC'12)*, volume 7397 of *Lecture Notes in Computer Science*, pages 114-128. Springer, 2012.
296. WP29. Opinion 8/2014 on Recent Developments on the Internet of Things, Sept 2014.
297. WP29. Guidelines on Consent under Regulation 2016/679, November 2017.
298. WP29. Guidelines on transparency under Regulation 2016/679, December 2017.
299. David Wright. The state of the art in privacy impact assessment. *Computer Law & Security Review*, 28 (1) :54-61, 2012.
300. David Wright. Making privacy impact assessment more effective. *The Information Society*, 29 (5) :307-315, 2013.
301. David Wright, Rachel Finn, and Rowena Rodrigues. A comparative analysis of privacy impact assessment in six countries. *Journal of Contemporary European Research*, 9 (1), 2013.
302. Muhammad Bilal Zafar, Isabel Valera, Manuel Gomez-Rodriguez, and Krishna P. Gummadi. Fairness constraints : A mechanism for fair classification. *CoRR*, abs/1507.05259, 2015.
303. Richard S. Zemel, Yu Wu, Kevin Swersky, Toniann Pitassi, and Cynthia Dwork. Learning fair representations. In *Proceedings of the 30th International Conference on Machine Learning, ICML 2013, Atlanta, GA, USA, 16-21 June 2013*, volume 28 of *JMLR Workshop and Conference Proceedings*, pages 325-333. JMLR.org, 2013.

Liste des contributeurs

Ulrich Aïvodji
Université du Québec à Montréal

Gildas Avoine
Univ Rennes, INSA Rennes, CNRS, IRISA

Patrick Bas
CNRS, École Centrale de Lille, université de Lille, CRIStAL

Pauline Bert
Univ Rennes, CNRS, IRISA

Michel Bidoit
CNRS

Hubert Comon-Lundh
LSV, CNRS & ENS Paris-Saclay

Stéphanie Delaune
Univ Rennes, CNRS, IRISA

Jean-Guillaume Dumas
Université Grenoble Alpes, Laboratoire Jean Kuntzmann

Pierre-Alain Fouque
Univ Rennes, CNRS, IRISA

Sébastien Gambs
Université du Québec à Montréal

Marc-Olivier Killijian
CNRS, CMR

Steve Kremer
Inria Nancy Grand'Est, LORIA

Pascal Lafourcade
Université Clermont Auvergne, CNRS, LIMOS

Daniel Le Métayer
Univ Lyon, Inria, INSA Lyon, CITI, F-69621 Villeurbanne, France

Jean-Yves Marion
Univ Lorraine, CNRS, LORIA

María Naya-Plasencia
Inria Paris

David Pointcheval
CNRS, DIENS, ENS/PSL University, Inria

Alain Rallet
Univ. Paris-Sud, université Paris-Saclay, RITM

Christophe Rosenberger
Normandie Univ, UNICAEN, ENSICAEN, CNRS, GREYC, 14000 Caen, France

Adeline Roux-Langlois
Univ Rennes, CNRS, IRISA

Thomas Souvignet
École des Sciences criminelles (ESC), université de Lausanne (UNIL)

Table des matières

Achevé d'imprimer en mars 2020
sur les presses de la Nouvelle Imprimerie Laballery – 58500 Clamecy
Dépôt légal : mars 2020 N° d'impression : 003069
Imprimé en France

La Nouvelle Imprimerie Laballery est titulaire de la marque Imprim'Vert®